基于慕课理念的大学英语翻转课堂研究

戴朝晖　著

中国海洋大学出版社

·青岛·

图书在版编目（CIP）数据

基于慕课理念的大学英语翻转课堂研究／戴朝晖著
. —青岛：中国海洋大学出版社，2019.12 （2020.12重印）
ISBN 978-7-5670-1798-6

Ⅰ．①基… Ⅱ．①戴… Ⅲ．①英语－课堂教学－教学
研究－高等学校 Ⅳ．①H319.3

中国版本图书馆 CIP 数据核字（2019）第 276567 号

出版发行	中国海洋大学出版社		
社　　址	青岛市香港东路 23 号	邮政编码	266071
出 版 人	杨立敏		
网　　址	http://pub.ouc.edu.cn		
电子信箱	184385208@qq.com		
责任编辑	付绍瑜	电　　话	0532－85902533
印　　制	蓬莱利华印刷有限公司		
版　　次	2019 年 12 月第 1 版		
印　　次	2020 年 12 月第 2 次印刷		
成品尺寸	170 mm ×230 mm		
印　　张	19.00		
字　　数	350 千		
印　　数	1 001—1 550		
定　　价	55.00 元		

总序（一）

中国海洋大学出版社将国内外国语言学及应用语言学博士生的优秀论文集中出版建立文库，对学界来说是件极好的事。目前已经出版了第一辑总计15本专著，引起了学界很大的反响和广泛的关注。现在，第二辑论文专著正在筹划与编辑中。希望挑选出来的优秀博士论文能够丰富该文库的学术内容，促进该领域的学术争鸣。

作为一门学科，外国语言学及应用语言学涉及的面极为广泛，几乎包罗万象。因此，要规划好第二辑论文主题，先要对该学科有个明确的范围界定，以期有的放矢地挑选相关的优秀论文。

外国语言学及应用语言学，顾名思义，是指与外国语言紧密相关的语言研究学说，且应用相关理论解释语言问题。这样界定似乎较为完整，但仔细分析，其中却存在着概念界定模糊、内容划分不明等问题。

首先，学科名称"外国语言学及应用语言学"就值得商榷。外国语言学是大概念，其他的语言学分支包含其中，如心理语言学、社会语言学、应用语言学，而不应把语言学和其分支并列作为学科名称。因此，外国语言学及应用语言学似有概念混淆之嫌。其次，语言学有国内国外之分虽也说得过去，但时常造成共性语言现象研究的归类困难。而且应用语言学因涉及领域过于广泛而很难界定其确切的研究范围。当然，现在外国语言学及应用语言学作为学科名称已约定俗成，在人们心目中也已经有了一个大概的范畴，但鉴于中国海洋大学出版社要出版此学科的第二辑博士论文专著，理应对这一学科有一个理性的解读。

语言学的研究（无论国内国外），大致分为理论层面的研究和应用层面的研究。理论层面的研究主要集中于对语言的描述以及人类语言的普遍规律或语言与某一领域的结合,如语音研究有音位学,词汇研究有词汇学,句子研究有句法学,还有语法学等;与某一领域结合起来的研究有心理语言学、社会语言学、神经语言学、计算语言学、系统功能语言学等。应用层面的研究又可以分为宏观、中观和微观三个研究视角。宏观研究视角主要与语言政策及语言教育政策的研究有关,如语言的地位规划、语言的本体规划、语言的习得规划以及教育上使用何种语言等问题。中观研究视角大多关注语言在社会生活中的使用,如语言的翻译、语言的社会交际、语言的态度、专门领域中的语言使用以及方言、民族语言和外国语言的和谐共存和发展。而微观研究视角与外语教育教学有关,包括语言课程、教学方法、教学大纲、课堂教学、信息技术与外语教学、教育技术与外语教学等。综上所述,外国语言学及应用语言学与语言的理论研究和应用研究息息相关,并涉及上述的方方面面。

可见,学科研究范围的解读界定了博士文库所包含的内容。第一辑的15本博士论文专著主要涵盖两个方面:语言本体研究与语言教学研究,符合学科的理论研究和应用研究这两个层面。即将出版的第二辑博士论文专著,除了涵盖第一辑的研究内容外,其研究焦点应集中在以下几个方面:语言和认知的结合、语言的普遍规律、语言的变化与发展(理论层面);语言政策与语言规划、课程开发与课堂教学、信息技术与语言教学、互联网 + 语言教学解决方案(应用层面)等。

博士文库的建立主要是为了把相关领域的最新研究成果集中展示,供人参考、研究和借鉴,因此,必须体现文库的开放性、内容的完整性、论述的创新性以及研究的科学性。这样才能充分发挥博士文库应有的学术价值!

中国海洋大学出版社以先进的编辑理念和敏锐的学术意识策划并设计了外国语言学及应用语言学博士文库,为广大的优秀博士人才提供了展示自己学术研究成果的交流平台。相信博士文库的不断丰富和完善,必将极大地促进该领域的研究和发展。

陈坚林

上海外国语大学教授、博士生导师

《外语电化教学》主编

总序（二） //////////

在我国外语研究中，语言学自 20 世纪 80 年代后期开始蓬勃发展，先是作为英语语言文学、日语语言文学、俄语语言文学等二级学科的一个研究方向，稍后外国语言学及应用语言学被列为外国语言文学一级学科下面的二级学科。当前，在外语语言学方面具有较强实力的院校一般具有数个二级学科或一级学科。语言学蓬勃发展的另一个表现是研究生培养规模的扩大。90 年代初，语言学硕士研究生还不多，博士研究生更是凤毛麟角。当时招博士研究生的只有北大、北外、上外、广外等院校，招生人数也是屈指可数。后来，随着增设外语博士点的院校稳步增加，现在招收外语语言学博士研究生的院校已经超过 40 所，招生人数在 200 人左右，学制一般为 3～4 年，最长不超过 8 年。随着高校对外语教师水平和学历要求的不断提高，广大教师考博的热情高涨，20 余人竞争 1 个名额已属常见。报考语言学方面的博士研究生一般需要对语言学有一定的兴趣和热情，硕士研究生阶段已打下较好的基础，其后能经常研读相关学刊，最好有一篇或数篇较高质量的论文在外语类核心期刊上发表。被录取后，通常要刻苦钻研，潜心修炼，短则 3～4 年，长则 5～6 年。其博士论文要经过开题、预答辩、盲审、答辩等严格环节，所以往往具有较高水平，甚至能达到国内外的领先水平。对个人来说，博士论文也代表了学术生涯的一个高峰，其后要超越并非易事。正是因为博士论文的质量较高，对其加工出版能有效促进学术发展，国内外出版界也时常为之。这些以博士论文为基础的专著经常能为出版社赢得美誉。

在过去十多年间，国内几家出版社，如河南大学出版社、上海交通大学出版社、科学出版社、陕西师范大学出版社、中国海洋大学（简称海大）出版社等出版了一系列外语方面的博士论文，其中有很大一部分属语言学，产生了良好影响。其中，海大出版社自2008年开始，重视外语语言学研究，出版了外国语言学及应用语言学博士文库，共计15本，并通过多种方式进行推广，产生了良好的社会效益。

近几年来，我因工作关系与海大出版社邵成军老师交往较多。去年下半年，邵老师打电话与我商量，想对外语语言学博士论文进行新的策划，后商定为"外国语言学及应用语言学博士文库（第二辑）"，以国内高质量的相关博士论文为对象，为专业性开放式学术系列，旨在为广大外语教师和研究生呈上丰盛的学术大餐。这套文库具有以下特点:（1）加强策划:表现在限定选题范围、请知名学者做序，统一开本、封面，加强后期宣传等方面;（2）严把质量:对申请出版的博士论文呈送两位相关领域的专家进行指导，以进一步提高其学术水平;（3）精心编辑:由专业编辑对书稿进行高质量的编辑，确保其文字无差错，体例与规范等符合国家的出版要求;（4）立体推广:文库的专著出版后会通过书目推送、网络营销、会议赠送、撰写书评等多种方式向广大读者推介。

对广大外语教师和研究生来说，仔细阅读这套文库，将会在以下方面获益匪浅。

第一，能快速了解某一专题的国内外研究现状。博士论文要求有创新，前提是对国内外相关研究了如指掌。因此，通过答辩的博士论文的文献综述部分通常会对国内外相关论著进行梳理，并有的放矢地进行批判性评论。阅读这部分可以使读者快速掌握某一专题的最新情况，为自己今后开展相关研究打下初步基础。

第二，了解所读专著的创新之处及创新思路。细读作者在对前人研究评论后所提出的研究内容、思路以及具体研究方法，可以窥见作者为什么选定某一专题的某个侧面，用什么理论框架及原因，研究方法有何创新等。了解这些内容并思考背后的原因能帮助读者提升在研究选题方面的功力，而好的选题对高质量研究而言是第一步。

第三，独立思考，发现其不足。阅读专著仅仅停留在吸收知识层面是不够的，还要对所读内容进行批判性思考，英语叫 critical thinking。孔子也说过"学而不思则罔，思而不学则殆"，强调思考的重要性。我们阅读专著时，只怀着学习的态度是不够的，还要有质疑和批评精神。可以思考:选题是否有意义?理论框架是否能为研究内容服务?受试是否有代表性?数据收集方法是否可靠？统计分析方法是否恰当？是否对结果进行了深入讨论，能否较好地解释所得出的结论？只有通过思考，发现所读专著存在的不足，我们才能在今后研究中予以克服，加以超越，学术才能发展。就阅读方法而言，读者适当关注博士论文的最后一章往往有事半功倍之效，因为作者通常会在该部分指出其研究的不足，并对今后研究进行展望。

第四，写书评与综述，并进行原创研究。读了一本专著及相关论文，有些收获，对某个专题产生了兴趣，这是非常难得的。此时宜趁热打铁，有所行动。比较容易入手的是对所读专著撰写书评，写好后既可以向期刊投稿，也可以在网络和微信上发布。其后，应进一步阅读相关文献，特别是最新论文，针对该专题撰写综述性论文。综述性论文要写好并不容易，其选题首先要有意义，其次要具备全面性、逻辑性、批判性，如能适当采用一些新方法，如元分析、CiteSpace 软件，往往显得不落俗套。前两步只是做学问的"练手"步骤，更重要的是做原创研究，这最能体现一个学者的水平和贡献。原创性研究一般具备以下特点：选题新、方法新、结论新，但如何实现要靠自己的琢磨与钻研，"纸上得来终觉浅，绝知此事要躬行"。

在海大出版社推出"外国语言学及应用语言学博士文库（第二辑）"之际，我应约作序，一方面很是惶恐，同时也为这份信任所感动，遂不揣浅陋，与大家分享一点治学的体会。

蔡金亭

解放军外国语学院教授、博士生导师

《解放军外国语学院学报》主编

序 言 ///////////

　　欣闻上海大学戴朝晖博士的新著《基于慕课理念的大学英语翻转课堂研究》即将面世出版,甚为可喜可贺。戴朝晖博士从事大学英语教学已逾二十载,且属于国内实施大学英语教学改革先行者之一。他喜欢钻研计算机应用技术,尤其对信息技术融入大学英语教学抱有浓厚的兴趣。在博士研究初始阶段,戴朝晖认真钻研,广泛阅读,涉猎该领域的前沿信息,取得了不少研究成果。在其后的论文开题及数据收集和撰写过程中,他投入了大量的心血,走访了国内多所院校,克服了一个又一个困难,其研究角度和内容也经历了多次修正与补充,终于成功跨越了博士研究中的坎坎坷坷,修成正果。作为导师,我为他所取得的进步和研究成果的出版感到由衷的高兴。

　　翻转课堂的萌芽出现于19世纪20年代,国外一些高校也进行了早期的实践和探索,但囿于互联网和信息技术的限制,教学的有效实施遇到了瓶颈。因此,戴朝晖从慕课理念入手对我国大学英语翻转课堂进行研究,是一个非常好的切入点,既顺应了翻转课堂研究的趋势,又找到了外语教学中的研究热点。

　　该专著是戴朝晖在其博士论文的基础上修改完善而成。专著从理论和实践两个层面对慕课理念下的大学英语翻转课堂进行了深入的分析和探讨。在理论层面(包括概念溯源、理论梳理和概念界定),作者追溯了慕课的起源和发展,梳理了国内外的相关文献,提出了"慕课理念"这一概念,并对其内涵做了深入的描述和分析。在实践层面,作者对全国四所院校的教师和学生进行了问卷调查、访谈和课堂观察,获取了详细的一手资料。整个研究详细描述了基于慕课理念的大学英语翻转课堂现状、影响因素及其关系,并就提高教学有效性提出了富有建设性的建议。通览书稿,笔者认为该专著有以下特征。

第一,概念建构有新意。研究大学英语翻转课堂一般从课程设计与教学模式的有效性着手。戴朝晖的研究从哲学概念中的理念入手,在阅读了大量文献并进行深入思考的基础上,提出了慕课理念的概念框架。这个理念跳出了慕课的一般内涵,涵盖了慕课的主要特征,包括开放、个性化、精细化等,并从在线教育的宏观角度重新审视慕课,具有慕课研究的创新性意义。

第二,实证研究方法多元,分析较为全面。戴朝晖在做博士期间,对量化研究与质性研究均有不少涉猎,反映到博士研究中,就是研究方法多样,数据分析比较全面到位。在研究的先导阶段,他运用扎根理论的思路,分析了质性文本数据,并为下一步的问卷设计和访谈打下了坚实的基础。在正式研究中,他运用了多种方法,不仅找到了影响基于慕课理念的大学英语翻转课堂的主要因素,而且发现了其中之间的联系,并进而审视国内几所高校的现状,提出了自己独到的见解。

第三,研究为大学外语翻转课堂教学实践提供了新思路。长期以来,部分大学英语翻转课堂教学改革,由于未能充分实施信息技术与课程深度融合的理念,其效果并不令人满意。戴朝晖基于研究结果,从课程的目标定位、学习资源的融合、线上线下活动设计、平台的选用以及评价体系的多元化角度,探讨了基于慕课理念的大学英语翻转课堂多元课程体系。这对于变革传统外语教学,提高我国大学英语翻转课堂有效性具有启示作用。

综上所述,戴朝晖博士的专著为研究大学英语翻转课堂提供了一种崭新的思路,对促进信息技术与外语课程的深度融合具有现实意义。相信该专著的出版不仅为大学外语教学改革提供了具有创新意义的学术参考,而且为从事外语教学研究的教师和学生展现了富有独特价值的研究视角。

陈坚林

上海外国语大学教授、博士生导师

2019 年冬于上海

前　言 ////////////

2017年，教育部颁布了《大学英语教学指南》，鼓励大学英语"使用微课、慕课"及实施"基于课堂和在线课程的翻转课堂等混合式教学模式"，进一步推进了信息技术与高等教育的深度融合。然而，大学英语面临语言环境缺失、去学分化等困境，本书探讨基于慕课理念的大学英语翻转课堂现状、影响因素及其作用，旨在促进慕课与大学英语翻转课堂的深度融合。

本书首先从慕课在线学习理念的角度，厘清慕课理念的内涵，即多元开放、个性化、学习共同体、即时交互及精细化课程设计等理念，以信息技术与课程的深度融合为主线，以动态课程理论和后现代课程观为视角，透析慕课理念与大学英语翻转课堂在教学内容、学习环境、教学方式、教学评价以及教师和学生等课程要素上的深度融合，并据此提出了本研究的概念框架。

其次，本书通过对开放式先导访谈的资料编码，绘制出教师和学生访谈编码模型图，进一步归纳出教师和学生两方面的维度因素，通过对维度的细化和分类，借鉴文献和前人的问卷，编制了基于慕课理念的大学英语翻转课堂教师和学生问卷，并设计了访谈提纲和课堂观察体系。问卷、访谈和课堂观察在国内4所高校开展，参与调查的大学英语教师为10名，学生为576名，参与访谈的学生数为18名，参与访谈的教师数为9名，课堂观察了7位教师的16节课，本研究详细分析了其中的10节课。

本书的研究旨在回答以下两个方面的研究问题:(1)基于慕课理念的大学英语翻转课堂现状如何？(2)导致此现状的影响因素有哪些？这些因素之间存在什么样的关系？本研究采用定量分析和定性分析相结合的方法，对翻转课堂现状的讨论和分析主要采用问卷、访谈和课堂观察,以访谈和课堂观察数据为主;而对影响基于慕课理念的大学英语翻转课堂因素的讨论采用调查问卷和访谈,以调查问卷数据为主。通过对问卷、访谈、课堂观察等数据的三角验证,凝练本研究的结论。

对现状研究发现,基于慕课理念的大学英语翻转课堂体现了知识观、学习观和课程观的变化,课程设计的精细化,学习的个性化,交互的即时性以及共同的学习体。但慕课理念与大学英语翻转课堂深度融合仍存在以下几个突出的问题。首先,学习资源匮乏影响了学生的个性化学习,将国际慕课资源校本化仍是美好的愿望。其次,网络平台未及充分利用,影响慕课功能的发挥,不但师生在线论坛活跃度低,而且慕课大数据学习分析功能尚未发挥其作用。再次,教师教学活动设计能力与教师教学理念仍待提高和改进。最后,缺乏有效的多元评价,学生考试前集中复习不利于知识的巩固和提高。

从影响因素的分析看,就学生而言,影响基于慕课理念的大学英语翻转课堂的因素包括8个因子,按照影响的大小排序分别是学习动机、教师作用、学习资源与环境、合作学习、学习态度、自主学习、适应性和互动与评价,各校在因子影响程度上存在着差异。通过结构方程建模,因子模型达到了良好的拟合度。在学习动机所直接影响的5个因子中,学习资源与环境的权重最大,其次是自主学习及教师作用,再次是合作学习,而互动与评价所占权重最小。学习动机对自主学习因子、学习资源与学习环境因子及教师作用因子具有正面促进效应,但对合作学习和互动与评价因子影响最弱。自主学习是关键中介变量,学习动机通过自主学习对互动与评价的影响大于直接影响。学生在翻转课堂中学习态度的变化将对学生主动获取英语学习资源,适应翻转课堂学习环境,以及教师翻转课堂各项教学活动顺利开展等起到积极的正面效应,但由于学生内驱力动机不足,削弱了学习态度对学生翻转课堂适应性和自主学习的积极影响。因子模型多群组分析发现,学校因素对于学习动机和学习态度的因子间联结均具有显著调节作用,但学习态度对因子效应的差异具有显著作用,且不同学校作用不尽相同。学校因素对于互动与评价因子不产生任何显著调节作用,而对于学习态度对自主学习和合作学习的显著调节作用仅个别学校有效。

就教师而言,教师有较强的内在动机,受其他外部因素的影响较小,尤其受内在成就驱动,对教师在大学英语翻转课堂中采取更有效的教学方法,激发学生学习动机更为有利。但目前大学英语教学成绩导向因素显著,易对教师的教学动机及学生的自主学习产生不利影响,应该逐步予以改变。而教师在大学英语翻转课堂中同事间协作程度与学校支持上各校也不尽相同。

基于以上的分析,笔者从目标定位、学习资源的融合、活动设计、平台融合及评价体系的多元化着手,探讨了基于慕课理念的大学英语翻转课堂多元课程体系。

本书共分7章。

第1章为绪论,从研究背景着手,引出本研究的目的、内容和理论及实践意义,并简要概述全书结构。

第2章是文献综述,探讨慕课和翻转课堂的定义、内涵、要素、种类和特点以及相关文献研究。

第3章是理论基础,在厘清本研究的核心概念——慕课理念与翻转课堂的基础上,分析本研究的理论依据,并厘定慕课理念与大学英语翻转课堂深度融合的概念框架。

第4章是研究设计,阐明研究的目的、研究问题,以开放访谈作为先导研究,探究编制调查问卷、访谈提纲维度和课堂观察维度,并详述研究对象、研究方法、研究过程和研究工具。

第5章是结果与讨论,对收集的数据进行讨论和分析,主要围绕基于慕课理念的大学英语翻转课堂现状和影响因素两大主要问题,对问卷、访谈及课堂观察数据进行讨论和分析。

第6章是基于慕课理念的大学英语翻转课堂的多元课程,从慕课与大学英语翻转课堂深度融合的目标、内容和方式出发,探讨基于慕课理念的大学英语翻转课堂多元课程体系。

第7章是结论,主要包括研究的结论、创新点、局限性以及对未来研究的展望等。

本书的主要读者为外语教学工作者以及对信息技术在外语慕课与翻转课堂的应用感兴趣的广大教师、学生及科研工作者。

目　录 /////////////

第 1 章

绪　论

1.1　研究背景

　　信息是当今社会发展的基础,信息技术和人们息息相关,信息化是推动社会变革的重要力量,它极大地改变了人们生活和思维方式。Business Insider 最近的一项报告指出,27 亿人经常使用社交媒体,这个数字接近地球总人口的40％。脸书(Facebook)总裁马克·扎克伯格曾表示,脸书一天的用户人数突破10 亿,这就意味着全球每 7 个人中有 1 人使用脸书(参考消息,2015)。全球管理咨询公司麦肯锡在上海发布报告称,2016—2018 年,中国将新增 1 亿移动终端网民。互联网普及率达到 50.3％,半数中国人已接入互联网,手机网民规模达 6.20 亿,有 90.1％的网民通过手机上网。只使用手机上网的网民达到 1.27亿人,占整体网民规模的 18.5％(CNNIC,2016),中国网络渗透率的城乡差距将从现在的 4 至 5 倍降到 2 倍。

　　信息技术的迅猛发展,使教育断不能“独善其身”,信息技术已渗透到教育的方方面面,并推动着教育的根本性变革。一个不争的事实是,当今学生在互联网上花费了大量闲暇时间学习和交流信息,教育范式正朝着在线学习、混合式学习和协作学习的方向发展(张铁道,2014),慕课与翻转课堂近几年来成为关注的热点。

1.1.1　政策层面:政策的导向

1.1.1.1　国家相关政策文件

我国政府历来重视社会信息化的发展,在我国信息化加速发展阶段,国家相关政策的颁布,促进了教育资源共享、教学改革、教育公平以及信息技术与高等教育的深度融合。2006 年 5 月 8 日,中共中央办公厅和国务院办公厅联合印发了《2006—2020 年国家信息化发展战略》,提出了加快教育科研信息化步伐,提升基础教育、高等教育和职业教育信息化水平,持续推进农村现代远程教育,实现优质教育资源共享,促进教育均衡发展的战略目标。2010 年 7 月,国家发布了《国家中长期教育改革和发展规划纲要(2010—2020 年)》,提出要加快教育信息化进程、提高教师应用信息技术水平、更新教学观念、改进教学方法、提高教学效果,鼓励学生利用信息手段主动学习、自主学习。

2012 年,教育部印发了《教育信息化十年发展规划(2011—2020 年)》,提出要"重点推进信息技术与高等教育的深度融合,促进教育内容、教学手段和方法现代化,创新人才培养、科研组织和社会服务模式"。深度融合是首次提出的概念,指现代信息技术与教育的深度整合。

2013 年 8 月,党的十八届三中全会也要求大力促进教育公平,构建利用信息化手段扩大优质教育资源覆盖面的有效机制。

2015 年 4 月,教育部颁布了《关于加强高等学校在线开放课程建设应用与管理的意见》,旨在进一步落实教育规划纲要和教育信息化发展规划的战略部署,尤其重要的是,它指出大规模开放在线课程(慕课)正在促进教学内容、方法、模式和教学管理体制发生变革,给高等教育教学改革发展带来新的机遇和挑战,并再次提出推动信息技术与教育教学深度融合,以促进优质教育资源应用与共享,构建具有中国特色的在线开放课程体系和公共服务平台。

1.1.1.2　大学英语课程教学要求

信息技术的迅速发展,事实上也推进了大学英语教学信息化改革的步伐。2004 年,教育部颁布了《大学英语课程教学要求(试行)》,首次提出了"基于计算机和课堂的大学英语教学模式",要求"各高等学校应充分利用多媒体和网络技术",改变"原来的以教师讲授为主的单一课堂教学模式"为"以现代信息技术,特别是计算机网络技术为支撑,英语教学不受时间和地点限制的个性化学习、自主式学习",提出了大学英语教学个性化、协作化、模块化和超本文化的理念(胡壮麟,2004),并在国内部分院校开展了大学英语教学改革试点工作。

2007年8月,教育部出台新版的《大学英语课程教学要求》,与试行版相比,新版《大学英语课程教学要求》更科学合理,除再次明确提出了"采用基于计算机和课堂的英语教学模式"外,还指明了我国大学英语教学理念"国际化"、多媒体教学"正常化"、课程管理"三级化"以及教育环境"生态化"的改革方向(陈坚林,谷志忠,2008)。

近几年来,人们围绕着信息技术与教育开展了多种探索,慕课、微课及翻转课堂等在国外逐步兴起。教育部顺应信息化发展进程,于2017年颁布了《大学英语教学指南》,强调大学英语教学应积极创建"多元的教学与学习环境",并提出"鼓励使用微课、慕课"及实施"基于课堂和在线课程的翻转课堂等混合式教学模式",尤其要重视"在线网络课程建设,使课堂教学与基于网络的学习无缝对接,融为一体"。教育部此次颁布的指南进一步推进了信息技术与高等教育的深度融合。

1.1.2 实践层面:大学英语教学实践的迫求

尽管自21世纪初开始,我国的大学英语教学就经历了多轮的教学改革,但是大学英语教学改革仍面临诸多方面的问题和困境。

1.1.2.1 语言环境的缺失

随着我国与世界各国交往的深入,社会上对大学英语学生的英语水平有了更高的要求。我国的大学英语教学目标也由重视阅读向重视听说转变,2007年颁布的《大学英语课程教学要求》将大学英语目标定位为"以听说能力为主的英语综合能力的培养"。

然而,我国大学英语教学首先面临着语言环境缺失的问题。我国是非英语国家,英语在我国是外语而非二语(陈坚林,2010)。我国外语学习者的语言环境主要是课堂,语言输入相当有限。学生在汉语为优势的环境里学习英语,语言学习环境无法达到二语学习环境的水平。多媒体集文字、图像、影像、声音和动画于一体,具有良好的交互性,易于呈现教学的重点、难点,为学生提供更多的语言实践机会,对培养学生的学习兴趣和发展英语素质都具有积极的作用,而互联网是人类至今最大的信息库,拥有最丰富的各类资料。线上和线下结合的教育模式(Online to Offline,简称O2O)是指在移动互联网、云计算、物联网、大数据环境中,传统课堂教学(线下)与现代网络教学(线上)优势互补、深度融合,拓展课堂教学时空的新型混合教学模式(郭春才,金义富,2015)。在这种新型混合教学模式中,英语教师不但可利用网络资源,而且可通过虚拟的网络社区与学生交流,调动学生英语学习积极性,并与课堂教学任务对接,以提高教学效果。因此,大学英语教学中运用信息技术,克服传统课堂的局限,实施个性化、差异化、线上与线下相结合的教学,是未来改革之路。

1.1.2.2　大学英语教学现状

大学英语教学现状仍不容乐观。首先是大学英语教学改革虽有成效,但仍存在亟待解决的问题。经过多年的教学改革,虽然在一定程度上改变了传统大学英语"满堂灌"的教学方式,尝试建立了"以教师为主导,学生为主体"的教学模式,转变了教师和学生角色并建立过程性与终结性相结合的新型评估方式,混合教学环境初具规模,获得了学生的认可(蒋艳,马武林,2013)。但改革中仍存在一些突出的问题,主要表现在以下几个方面:一是课程设计缺乏多样性,分类及个性化教学仍较为欠缺;二是教学资源及环境不能满足学生需要,学生自主学习能力较差,导致学习效率低下;三是教学模式仍显单一,调查数据说明,尽管实施"课堂面授 + 网络自主学习"大学英语教学模式的学校占33.5%,但大多数学校大学英语课堂"面授形式仍旧是主流,四六级考试应试导向依旧突出"(隋晓冰,2013);四是混合学习的比例不清,效果不佳,学生课前自主学习不到位,导致教师讲学生听的局面还是改变不了(陈坚林,2010)。因此,大学英语教学改革仍然任重而道远。

其次,大学英语还面临去学分化的困境。去学分化的一个重要原因是大学英语的教学要求与高中阶段新课改要求有重复,高中毕业生已可通过大学英语四级考试,也就是说"大学生必须达到的一般要求的学习任务正在或在未来的几年里将有望在高中大部分完成或全部完成"(蔡基刚,2010),这导致许多高校纷纷削减大学英语学分。大学外语教学指导委员会在 2008 年对全国 24 个省份的 230 所本科院校的调查发现,"高校给大学英语必修课所分配的学分数明显减少,这一趋势在高水平院校尤其明显"(王海啸,2009)。冯燕对 32 所教育部直属高校调查发现,在学生人数不变的情况下,大学英语教学工作量呈大幅度缩减态势,主要原因是学生进校已经达到相应层次公外目标水平(冯燕,2010)。另一方面是大学英语课程与学生的期望有一定的距离,"大部分的学生对目前的大学英语课堂有着更高的要求"(何雪梅,石坚,2012)。而大学英语课堂无论教学内容与教学方式均与高中课堂雷同,学生提不起兴趣,课堂气氛不活跃,甚至有 44.4%的学生认为与四年前刚入校相比,英语水平"基本没有提高和有些下降(认为有些下降占 21.1%)"(蔡基刚,2010),因此,学生"翘课"的现象越发严重。综上所述,大学英语已到了刻不容缓的生存危机和深化改革的十字路口。

1.1.3　国际背景层面:慕课和翻转课堂融合的诉求

1.1.3.1　慕课的兴起

慕课全称是 Massive Open Online Course(简称 MOOC),即大规模在线开放课程,它诞生于开放教育资源运动和连接主义的思潮。慕课的概念最早由加拿大爱德华王子岛大学的 Dave Cormier 与 Bryan Alexander 教授所提出(Sivamuni & Bhattacharya,2013)。2012 年,哈佛、斯坦福、麻省理工等世界名校掀起了慕课教育改革的热潮,并迅速席卷了整个世界。2012 年,斯坦福大学发起创立Coursera,并在很短的时间内迅速发展,截至 2015 年 8 月 4 日,Coursera 已拥有 14 362 622 名注册者、121 个合作伙伴和 1 072 门课程(源自 Coursera)。而被称为慕课三驾马车的另外两家慕课平台 Udacity 和 edX 也有同样骄人的业绩。《纽约时报》认为 2012 年是国际慕课元年,而在国内,2013 年则是中国慕课元年,在这一年,Coursera 率先与网易合作,使后者成为 Coursera 视频托管服务商。Coursera 又相继与果壳网和译言网等合作。随后,国内多所著名高校相继加入 edX、Coursera 及 FutureLearn。此外,国内高校还相继推出本土化慕课,慕课的迅速兴起推动了教育国际化,推进了跨区域、跨国家的教育合作,中国极大的教育需求市场为慕课在中国的发展提供了商机。据 2014 年美国门户开放报告显示,2013—2014 学年,留美中国学生人数总计有 274 439,较上一学年增长16.5%,这是连续第 7 年以两位数增长。慕课开放的特性使中国学生只要有互联网接入,在任何时间和任何地点就能免费或者廉价地学习全球最好的课程,这无疑有很大的吸引力。同时,慕课的兴起为高等教育带来了挑战,更带来了机遇,唤醒了人们对于传统高等教育的重新审视,慕课不仅带来教育技术的革新,更是教育理念及教学方式的深刻变革。

1.1.3.2　翻转课堂的发展

翻转课堂(Flipped Classroom,简称 FCM;或 Inverted Classroom,简称 ICM)的概念最早由 Wesley Baker 在 2000 年提出,国内在 2012 年前称之为反转课堂、颠倒课堂或逆向课堂,现在也会偶见这样的术语。尽管国内外学者试图从多方面界定翻转课堂,但目前尚缺乏统一的定义。早期国外翻转课堂的实践和研究主要在高校进行,然囿于计算机和互联网技术的限制,终未能彻底打破传统的教学模式,仅对其进行了优化。比如 20 世纪 90 年代哈佛大学 Eric Mazur 的同伴互助教学、迈哈密大学 Maureen Lage 等使用翻转教学激活差异化教学、Wesley Baker 在 11 届大学教学国际会议上的翻转课堂模型、2007 年 Jeremy F. Strayer 的基于智能辅导系统的传统和翻转课堂学习活动比较等。

但随着技术的成熟和普及,翻转课堂打破了传统的教学模式,并在 K12 学校快速发展。翻转课堂跟随可汗学院蹿红全世界,可汗学院的免费在线教学视频降低了学校和教师实施翻转课堂的门槛,推动了翻转课堂的进一步普及。国内具有翻转课堂意义的教学模式起源较早,对翻转课堂的实践研究大多具有各自校本特征,尽管早于国外十多年,但由于没有计算机网络通信技术和数字化教学资源的支撑,当时的国内翻转课堂实践仍处于传统教学环境之中,"本质上属于'教师为中心'的传统教学方式范畴"(金陵,2013)。

国外相关报告认为,未来一至两年内翻转课堂将对高等教育产生影响(《新媒体联盟地平线报告:2014 高等教育版》),至 2020 年,98% 的学习将实现翻转。

1.1.3.3　慕课对大学英语教学的挑战

传统网络教学平台与慕课有着本质的区别。网络教学平台只是将教学内容网络化,类似于互联网的 Web 1.0 方式——由网站的管理者提供内容、组织内容,受众只能在一个相对较小的范围内,聚焦某一特定领域或特定人群,并没有突破传统的教学模式和教学理念。

慕课则是以个人学习为中心的平台,它源于开放教育运动,自诞生之日起就将提升学习者的学习体验作为己任。它完全围绕用户来组织内容,具有能够面向巨量用户的能力。平台的资源包括数字教材、图书馆、导师系统、教育游戏、网络实验室等。网络学习社区则使教育者能够与学生合作,借助专家的力量来改善学生的学习。

要么开放,要么被抛弃。慕课全英语的课程授课对大学英语教学提出了更高的要求,而优质的教学资源、精细化的教学设计和个性化的学习体验又对传统大学英语提出了挑战,高校只有借力慕课,探索整合慕课与课堂教学的新路子,才能实现大学英语课程结构的升级和教学质量的提升。学校若无视这一切的发生,不与时俱进、改进自身,定将被时代所抛弃。

1.1.3.4 国内外相关研究及局限

综观历史,人类社会的每一次技术发展,都会对人类文明带来重大的变化,也极大地影响了教育的发展。然而,尽管信息化和大数据已深刻改变和影响了人们的生活,但学校教育变化不大。《美国 2010 国家教育技术计划》指出,信息技术之所以未能对教育发展产生革命性影响,主要原因就是对于教育的变革"只是渐进性的修修补补,并没有进行技术支持的重大结构性变革"。推进教育信息化,充分利用信息技术与大数据,努力营造教育公平,提升教育质量,共享优质教育资源,开展个性化教学,是教育教学改革的必由之路。深度融合则是指信息技术与课程的真正有效的深层次整合,对于大学英语教学而言,则预示着基于信息技术的大学英语教学的根本性变革。

尽管慕课如海啸般给我国的高等教育带来了新的机遇,但慕课本身尚存各种争议。慕课目前的教学活动以理解类活动为主,创建类、分享类和评估类等活动不多。慕课始终无法弥补面对面师生交流的情感缺憾,尤其是人文类学科更注重情感沟通和交流及人文素养。

我国经过将近十年的网络教学改革实践,人们逐渐认识到传统教学方式尽管存在种种缺陷,但是教师的人格魅力及校园文化氛围等优势,是数字化和网络化学习所无法比拟的,因此,线上和线下整合,即 O2O 的教学新模式可实现优势互补。北京大学的李晓明(2014)认为慕课理念包含两层含义,一是狭义上的"小慕课"或"mooc",指在 Coursera、edX、学堂在线和中国大学 MOOC 等平台上的课程;二是广义上的"大慕课",就是以小慕课为典型代表的在线教学理念与技术及其应用。清华大学程建钢(2013)则认为应从整体上认识和把握慕课背后的在线教育发展规律,认清高等教育的未来。

翻转课堂与慕课整合"既可利用慕课优秀内容,还可实现学生高度参与,促进知识创新和合作学习"(孙众,王敏娟,马小强等,2014),是一场自班级授课制以来教育领域最大的变革。在 2013 年 8 月 12 日,华东师范大学考试与评价研究院中外名校研究中心与国内 20 余所著名高中共同发起成立 C20 慕课联盟,旨在推动中国高中开发大规模在线公开微视频(MicroVideo)课程,促进翻转课堂的实施,改善人才培养模式。随后初中和小学的 C20 慕课联盟相继成立。清华大学也提出了引入翻转课堂等新思路新方式,创新教学手段(陈吉宁,2014),改善人才培养的新模式。

目前慕课主要以非同步形式与翻转课堂整合,即将慕课作为课程的资源,慕课理念并未真正融入翻转课堂中,如何从信息技术与课程深度融合的角度,探讨慕课理念与翻转课堂的深度融合,是本研究探讨的关键问题。

1.1.4　理论层面:理论发展的要求

随着外语教学实践的发展,外语学习理论也得到了充实和发展,慕课和翻转课堂促进了学习理论的进一步发展,其理论基础包括 John Sweller 的认知负荷理论、Benjamin Samuel Bloom 的掌握学习理论、George Siemens 的联通主义学习理论、Lev Vygotsky 的最近发展区理论及学习共同体理论等。认知负荷理论包括资源有限论和图式理论,所提出的重复提取优于细化编码以及视觉和听觉相结合的信息输入等原则,为翻转课堂利用微视频资源课前传授知识、课内主动学习以及内化知识提供了理论支持。掌握学习理论强调群体教学和个别教学相结合以及矫正反馈的原则,翻转课堂课前学生通过慕课个性化自主学习和课堂内群体合作主动学习正是以掌握学习作为理论基石。而联通主义学习理论使慕课具备社会化特征,体现在线上线下的学习共同体,以及慕课同伴互助、同伴互评等,以弥补大规模与个性化学习的矛盾。在线上及线下的学习共同体中,教师通过课堂提问和讨论环节,建构了学生交流和学习的会话课堂,在线学习共同体则使学生获得同伴的帮助与支持,提高了学生的成就感和参与度。而最近发展区理论则是翻转课堂教师充分考虑学生的前期知识和所能达到的目标,精细化课程设计的理论基础。信息技术与课程的深度融合是基于慕课理念的大学英语翻转课堂的方法论基础。

除此之外,语言课程理论从目标模式到过程模式再到情境模式的第一个阶段,发展到线性模式到动态模式的第二和第三阶段。开始于 20 世纪 60 年代的后现代课程观,对课程的目标、教学内容、教学方式、师生关系及评价方式均提出了与传统课程观不同的崭新视角,尤其从 20 世纪 90 年代中期始,语言课程设计进行了活跃期。Graves(2008)基于社会教育情境视角所提出的语言课程动态设计模式,用课程多元理解的范式,界定了语言课程创新取向的实质,为基于慕课理念的大学英语翻转课堂提供了实践理论导向。

1.2　研究目的

本研究从在线学习的独特视角,剖析慕课的核心理念,并调研大学英语翻转课堂,旨在从教师、学生的角度分析慕课理念与大学英语翻转课堂深度融合的现状,厘清影响基于慕课理念的大学英语翻转课堂的因素,阐明各种影响因素以及它们之间的关系,根据对现状和影响因素的分析,探索基于慕课理念的大学英语翻转课堂深度融合的有效途径。

1.3　研究内容

本研究以国内部分院校为例,以非英语专业大学生为研究对象,使用混合研究的方式,探究基于慕课理念的大学英语翻转课堂实施情况。

本研究内容围绕如下两个问题展开:

(1)基于慕课理念的大学英语翻转课堂现状如何?

(2)导致此现状的影响因素有哪些?这些因素之间存在什么样的关系?

根据研究的问题和内容,采用定性和定量相结合的顺序解说型混合研究方法(Creswell,2009),包括师生问卷调查、师生访谈以及课堂观察,通过问卷定量分析大致了解现状和影响因素,同时结合定性研究,对核心研究问题进行深入分析,以期从多方面分析和解决所列之研究问题。本书研究的技术线路图见4.5小节,在此不再赘述。

1.4　研究意义

基于慕课理念的大学英语翻转课堂体现信息技术与课程的深度融合,是对传统大学英语教学结构的深刻变革,因此,本研究具有重要的理论意义和实践意义,具体如下。

1.4.1　理论意义

首先,本研究从在线学习的视角,剖析慕课多元开放、个性化、即时交互、精细化课程设计及学习共同体等核心理念,以及翻转课堂的特征要素,并从信息技术与课程深度融合的视角,探讨慕课与大学英语翻转课堂的融合。其次,通过描述及分析,揭示国内四所高校慕课理念与大学英语翻转课堂深度融合的现状、影响因素及存在的问题,从宏观上构建基于慕课理念的大学英语翻转课堂的多元课程,使之合理、良性地发展,并丰富了相关理论。

1.4.2 实践意义

本研究所提出的慕课理念以及与大学英语翻转课堂深度融合的概念框架，有助于抓住慕课的本质特征，深刻认识慕课的内涵，了解大学英语翻转课堂的特点，以及与慕课理念深度融合的途径和方式，帮助教育工作者理性看待慕课及大学英语翻转课堂，从而为其有效实施提供宏观上的指导和借鉴。

本研究基于广泛调查、访谈及深度分析国内部分高校大学英语翻转课堂相关因素而得出的结论，能帮助厘清哪些因素在基于慕课理念的大学英语翻转课堂中起着怎样的积极或消极的作用，为大学英语翻转课堂教学及管理提供较为科学的理念和实践指导。

本研究所提出的基于慕课理念的大学英语翻转课堂的多元课程，不但符合国家对于大学英语教学"分层分类"的指导原则，而且适应我国教育发展不均衡的基本国情，有助于各高校根据本校发展目标和基本情况，推进信息技术与课程的深度融合，建设多元化及校本化大学英语翻转课堂。

1.5　本书结构概述

本书研究结构安排如下：

第1章是绪论。主要从政策导向、实践层面、国际实践背景以及理论层面探讨了国家政策和大学英语教学要求导向、大学英语教学在实践中面临的困境、教育国际化背景下慕课和翻转课堂对大学英语教学所带来的挑战、学习理论和语言课程相关理论的发展，从而引出了本研究的目的、内容和理论及实践意义，并对本书的结构做了简要概述。

第2章是文献综述。首先，探讨了慕课和翻转课堂的缘起与发展，并讨论了慕课和翻转课堂的定义、内涵、要素和种类，突出慕课开放教育资源的特点。其次，层层递进，通过文献阅读梳理了国内外翻转课堂研究以及大学英语翻转课堂研究，分析了慕课与翻转课堂同步与异步混合方式，并最终分析探讨了慕课与大学英语翻转课堂混合的方式及存在的不足，为接下来的研究做好铺垫。

第3章是理论基础。在厘清本研究的核心概念慕课理念与翻转课堂的基础上，从认知负荷理论、掌握学习理论、联通主义学习理论、最近发展区理论及学习共同体理论入手，分析本研究的理论依据，并从信息与课程的深度融合以及语言课程理论角度出发，厘定慕课理念与大学英语翻转课堂深度融合的概念框架。

第 4 章是研究设计。以上一章厘定的概念框架为基础,详述研究的目的、研究问题,并以开放访谈作为先导研究,探究构成基于慕课理念的大学英语翻转课堂的要素,并据此细化编制调查问卷、访谈提纲维度和课堂观察维度,最后,仔细论述了本研究的研究对象、研究方法、研究过程和研究工具。

第 5 章是结果与讨论。主要围绕基于慕课理念的大学英语翻转课堂现状和影响因素两大主要问题,对问卷、访谈及课堂观察数据进行讨论和分析。根据研究问题,对翻转课堂现状的讨论和分析主要采用问卷、访谈和课堂观察,其中以访谈和课堂观察数据为主;对影响基于慕课理念的大学英语翻转课堂因素的讨论主要采用调查问卷和访谈,以调查问卷数据为主。

第 6 章是基于慕课理念的大学英语翻转课堂的多元课程。本章将从翻转课堂内涵,慕课与大学英语翻转课堂深度融合的目标、内容和方式及翻转课堂与学生能力素养的培养为出发点,从目标定位、学习资源的融合、活动设计、平台融合及评价体系的多元化着手,探讨基于慕课理念的大学英语翻转课堂多元课程体系。

第 7 章是结论。本书的最后一章主要包括本研究的结论、本研究的创新点、本研究的局限性以及对未来研究的展望。

第2章

文献综述

第 1 章从政策导向、实践层面、国际实践背景以及理论层面探讨了国家政策和大学英语教学要求导向、大学英语教学在实践中面临的困境、教育国际化背景下慕课和翻转课堂对大学英语教学所带来的冲击、学习理论和课程相关理论的发展,从而引出了本研究的目的、内容和理论及实践意义,并对本书的结构做了简要概述。本章首先探讨了慕课和翻转课堂的缘起与发展,并讨论了慕课和翻转课堂的定义、内涵、要素和种类,突出慕课开放教育资源的特点。其次,层层递进,依托文献在梳理了国内外翻转课堂研究以及大学英语翻转课堂研究的基础上,分析了慕课与翻转课堂同步与异步混合方式,并最终分析探讨了慕课与大学英语翻转课堂混合的方式及存在的不足,为接下来的研究做好铺垫。

2.1 慕 课

2.1.1 开放教育资源运动

慕课脱胎于开放教育资源运动,20 世纪 80 年代,麻省理工学院的 Richard Stallman 打出自由软件的口号之后,自由、开放和共享的精神就和互联网的成长息息相关。在过去的十年间,世界开放教育资源运动如火如荼,目前已形成由世界著名高校引领,在大学及国家间形成联盟的态势,而大规模网络开放课程推动了开放教育资源运动从资源建设向资源应用的发展（如图2-1）。

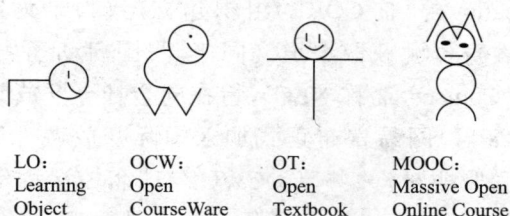

| LO:
Learning
Object | OCW:
Open
CourseWare | OT:
Open
Textbook | MOOC:
Massive Open
Online Course |

图 2-1　慕课在开放教育资源运动中的发展历程（Hanley，2013）

　　开放教育资源运动主要经历了三个阶段。第一个阶段是开放课件（Open CourseWare，简称 OCW）。2001 年，麻省理工学院将学校优质的课程教学资源通过互联网向全球免费开放，启动了开放课件项目，自此，开放和自由的理念逐步为大家所接受。

　　第二个阶段是开放教育资源（Open Education Resources，简称 OER），这个概念由联合国教科文组织（UNESCO）于 2002 年在"开放课件对发展中国家高等教育的影响"论坛中首次提出。开放教育资源指"以各种媒介（数字化或其他形式）为载体的教与学材料和研究材料。这些材料在公共领域提供，或以开放式许可授权的形式提供，允许其他人免费获取、使用、改编和重新发表，不加任何限制，或几乎没有任何限制"（百度百科）。开放教育资源拓展了开放课件的内涵，扩大了教育资源开放的范围。

　　开放教育资源运动的另一产物是开放教材。所谓开放教材就是将教材放在网上，以供师生及其他人免费使用，这些教材以打印稿、电子书或者音频格式的形式提供下载或者免费或支付极少费用后购买。开放教材的初衷是为了解决出版教材难以获取或购买支出过高而无法承受的问题。新媒体联盟 2010 视野报告指出，开放教材被认为是高等教育实施开放教学资源进程中的重要内容。

　　2005 年 2 月，开放教育资源运动成立了统一组织机构，即开放课件联盟（Open Courseware Consortium，简称 OCWC），首次会议在美国麻省理工学院举行。世界各大名校纷纷加入，在高等教育界逐渐形成一场世界范围内的开放课件运动。2007 年 9 月，《开普敦开放教育宣言》诞生，宣言提出了自由使用、定制、改善和再发布教育资源的信念和适合每一个人的开放、灵活而且有效的教育世界的愿景，在世界开放教育资源运动中具有里程碑意义。

　　我国也积极参与到这场开放教育资源运动之中。2000 年，教育部开展

"新世纪网络课程建设工程"。2003年10月,中国开放教育资源(China Open Resources for Education,简称CORE)组织建立,致力于为国内高校提供免费、便捷的全球开放教育资源获取渠道。同年,我国启动了"精品课程建设工程"(National Essential Courses,简称NEC),旨在向全社会开放共享优质教育资源。

2011年1月18日,网易宣布正式加入国际开放课件联盟,成为OCWC在中国唯一的企业联盟成员,并共享OCWC全球名校课程资源,让知识无国界。同年6月,上海交通大学正式加入国际开放课件联盟,成为第一所加盟的国内高校。在对已有开放课件翻译和应用的基础上,继网易公开课之后,免费公开课在各大网站相继出现。2011年11月9日,我国首批20门"中国大学视频公开课"免费向社会开放,"十二五"期间,国家精品课程建设的1 000门精品视频公开课和5 000门国家级精品资源共享课(教育部,2011),极大地推动了国内的开放教育资源运动。

2012年6月20日至22日,联合国教科文组织召开2012年世界开放教育资源大会并发布了《2012巴黎开放教育资源宣言》,明确要"加强开放教育资源的战略发展,促进开放许可框架的理解和应用,并促进开放教育资源在各种语言和文化环境中的本地化发展"等目标,吹响了开放教育运动从资源建设向资源应用发展的号角。

客观地说,麻省理工学院的开放教学课件只提供课程素材,并不提供教学交互支持,学习过程不但缺乏互动交流和及时反馈,还缺乏学习监督机制及有效的学习激励手段,更不能提供证书或文凭。总而言之,学习者就好比"孤立环境中的旁观者,容易失去持续学习的动机,其学习成果并不具有实体学习的同等外在价值"(MOOC学院,2014)。我国于2003年启动的精品课程建设工程也具有开放教学课件的特点。这些精品课程的内容主要包括教材、教学大纲(包括教学要点)、教学案例(课堂录像)或习题等,并应当经常更新。所有资源上网并免费开放,以实现优秀教学资源共享。但实际仍存在"网站更新缓慢、课程与教学资源建设脱节、教学方法与手段欠缺、教材建设不完善等问题"(吴炎,2013)。而且视频公开课很多都是录制的课堂教学视频,虽然有些精品课程项目建立了互动交流平台,但利用率普遍较低。笔者于2016年2月对国内英语语言类国家精品课程网站的调查发现,在可打开的48门课程中,互动交流可用的只有15门,占总门数的31.25%;无互动交流的竟有26门,占54.17%;设计有互动交流模块但打不开或需要密码的有7门,占14.58%。即使有互动交流的课程,有些网站的BBS里竟然只有1个帖子,互动平台明显流于形式;也有学者研究了网上课程的评价模块，认为从课程评价种类看，11 门课程没有提供任何评价方式，大多数课程仅有习题（宗云，2009）。

正因为如此，在开放教育资源运动中，为了获得更高质量的教学效果，学习者不仅希望获得免费的教育资源，更期望得到更多的学习指导等教育服务，能将课程各项要素，如讲授、作业评估及测试融为一体，获得网上同侪交流与帮助，有更好的课程体验。而教学者也希望能获得学习者的反馈，以便改进课程内容。因此，越来越多的项目尝试整合开放教学资源并创建学习共同体，一种新型的大规模开放在线课程，即慕课便应运而生，这便是开放教育资源运动的第三个阶段。所以，脱胎于开放教育资源的慕课自诞生之日起，就不再仅仅展示静态的资源，而是把提供完整的学习体验，打破学习孤立感及实现更多的教育功能作为己任。慕课是在新的技术背景下，教育资源开放运动深度发展十年的质性蜕变（蔡文璇，汪琼，2013）。

2.1.2　慕课的缘起与发展

慕课萌芽于 2007 年，美国犹他州立大学的 David Wiley 教授基于维基发起了一门开放课程，世界各地的用户都可以分享课程资源，并参与课程创新。2008 年 1 月，加拿大里贾纳大学的 Alec Couros 教授开设了一门网络课程，全球众多专家都被邀请远程参与教学。这两个项目为慕课的诞生奠定了思想基础和技术准备，可说是 MOOC 的前身（李青，王涛，2012）。

2008 年 9 月，阿萨巴斯大学的研究员 George Siemens 和国家研究委员会的 Stephen Downes 在加拿大曼尼托巴大学开设了一门名为"联结主义与关联知识"（Connectivism and Connective Knowledge，简称 CCK08）的在线课程，除本校的 25 名学生付费参与外，另有 2 300 多位来自世界各地的学生通过网络免费参与了这门课程的学习（王颖，张金磊，张保辉，2013）。受 Wiley 开放课程内容和 Couros 开放教学思想的影响，该课程设计为学习者可以自由选择学习工具，如 Moodle 在线论坛、博客、第二人生和同步在线会议，围绕主题进行讨论、交流和共享学习资源，所有的课程内容可以通过 RSS 订阅。此后，加拿大爱德华王子岛大学的 Dave Cormier 与国家人文教育技术应用研究高级研究院的 Bryan Alexander 教授首次提出了 MOOC 这一概念（Sivamuni & Bhattacharya，2013）。课程的设计者 Stephen Downes 教授认为慕课的参与者及课程资源都分散在网络上，只有课程开放，并且参与者达到一定较大的规模后，这种在线课程才有效。MOOC 不仅是学习内容和学习者的聚集，更是一种通过共同的话题或某一领域的讨论将教师和学习者联结起来的方式(李青,王涛,2012)。由于这种早期的慕课基于联结主义学习理论,因此被称为联通主义慕课(Connectivist MOOC,简称 cMOOC)。

2011 年底,斯坦福大学试探性地将 3 门课程免费发布到网上。其中美籍华人 Andrew Ng 教授的"机器学习"(Machine Learning)课程,来自世界各地的注册生竟然超过了 10 万人,这使他们意识到在线教育正在掀起一场新的教育革命。2011 年 11 月,Daphne Koller 和 Andrew Ng 共同创办了 Coursera,该词由 course 和 era 这两个词通过构词法混合而成,顾名思义,意为"课程的时代",而 Coursera 也旨在与世界顶尖大学进行合作,提供免费的网络公开课程。

2012 年,斯坦福大学前人工智能学德裔教授、Google X 实验室研究人员 Sebastian Thrun 的"人工智能导论"课程有来自 190 个国家的 16 万学生注册参与。受此鼓舞,Thrun 不久离开了斯坦福与另外两名同事共同创办了 Udacity。Udacity 这个名字源于单词 audacity,意思是"大胆",这也代表了公司的风格,即勇往直前。

随后,麻省理工学院于 2012 年 12 月成立了 MITx,次年 3 月份的第一个开放课程是 6.002x "电路与电子学",该课程由麻省理工电子工程与计算机科学(EECS)专家 Anant Agarwal 教授领导,该课程共 14 周,包括 2～4 小时的在线讲座、练习以及一个在线模拟实验室和回家作业包。Anant Agarwal 教授以生动有趣的讲座、独特的教学方法和个人魅力,吸引了全世界 15 万名注册生,最后有 7 157 人完成了学业。2012 年 5 月 2 日,麻省理工学院和哈佛大学联合投资创建了 edX,MITx 第一门课的主讲 Anant Aganwal 教授受命成为 edX 首任总裁,因此,edX 的前身就是 MITx,其名字来源于 MITx,也具有"education extended"的含义,即教育的扩展和联盟。得克萨斯大学和加利福尼亚大学伯克利分校后来加入其中(蔡文璇,汪琼,2013)。至此,世界慕课的三驾马车已经形成(Phil,2012),尽管遭遇过挫折,也面临潜在的诸如收益模型、课程完成率、课程认证及学生身份认证等问题的困扰,但慕课所引领的世界顶尖大学免费精英课程教育的浪潮仍将滚滚袭来。

随着慕课在北美的迅速兴起,世界各国也纷纷仿效建立了自己的慕课平台。2012 年 12 月,英国正式宣布进入慕课市场,2013 年 9 月 18 日 19 所大学联合成立的 FutureLearn 推出首批 20 门线上课程。德国最负盛名的 Iversity 机构于 2013 年 10 月也发布了首批慕课课程,共 24 门,有超过 10 万人注册,课程以英语和德语授课为主。2013 年 10 月 3 日,法国教育部宣布利用 edX 开源代码开发国家慕课——法国数字大学城（FUN），有超过 100 所的法国高等院校加入，课程用法语授课，包含教学视频、其他材料及评估环节等。欧盟的 OpendupEd 平台，源自"Opening up education"，意即更开放的教育，有来自欧洲不同国家的 11 所合作院校，并为不同语种和文化背景的学习者服务。澳洲于 2013 年 3 月创立了免费在线教育平台 Open2Study，截至 2016 年 8 月，共开设了 46 门课程，涵盖了大多数领域。它具有独特的模式，不仅着眼于提供免费的视频教育服务，还十分关注用户和教师、用户之间的互动分享，系统会自动推荐和你选了同一门课的同学，每个视频下均有即时聊天室。不仅如此，Open2Study 平台为了调动用户的积极性，设计了五花八门的勋章，注册就送野营帐篷，分享动态就送铜喇叭，完成课程讨论、绑定社交媒体等都可获得勋章（王庭槐，2014）。此外，日本的 Schoo、巴西的 Veduca、阿拉伯国家的 Edraak 等纷纷成立。

我国"十二五"期间已连续三年启动视频公开课建设工作。2013 年，教育部召开了"网络开放教育与高等教育改革研究会"，对国外网络开放教育模式，即慕课和我国高等教育应对方式进行了深入的探讨。2014 年，清华大学、北京大学、香港大学、香港科技大学 4 所大学加盟 edX。北京大学、复旦大学、上海交通大学、台湾大学、香港中文大学、香港科技大学 6 所大学加盟 Coursera，其中北京大学和香港科技大学同时加盟了 edX 和 Coursera。同年，复旦大学、上海交通大学与英国 FutureLearn 签署合作备忘录，将在该平台上开设优质课程。2015 年，上海外国语大学与英国 FutureLearn 协商推进慕课战略合作（上外新闻，2015）。除了引进国外慕课外，国内高校也推出了中国本土的慕课及理念，如清华大学的"学堂在线"、北京大学的"北大 MOOC"、上海交通大学的"好大学在线"、复旦大学的"iMOOCs"概念及深圳大学牵头的全国地方高校 UOOC 联盟。不可否认的是，国内慕课的发展依托于我国 10 多年来网络课程建设的实践，主要有新世纪网络课程建设工程、国家精品课程建设工程、基于计算机和网络的大学英语教学改革、国家精品开放课程建设工程等。慕课为学习者提供了开放教育服务和学习支持。"没有开放课程 10 多年来所积累的课程建设经验、教学经验以及它对固有认知的冲击和洗礼，慕课的出现绝不会像如今这般坦荡。"（祝智庭，闫寒冰，魏非，2013）

2.1.3 慕课的定义与内涵

随着实践的深入，慕课的定义经历了不断变化和更新的过程。慕课原本是用来描绘联通主义的学习方法，即学习者自定学习目标，借助数字技术并通过社会网络交互以建构知识（McAuley，Stewart & Siemens，2010；Cormier，2010）。慕课的创始人 George Siemens（2005）也从联通主义的角度定义了慕课：

> 是过去两年中正在兴起的一种在线教育形式。它整合了社会网络的联结性、相关学习领域著名专家的指导和在线资源的自由获取，以使成百上千的学生根据自己的学习目标、先导知识和技能以及共同兴趣爱好，自愿加入，主动参与学习。

在 George Siemens 看来，慕课的精髓在于网络的联通性，学习者通过各种社交软件，如 Twitter、Facebook、Moodle、Blog、Wiki 及 RSS 聚合，以此联结和分享知识，进行个性化学习。慕课的定义首先突出在线课程的特点，如维基百科对慕课的定义是"一种针对大众人群的在线课堂，人们可以通过网络来学习在线课堂"。而百度百科对慕课的定义是"新近涌现出来的一种在线课程开发模式，它发展于过去的那种发布资源、学习管理系统以及将学习管理系统与更多的开放网络资源综合起来的新的课程开发模式"。麦克米兰字典对慕课的定义是"大规模网络公开课：可能通过互联网免费获得的一种课程，并且有海量的参与者"。

国内外学者主要从大规模、开放及社会化特征角度定义慕课。Thompson（2013）和 Gaebel（2013）认为慕课是一种理论上对任何人都无任何限制、无需费用、结构化且有特定学习目标的开放课程，主要活动发生在因特网上。Liyanagunawardena、Adams & Williams（2012）认为慕课将学生及提供学习帮助的专家联结在一起，这种联通能通过社交网络及自由访问的在线学习资源所完成。Yuan & Powell（2013）认为慕课与传统在线课程的区别是开放及大规模，这里的开放指"任何人均可自由加入课程，而大规模是指课程可支持无限数量的学习者"。McAuley、Stewart & Siemens et al.（2010）认为慕课是具有自由和开放注册、共享课程内容和多元结果的在线课程。慕课整合了社交网络、在线资源，尤为重要的是，慕课以学习者自我管理和主动参与为基础。Baker、Bujak & DeMillo（2012）认为慕课是一种虚拟的教学内容传递模式，它既允许学习者在合适的地点和时间学习，也促进学生与全球其他专业教师团队的广泛合作，同时兼具游戏化学习的特征。

尽管慕课（MOOC）就其字面而言是大规模开放在线课程的意思，但这个脱胎于 CMOOC 时期的术语今天看来有太多的模糊性和不确定性。

首先，国内外学者对"大规模"的内涵有不同的理解，它既可指参与课程的学习者分布广泛,数量众多,也可指课程活动范围的大规模(Masters,2011),以及参与者众所提供大量的交互机会(Stevens,2013)等。

其次,是"开放",开放是慕课最具争议的属性,首先是对慕课开放含义的分歧。在慕课建立之初,George Siemens 等认为慕课学习者除需支付互联网费用外,不必再支付额外的费用,课程无需任何前提条件,也不提供证书(McAuley, Stewart & Siemens,2010),这就是开放的最初内涵。而事实上,开放是慕课的核心多维概念,它不但指注册的开放,即任何人不管先前受教育的程序如何,均可通过网络自由注册,也可指访问的开放,任何对慕课课程感兴趣的人均可自由访问全部课程内容,Balaji & Sekhar(2013)认为开放指资源不但能自由访问,而且能够被下载并可被修改适用于其他目的的,还可指教学过程及内容的开放,即教师和学生在学习中的成果为公众所共享,更可指学习者角色的开放。Cormier & Siemens(2010)引申了开放的概念,认为开放除包含教师的开放及课程的开放外,还包括学习者的开放,即学习者参与研究,参与讨论,贡献某一领域的知识进步。他们认为开放是"活动的透明"。

此外,慕课开放的理念在实践中存在争议。慕课承载着开放教育资源运动"知识共享、资源共享"的理念,开放教育资源令使用者能自由使用并且共享(胡艺龄,顾小清,2013)。但一个不争的事实是,时下慕课三巨头中,仅有 edX 是非营利性机构,许多慕课平台及运营机构采用了"freemium"的慕课运营模式,在国内王竹立(2015)将其称为淘宝慕课,即大部分课程内容免费,一些诸如获取学分及证书等高端增值服务收取部分费用的模式。而且目前仅有 edX 开放了平台代码和教学资源,供使用者使用或修改,其他慕课平台的资源和平台设计均不对外开放(Sandeen,2013)。程建钢(2013)指出慕课只是课程开放,而不是教育开放,因为从教育基本要素来看,"慕课并不具备"。

"在线"指的是内容传递的方式,教师的讲授、师生或生生之间的讨论及作业的递交及批改都通过互联网实现,这是唯一少见分歧的一点。

"课程"意味着慕课具有传统结构化课程的影子,因此包含课程实施、讲授内容的视频化、学习资料的公布、评估的方式等内容(Krause & Lowe,2014),但对于课程关键的学分认定等环节,目前慕课却并不完全具备。

鉴于慕课概念的模糊和不确定性,国内外部分学者拓展了慕课的内涵。Baturay(2015)认为慕课内涵还应包括参与性和分布性。参与性是指学习者自愿交流和分享个人学习成果,笔者认为这与 Cormier 和 Siemens 的学习者开放概念相类似。而分布性指慕课课程活动的社会性,因为联通主义慕课认为知识分布于网络各节点中,慕课的多数教学活动均发生在社会学习环境之中,"学习材料及他人学习观点仅是讨论和深层思考的起点"。慕课的含义更为宽泛,除最基本的大规模、开放和课程外,还涵盖从不同角度对于学习理论和学习方法的理解(Boyatt, Joy & Rocks et al. , 2014)。

2.1.4 慕课的种类及要素

按照不同学习理论,通常将慕课分为三类:① 基于内容的慕课(xMOOC):以行为主义学习理论为基础,强调对知识的传播与复制;② 基于社会网络的慕课(cMOOC):以建构主义、联通主义学习理论为基础,强调知识联结与学习网络创建,属于知识建构型;③ 基于任务的慕课(tMOOC):以建构主义学习理论为基础,强调对重要技能的理解掌握(Lisa, 2012)。

George Siemens(2005)认为知识是网状结构的,学习是连接专门节点和信息源的过程。在互联网时代,学习具有联通性,个人的知识只是网络中的一个节点,在分享个人知识的同时,学者也从网络中获取他人的知识。cMOOCs基于联通主义学习理论,其名称中的"C"即代表英语联通主义(Connectivism)的首字母。它采用非结构化方式,课程中所有资源和信息都是开放的,没有人数、时间、地点限制,且全部通过网络传播;课程不限于特定平台,学习者可根据自己的习惯或偏好使用多种工具或平台参加学习;更为重要的是,它是一种生成性课程,课程知识不确定,学习者主要通过网络参与社会交互获取知识。但是cMOOC可扩展性(Scalability)比较差,主要原因是过于强调知识的创造过程,学习完全依赖学习者的自主性,且教学目标不明确,通过社会交互而学到的知识可变性大,慕课大规模的特征又使教师有效的监控手段难已为继,这使得学生感到迷茫,而网上讨论时其他人的行为也容易使一些学生感到不适,令一些学生丧失信心(Boyatt, Joy & Rocks et al. , 2014)。

xMOOCs采用结构化课程方式,将师生交互与生生交互用学生与内容的交互代替,从而得以实现大规模化,具有强扩展性,因此,是国际上普遍采用的慕课形式。目前国际上慕课三大巨头,Coursera、edX和Udacity均使用这种形式,而xMOOC名称中的"x"来自edX和MITx,另外也有人认为来自英语"extend",意为扩展,即这些慕课平台是课程的延伸。尽管xMOOC也承认同伴合作和开放的重要性,但其基于行为主义和认知主义理论的教学系统实际更符合传统大学课程模式,即有完整的课程结构和设定的课程教学目标及考核方式,重视学习支持服务,完成学业者或可获得证书(Daniel,2012),尤其是 xMOOC 中广泛使用的微视频、测试及自动反馈技术是程序化教学的典型特征。xMOOC 出发点是意欲通过开放国际知名院校的精英教育,使品牌大学教学资源规模化和全球化。但正如上一节所谈到的,国际三巨头中仅有 edX 是非营利性机构。因此,xMOOC 从本源上说是一种商业模式,对于利益的追逐必将妨碍其在全球教育资源开放的进程。xMOOC 关注知识的传递,而 cMOOC 则是社会化网络学习,两者有本质的区别。

值得注意的是,慕课在实践中不断变化和发展,也呈现出某种显著的共性和个性。比如,xMOOCs 运用社会化学习软件,通过网络服务应用,发挥大规模学习者自身的作用,以社会化弥补大规模与个性化的矛盾,体现了关联主义和行为主义的结合。无论 xMOOC 在实践中变得更"联通"与否,新的慕课形式将在实践中持续产生,如基于建构主义理论的 tMOOC,以任务为驱动,通过个体和社会建构知识和技能,强调在"做中学",以培养学习者的专业技能为目的;尤其是近来出现的混合慕课(hybridMOOC,简称 hMOOC;或 blended MOOC,简称 bMOOC),整合了 xMOOC 和 cMOOC 的优势,标志着慕课与传统教学深度融合的趋势,被称为慕课 3.0 版(Sandeen,2013)(详见 2.3)。笔者梳理了主要慕课分类及特征(见表 2-1)。

表 2-1　xMOOC、cMOOC、tMOOC 和 hMOOC 分类比较表(修订自王庭槐,2014)

项目	xMOOC	cMOOC	tMOOC	hMOOC
开始时间	2011 年	2008 年	2012 年	2013 年
主要学者	Sebastian Thrun; David Stavens; Michael Sokolsky; Daphne Koller; Andrew Ng 等	George Siemens; Stephen Downes; Dave Cornier; Ryan Alexander 等	Jenny Mackness; Marion Waite; George Roberts; Elizabeth Lovegrove 等	Cathy Sandeen
代表课程	Udacity, Coursera; edX; Open2Study, 学堂在线等	CCK08; DS106; eduMOOC; mobiMOOC 等	FSLT12 等	San Jose State University(CA)与 edX 和 Udacity 合作的混合慕课项目
相关理论	行为主义;认知主义	联通主义	建构主义;联通主义	混合学习理论

项目	xMOOC	cMOOC	tMOOC	hMOOC
课程模式特征	基于内容;侧重知识传播与复制;强调视频、作业和测试等学习方式	基于网络;侧重知识建构与创造,强调创造、自主和社会网络学习	基于任务;侧重利用学习支持服务,开展同伴协作学习,完成任务;强调知识和技能的建构	基于内容和网络;既注重知识传播与复制,又注重知识的建构,强调自主,社会网络学习
师生关系	传统	变化及开放	变化及开放	传统和变化开放
学习目标	学习者掌握学习内容	学习者共享创造知识	学习者共享创造知识	掌握学习内容及共享创造知识
课外讨论	基于课程的集中论坛	分布式、多种社会媒体支持	分布式、多种社会媒体支持	分布式与集中论坛相结合
测试与评估	软件自动评分;学习者自评及互评	教师综合评估	教师综合评估	软件自动评分;学习者自评及互评

  综上所述,目前主流的慕课主要由三个部分组成,即课程视频讲座、课程测试以及互动交流,其显著特征是高质量的交互视频讲座,如 Udacity。慕课的主要目标是通过高质量的教育提供开放的自主学习途径,而这种高质量的教育包含通过社会交互提供对学习过程和知识创建的支持并促进学习(Nawrot & Doucet,2014)。慕课视频讲座有多种表现形式并配有字幕,以供学生更好地理解视频中的内容。视频时长一般为 5～10 分钟,视频中可内嵌测试。除讲座视频外,慕课还有其他补充视频以便学生更好地理解学习内容。慕课对作业及测试的评价主要由程序对客观题的自动评价及同伴依据设定的评分标准实施的互评两部分所组成。慕课使用大数据分析和挖掘技术,分析各种数据并为学生提供针对性的教学。慕课的互动交流主要分为论坛交流和通过社交媒体交流。论坛是学生发布信息并与其他学生和教师互动的场所,论坛的主题涉及一般问题讨论、相关主题讨论、课程反馈及技术反馈等,慕课还鼓励学生通过社交媒体,如 Facebook 及 Google+ 与同伴或教师互动(Grainger,2013)。

2.2　翻转课堂

2.2.1　翻转课堂的缘起

翻转课堂萌芽于 19 世纪 20 年代,当时的美国军方曾注重所学知识的理解和应用,要求学员复述前天晚上所学课程的内容,并到黑板上做题(Shell,2002)。20 世纪末,国外一些高校进行了早期翻转课堂的实践和研究,然囿于计算机和互联网技术的限制,终未能彻底打破传统的教学模式,仅对其进行了优化。

自 1982 年始,Wesley Baker 就萌生了利用技术手段将需要记忆的材料移到课外的想法,但遇到的障碍是如何有效传递教学材料以及讲座移至课外后课堂内该做什么的问题(Kadry & Hami,2014)。1995 年,学习管理系统(Learning Management System,简称 LMS)的应用清除了教学材料传递的障碍,使他在课堂上能有足够的时间专注于所学材料的应用活动。2000 年,Baker 在第十一届大学教学国际会议上最早明确提出了翻转课堂(The Classroom Flip)的概念。他认为翻转课堂的主要理念是"压缩课内讲授时间,使学生有更多的时间主动学习;学习的重点应为理解和应用,而非简单的记忆;学生要有机会从同伴中学习并对自己的学习负责"。Baker 据此提出了翻转课堂三要素,即课前小测验、课堂针对课前学习难点的小讲座及大量专题活动,同时还提出了翻转课堂实施的四字真言,即阐明、拓展、应用和实践。Baker 认为翻转课堂在线学习资源能使学生自定步调,使学习更具个性化,组内和组间合作学习培养了批判性思维。同一时期,Maureen Lage、Glenn Platt 和 Michael Treglia 也在做着类似的试验,但他们给它起了不同的名称——"颠倒课堂"或"反转课堂"(The Inverted Classroom)。他们将经济学课程的讲授移至课外,课堂是疑难概念解答和小组活动,结果表明"信息技术的使用,尤其是多媒体技术,给学生提供了新的学习契机。李克特量表学生问卷和开放问题调查结果表明,学生态度积极,认为提问更容易,从同伴中学习更快乐,尤其能从视频讲座中学到很多"(Lage, Platt & Treglia,2000)。

翻转课堂的成功首先在 K12 学校得以快速复制。2007 年,美国林地公园高中的两位化学教师 Jonathan Bergmann 和 Aaron Sams 开始使用软件录制上课时的教学内容。翻转课堂也在两位教师的推动下在全美推广。

翻转课堂蹿红全世界主要受益于可汗学院在全球的影响。2006 年,30 岁的孟加拉裔的 Salman Khan 将自己 10 分钟的数学教学微视频发布在网上并得到了很大的播放量,后来创办了可汗学院(Khan Academy)。可汗学院依托网络,几乎在一夜之间便成了世界上最大的学校,它的免费碎片化在线教学视频事实上降低了翻转课堂实施的门槛,进一步普及了翻转课堂。

国内具有翻转课堂意义的教学模式起源较早,可追溯到 20 世纪 80 年代,如江苏省木渎高级中学的"任务驱动、问题导向"自主学习模式,就是一种"拟似翻转课堂"。对翻转课堂的实践研究大多具有各自校本特征,如山西省运城市新绛中学的"问题解决式学案课堂",重庆江津聚奎中学的"课前四步、课堂五环"实验。虽然没有提出完善的翻转课堂的概念,但却是对教学方式的变革。同时,国内多所学校的实验也表明,翻转课堂是多元化和个性化的,需要根据自己学校的特点走出个性化及校本化之路。

2.2.2　翻转课堂的定义

翻转课堂也被称为"颠倒课堂"或"反转课堂",我国在 2012 年前称之为"颠倒课堂""颠倒教室""反转课堂"等,但自 2013 年后,除焦建利、何高大等少数学者外,统称为"翻转课堂"。目前翻转课堂尚无科学系统的定义,国内外学者从不同角度深入探讨和研究了翻转课堂的概念,笔者梳理了相关文献,发现国内外学者大致从以下五个方面定义翻转课堂。

第一类是从教学活动的顺序出发定义翻转课堂。早期实践者 Lage、Platt 和 Treglia(2000)将翻转课堂称为"颠倒教室"。顾名思义,他们认为翻转课堂就是"将原本在课上进行的教学活动放在课下进行,课上的时间则用来解决小组和个人的问题或是讨论、做实验",即翻转课堂颠倒了传统课堂教学和课外活动的顺序。国内也有学者认为所谓翻转课堂就是把"老师白天在教室上课,学生晚上回家做作业"的教学结构颠倒过来,构建学生晚上回家学习,白天在学校练习的课堂结构(金陵,2012;王小彦,2014),是课内外教学任务"主次颠倒"的教学实施方式(马秀麟,赵国庆,邬彤,2013)。

第二类是从课内外学习空间转变的角度定义翻转课堂。美国翻转学习网络(Flipped Learning Network,简称 FLN)首先创造性地使用了"翻转学习"这一术语代替翻转课堂,以扩大后者字面上的外延及消除可能产生的误解,并界定了翻转学习,认为"翻转学习是一种教学方法,这种教学方法将直接教学的行为从小组学习空间转移到了私人学习空间,而小组讨论空间变为一个动态的、互动的学习场所,在这个场所,学员们将概念应用于实践,更加积极主动地参与课堂主题,而教师的角色是指导者"(Hamdan, McKnight & Arfstrom, 2013),学界称之为翻转课堂 2.0 版。国内也有学者从学习空间转变的角度探讨翻转课堂,认为翻转课堂中课堂变成了"教师和学生的互动场所"(马秀麟,赵国庆,邬彤,2013)。

　　第三类摒弃了颠倒和转变的视角,从课内外不同教学活动整合的角度定义翻转课堂。Bluic(2007)认为翻转课堂是面对面(Face to Face,简称 F2F)交流与计算机媒介交流的系统整合,Strayer(2012)和 Brame(2012)则认为翻转课堂是将课堂上师生面对面的接触转变成各种形式的讨论,促成学生发现式学习并巩固知识。Bergmann(2012a)指出翻转课堂“就是在信息化环境中,课程教师提供以教学视频为主要形式的学习资源,学生在上课前完成对教学视频等学习资源的观看和学习,师生在课堂上一起完成作业答疑、协作探究和互动交流等活动的一种新型的教学模式”。国内也有研究者将翻转课堂学习过程分为课前、课内和课后,细分了翻转课堂不同的教学活动,认为翻转课堂课前教学活动是教师创建教学视频,学生课外观看教学视频、完成测试、提出学习中的问题,而课堂活动则是师生面对面交流,完成作业答疑,进行探究性、协作式学习等(卢强,2013;祝智庭,贺斌,沈德梅,2014;钟晓流,宋述强,焦丽珍,2013);课后,师生及时评价与反思课堂教学。也有学者认为在翻转课堂课前学生不仅要观看教学视频,还要观看教师制作的数字材料,包括音视频、电子教材等(张渝江,2012),课外完成针对知识点和概念的自主学习。

　　第四类从建构主义及学习理论角度探讨翻转课堂,认为翻转课堂是建构主义理论下的混合学习。Savery 和 Duffy 认为翻转课堂学习者是在课外通过学习信息的传递,在合作的环境下主动、创造性地建构知识(Milbrandt, Felts, Richards & Abghari, 2004)。Jacob Enfield 则认为翻转课堂是原本被认为无法兼容的两种学习理论的独特整合,即整合了基于行为主义的直接讲授教学和基于建构主义的主动及基于问题的学习(Lowell, Utah & Verleger et al. , 2013)。因此,翻转课堂由课前学生自主学习和课内交互学习两部分组成,不可或缺。国内也有学者认为翻转课堂是在掌握学习理论指导下,运用现代信息技术拓展教学时空,从而发挥学习者主体作用的一种新型信息化教学模式(张莉靖,曹殿波,2014),是以学生为中心的混合教学(陈珍国,邓志文,于广瀛,2014)。

　　第五类运用了广义和狭义的双重定义。国内学者张金磊提出了翻转课堂广义和狭义的双重定义。广义上,翻转课堂是将学习过程的两个阶段——知识传输和知识内化进行了颠倒,知识的传输发生在课外,知识的内化发生在课堂上。狭义上,翻转课堂是借助信息技术的手段将原本在课堂内的知识传输环节转移到课外,并且假设在课外学生的学习效果等于甚至优于传统课堂中教师的讲授效果;而在课堂中,教师和学生在面对面的交流、协作中通过多种活动完成了知识的内化,在整个过程中,信息技术为其提供支持(张金磊,2013)。

国内外学者从不同角度定义的翻转课堂,无论从教学顺序的变化、学习空间的转变还是教学活动的整合等方面出发,均体现了翻转课堂固有的一些特征,但定义纷繁芜杂,缺乏对翻转课堂总体特征的把握,进而导致教学实践的困惑。综合国内外相关研究,笔者认为目前对于翻转课堂的理解偏差主要体现在以下三个方面。

首先是对视频技术作用的夸大。有不少学者将翻转课堂等同于微视频,而媒体对翻转课堂"视频再造教育"的报道,事实上起了推波助澜的作用。相应地,翻转课堂课程建设就是微视频库的建设,导致教师花费大量的时间和精力制作教学视频,结果却并不如预期。实际上,虽然视频很重要,但它并不是翻转课堂最关键的元素,只是进行更为深入的翻转课堂学习的敲门砖,翻转课堂最为关键的因素是对课内时间的重新利用(Enfield,2013)。

其次是对翻转课堂本质的误解,认为翻转课堂是"新瓶装旧酒",是传统课前预习的高技术版本,即将传统的课堂讲课内容微视频化,供学生课前预习,因此,只要课前有预习环节就是翻转课堂(李超,2014)。甚至虽有学生课前预习,但仍以教师为中心的课堂,亦被冠之以"翻转课堂"的头衔,谓之以"教学改革"的称呼,导致了教学实践中的困惑。而实际上,翻转课堂是对传统教学理念的彻底变革,并非课前预习的简单视频化和"先学后教"理念的翻版。

最后是对翻转课堂核心概念的曲解,认为翻转课堂增加了学生学习时间和学业负担(李志伟,2015),这其中不乏一些教育专家和教育官员(王秋月,2014)。而实际上,翻转课堂是个性化学习,它压缩了传统课堂教学中的时间"泡沫"。有研究表明,所用时间仅为原来的 1/5(王奕标,2014),而且课内学习更深入,提升了学习效率,学生能更好地预估家庭作业量。"事实正好相反,学生观看教师布置的视频所用的时间比完成传统家庭作业的时间少"(乔纳森·伯格曼,亚伦·萨姆斯,2015),因此,总体来看学生并没有增加学习负担。

综上所述,统一有效的体现翻转课堂核心概念的定义显得尤为重要,翻转课堂颠倒了传统教学结构,表现出一些显著的特征,笔者在下一节中将进一步探讨翻转课堂的显著特征。

2.2.3 翻转课堂的特征及要素

在深入分析国内外相关研究的基础上,笔者提出如下基于翻转课堂核心概念的显著特征。

2.2.3.1 个性化的掌握学习

掌握学习理论由美国心理学家 Benjamin Bloom 于 20 世纪 60 年代末最先提出，Bloom 反对用评价手段将学生分等级，认为教育是使每个学生都得到发展。所有的学生都有学好的潜能，只是所需要的时间不同而已。若给予足够的时间、明确的标准和及时的帮助，所有学生都能够掌握得很好。翻转课堂首要的特征就是信息化与个性化(Bergmann & Sams，2012b；王忠惠，朱德全，2014)，而个性化学习的理论基础正是掌握学习理论，因此，翻转课堂蕴含掌握学习模式。

传统课堂中，教师以班级中等学生为标准设定课程进度，以使班级大多数学生都能接受，却无法兼顾班中的学困生及优秀学生。而在翻转课堂中，由于知识异步传授，学生可"自定步调、自定节奏"，既可暂停、倒退或重复教师的讲授，也可通过网络社区等形式寻求教师或同伴的帮助，有利于根据个人情况完成学习，夯实基础。这种个性化学习既能有效地帮助学困生，又能使学有余力的学生不受集中听讲的束缚，更多地关注拓展内容，并在帮助他人过程中巩固知识，加深理解。教师可通过学习管理平台及时发现问题，并立即介入，给予学生及时讲授(Just-in-time Teaching，简称 JiTT)等指导，从而解决了忽视学习中"瑞士奶酪式"间隙等问题。萨尔曼·可汗认为通常学习中有"瑞士奶酪式的保证通过原有基础继续建构的间隙"(金陵，2012)，这个间隙就是指学生在原有基础上学习新知识所需花费的时间，而每个学生所需的时间是不同的，提供足够的间隙能有助于学生掌握所学的内容。因此，在翻转课堂中，所有学习者都能受惠。

2.2.3.2 优化的认知过程

翻转课堂并非课堂教学与课后活动次序的简单颠倒，也不是简单的先学后教理念的翻版。翻转课堂的精髓是根据认知负荷和认知过程选择合理的学习场所和学习方式(董奇，2014)。Benjamin Bloom 将认知领域目标分为六大类，即识记、领会、运用、分析、评价和创造，其中识记指从记忆中提取、回忆和识别知识；领会指理解意义、转化、改写和解释说明问题；运用指将概念运用到一个新的情境中或自发地使用一个抽象物；分析是指为了让组织结构能被理解，将组成部分中的材料和概念进行区分；评价指根据一定的标准和指标通过检查或批评而做出判断；创造指将要素重新组合成一个新的模式或结构。前三类为低层次认知目标，而后三类则被认为是高层次认知目标。

27

翻转课堂课前主要是知识的传授,因此,主要培养低层次认知能力;而课内关注知识的拓展和应用,培养创新及批判思维,因此,更多的是高层次认知能力的培养。翻转课堂信息化教学前移使学生既有更多的时间锻炼高阶思维能力,也有更多的时间锻炼识记及初步应用等低阶思维能力(见图2-2)。

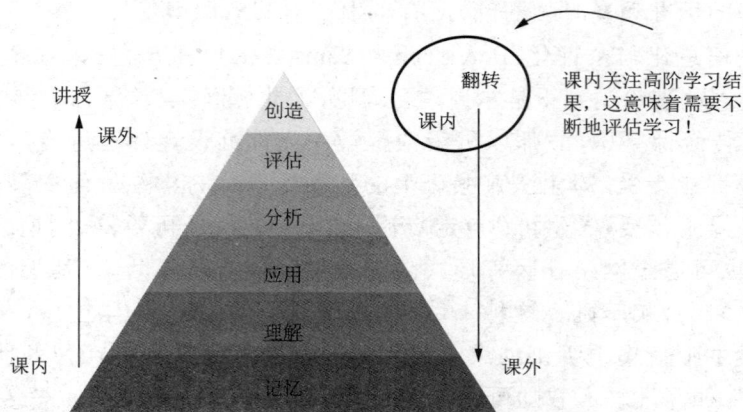

图 2-2　翻转课堂与传统课堂认知领域目标分类比较图

在这种重构的学习环境中,学习效率得到显著提升,学习更为专注和投入,所需学习时间也更少,而效果并未降低。Bergmann(2012a)报告中指出:"每个单元仅需原来25%的时间,而且学习效果比翻转前更佳。"

2.2.3.3　灵活的翻转模式

美国高中化学教师 Jonathan Bergmann 和 Aaron Sams 当初推出翻转课堂的目的之一就是帮助学生以灵活的方式补上落下的课程。灵活性是翻转课堂的核心,这不仅是指翻转课堂教学时空的灵活和多样,还指教师可根据教学风格、学生特点及其他因素,采用不同的教学方式。

国外翻转课堂在教学模式上比较灵活,既有全部翻转(国内称为"前后翻"),形式包括"家校翻"和"校内翻",即知识传授等前置学习在家庭或学校进行,而课堂全部用于知识内化等活动(Lage & Platt, 2000; Bergmann & Sams, 2008; Talbert, 2012; Gannod, Burge & Helmick, 2008; Toto & Nguyen, 2009; Zappe, Leicht & Messner et al., 2009; Demetry, 2010),也有部分翻转(国内称为"半空翻"),即知识传授和内化均在课内,即课堂上既有前置学习又有知识内化活动,以满足家庭学习条件不够的学生或减轻学生课外学习负担(Tan & Pearce, 2012;

Baker，2000；Bland，2006；Thomas & Philpot，2012；Strayer，2007；Papadopoulos & Roman，2010；Stelzer，Brookes & Gladding et al.，2010）。

此外，教师还可根据某个单元具体学习内容，采用一种或多种翻转课堂教学模式。翻转课堂教学环境相对灵活，除教室物理环境外，学生可利用电脑或自带设备（Bring Your Own Device，简称 BYOD）方便地开展泛在学习（Ubiquitous Learning 或 u-Learning）。翻转课堂尤其关注形成性评估，其评估体系也更为灵活多样。

2.2.3.4 增强的交互模式

翻转课堂成功与否的关键并不在于视频的应用与否，而是视频使教学前置，从而提供给师生充足的课堂交流活动时间（Bergmann & Sams，2011），因此，翻转课堂蕴含交互型教学模式。翻转课堂通过技术手段增强了师生之间的交互性，营造良好的师生关系。教师不再是讲台上的"圣人"，而是学生的顾问、朋友和专家。教师既能与学生在虚拟空间随时互动，了解学生课前学习的困难并给予及时的帮助，又能有更多的时间与学生在课上开展面对面的互动交流，提供个性化的辅导。学生则通过合作学习与同伴互助增强交流，而不像传统课堂那样整堂课都忙于听讲和记笔记，并在交流过程中产生信息重组，建构知识。翻转课堂中教学视频和公开的教学要求也增强了学校与学生家长的交互性，从而配合学校督促学生完成课外学习活动。

2.2.3.5 专业化的教师角色

教师是翻转课堂的重要因素，与传统课堂相比，翻转课堂赋予了教师更加重要的角色，给予了教师更大的教学自主权，也提出了更高的要求。教师需要具备更高水平及能力，即不仅拥有过硬的教学能力，还应该具备高水平的信息化素养和课堂管理能力。

具体说来，翻转课堂的有效实施首先就是教师角色的转变。传统课堂中教师是知识的传授者和学生的管理者，而学生是被动的信息接收者。但翻转课堂的"课外知识传授"和"课内知识内化"的策略，使教师转变为教学的设计者和学生学习的促学者（魏东新，2014；黄金煜，郑友训，2014；于天贞，2014）。同时，对教师也提出了更高的要求，教师不仅要有深厚的学科素养，还要有正确的教育教学观、课堂组织与驾驭能力，并关注学生多方面的发展（田爱丽，2014）。教师需要分析教学目标，决定哪些内容适合讲授，哪些内容适合学生课前自学探

29

索,哪些内容适合合作及协作学习;还要能制作教学视频,组织课堂和管理课堂,并及时反馈学生问题,评估学习进程。

其次,在翻转课堂中,学生已不是知识的被动接受者,而是主动学习者,是翻转课堂的主体,基于项目和问题的主动学习能够提高学生的学习动机并且锻炼高阶思维能力。学生课前自主管理,自行设定学习节奏,异步学习,课内积极参与知识内化活动以及课内外师生互动交流,分享信息或寻求帮助,并以此探索和建构知识。

第三,信息技术在翻转课堂中发挥了重要的作用。这首先是因为教学资源及相关教学指导信息的发布若有信息技术的支撑会更便捷。其次师生需要信息技术的支撑开展互动交流,而教师也需要信息技术了解学生的学习情况。因此,信息技术助推了翻转课堂,即信息技术作用由传统的内容展示成为自主学习、交流反馈和协作讨论的工具。

最后,翻转课堂中教学内容的形式也从传统的文本转向多模态多媒体的教学资源,尤其是微视频。课堂教学内容也由知识传授变为基于问题和任务的学习;而教学流程则从传统的课堂讲解、课后练习转变为课前学习、课堂探究的形式。

综上所述,翻转课堂是以学生为中心,以学生的学习活动为主线,在教师的指导下,运用信息技术自主学习课程内容,教师与学生在多维环境中组成双边互动的教学过程。

2.2.4 翻转教学

翻转课堂实际拓展了传统课堂概念的外延,其研究视角已远远超出了传统物理课堂范畴,不仅包含虚拟的网络课堂,而且涵盖教学各要素。有鉴于此,FLN 董事、翻转课堂的重要创始人 Aaron Sams 于 2014 年提出了"翻转教学"(Flipped Learning)的概念,并以此代替"翻转课堂"。Jonathan Bergmann 区分了翻转教学与翻转课堂,认为翻转教学是翻转课堂的高级阶段,翻转教学更为关注学习方法的有效性,并使学生投入实际的课堂交互中去,而翻转课堂指学生在家观看教学视频,然后在课堂上完成传统家庭作业,是把直接教学从集体学习空间转移到个人学习空间,但它"只是高效传授内容的一种策略,翻转课堂的学习仍然很大程度上是以老师为中心"(乔纳森·伯格曼,亚伦·萨姆斯,2015)。笔者搜索了相关文献,认为国内对于翻转课堂的研究已远远超出

Jonathan Bergmann 对于翻转课堂的狭义定义。许多国内学者的研究涉及利用信息技术等手段在翻转课堂中开展以学生为中心的学习，因此，笔者认为国内翻转课堂的研究已与 Jonathan Bergmann 所提出的翻转学习类似，为名称统一起见，本书中仍沿用"翻转课堂"这一名称，并视"翻转课堂"与"翻转学习"为同义词。

2.3　国内外翻转课堂研究述评

国外翻转课堂研究始于 1996 年，然而 2012 年前研究不活跃，到 2012 年研究论文数量才显现快速增长的趋势，特别是 2012—2013 年间发表的有关翻转课堂的论文是以前十几年所发表的论文总和的四倍，到 2015 年有关翻转课堂的论文显现持续增长的趋势。

与国外相比，国内在 2012 年前对翻转课堂几乎没有任何有价值的研究成果，所有研究成果均发表于近四年，呈现后来居上的趋势。

2.3.1　国外翻转课堂研究

笔者登录 Web of Science，使用关键词"Flipped Classroom""Flipped Learning"及"Inverted Classroom"搜索文献，剔除无用及不相关结果，依据文献引用率，得到最具影响力文献 161 篇。根据文献与主题相关性以及刊物的学术影响力，按照研究的适用课程、研究设计、课前、课内活动以及研究结果，笔者分析了国外主要翻转课堂教学研究（见表 2-2）。

表 2-2　国外主要翻转课堂研究表

研究者,时间	学科	课前活动	课堂活动	方法	结果
Lage, 2000	大学	视频讲座	小组活动	期末调查	不适合介绍性课程
Gannod, 2007	计算机	视频讲座	实验	不详	学习兴趣提高
Bishop, 2013	工科	视频	小组活动	准实验	满意
Randall, 2013	信息	不详	不详	前后测	激发学习动机
Martin, 2013	医学	展示,模拟	讨论,问题解答	不详	未必有效
Hung, 2015	英语	电影视频	展示	准实验	提升成绩及参与度
Kim, 2014	计算机	网上讲座	四人小组合作	两届对比	成绩提高

续表

研究者,时间	学科	课前活动	课堂活动	方法	结果
Mason,2013	机械	视频讲座	小组活动,展示	前后测	满意,视频太长
Ferreri,2013	医药	阅读,导读	小组活动	前后测	交流能力, 合作能力增强
Wilson,2014	统计	可汗视频	测验,问题解答	不详	学生认为自主学习 不公平
Prober,2013	医学	短视频	角色扮演,讨论, 小组活动	两届对比	赞同翻转课堂
McLaughlin,2013	医学	视频	主动学习活动	前后测,在 线学习数据 分析	提升学习体验
Schlairet,2014	护理	阅读, PPT讲解	小组活动,讨论, 展示	不详	课前紧张,需管理和 技术支持
Gilboy,2014	营养学	可汗视频	小组活动	调查	62%的学生支持
Albert,2014	管理学	视频,阅读	应用,视频剪辑	不详	成绩提高
Forsey,2013	社会学	在线资源, 视频,讲座	备忘录,小组活动	调查; 焦点访谈	灵活,有效, 但缺乏互动
Fassbinder,2015	计算机	在线资源	编程竞赛, 小组活动,PBL	传统对比	学生的动机和 社会行为更重要

首先,国外对比研究了翻转课堂,主要分为以下四类:第一类是翻转课堂与传统课堂的对比(Bishop & Verleger,2013;Mason,Shuman & Cook,2013;Limniou,Lyons & Schermbrucker,2015);第二类是翻转课堂与传统课堂和其他类型课堂的对比,如 Davies 的翻转课堂、传统课堂及基于模拟的教学法对比研究(Davies,Dean & Ball,2013)、Hung(2015)的结构化翻转课堂、半结构化翻转课堂及传统课堂对比研究、Missildine 的传统课堂(LO)、讲座及回看课堂(LLC)及翻转课堂(LCI)的对比研究、(Missildine,Fountain & Summers et al.,2013);第三类是两类翻转课堂的对比,如 Demetry(2010)对比研究了两类翻转课堂,重新设计的翻转课堂提供了多媒体学习资源,团队合作技能;第四类是不同学期翻转课堂的历时对比研究(Kim,Patrick & Srivastava et al.,2014)。

其次,对翻转课堂效果进行了研究,主要分为两类:第一类是以学生成绩的变化衡量翻转课堂效果。有不少研究者认为翻转课堂显著提高学生成绩(Kim,

2014；Missildine，Fountain & Summers et al.，2013；Ferreri & O'Connor，2013；Fowler，2014；Schultz，Duffield & Rasmuseen et al.，2014；Tune，Sturek & Basile，2013），成绩提高的原因主要源自"做中学"的理念、课堂内的测验和作业以及学生预先学习、形成性评估和课堂互动活动（Pierce & Fox，2012）。但也有学者对于学生成绩的提高提出了不同的见解，认为学生问题类试题得分较高，但是对概念的理解仍需加强（Fowler，2014），尽管翻转课堂学生成绩较高，满意度却较低（Missildine，Fountain & Summers et al.，2013），甚至效果不明显（Martin，2013）。也有学者指出，相较于成绩和有效的教学，翻转课堂学生的动机和社会性行为更能促进学生的学习（Fassbinder，Botelho & Martins et al.，2015）。

第二类是以学生满意度衡量翻转课堂效果。2014 年，翻转学习报告指出：2/3 的被访者赞成翻转学习的方法，其中 32%的被访者非常赞成翻转课堂（Yarbro，Arfstrom & McKnight，2014）。国外许多学者也发现学生满意翻转课堂（Davies，Dean & Ball，2013；Gilboy，Heinerichs & Pazzaglia，2015；Kellogg，2013；Kiat & Kwong，2014；Kong，2014；Papadopoulos，Roman & Portela，2010；Ferreri & O'Connor，2013），其主要原因是学生能控制讲座进度，增强个性化学习体验，并且随时得到教师的帮助（Schultz，Duffield & Rasmuseen et al.，2014），尽管翻转课堂压力大，但在许多方面是有益的（Smith，2013）。然而以满意度衡量学习效果的方法也存在不同看法，因为学生满意度仅是一方面，更为重要的是学生的投入和表现。部分研究者还发现，与传统课堂相比，翻转课堂收效甚微或者基本无效，如 Papadopoulos（2010）认为翻转课堂学生在概念理解上没有显著差异，Kellog（2013）发现学生仅有微弱的进步。笔者细观这些研究，认为主要原因可能在于研究仅是翻转课堂实施计划中的一部分，学生尚未能有足够的时间适应。

再次，有关翻转课堂对学生学习动机的影响。国外学者认为翻转课堂能提高学生的学习动机（Davies，Dean & Ball，2013），原因在于学生对自己的学习负责，使用移动终端（Lucke，Keyssner & Dunn，2013），学习环境更好，学习时间更灵活（Amiri，Ahrari & Saffar et al.，2013）等。

最后，对于翻转课堂对学生其他方面的影响，国外学者认为翻转课堂培养了学生交流及合作能力（Ferreira，2014）、信息素养和批判思维能力（Kong，2014），师生关系更为紧密（Lemmer，2013；Lage，2000；Ferreri & O'Connor，2013），提升了学生的学习态度及参与度（Hung，2015；Galway，Corbett & Takaro et al.，2014）。

笔者认为,从目前国外的研究看,首先,多数翻转课堂教学效果积极有效,但也有部分效果不明显,因此,教学效果尚无最后定论。其次,翻转课堂存在学科适切性,尤其不适合介绍性课程(Strayer,2012)。其原因在于,理科知识点明确,板块性强,更适合翻转教学,而文科类课程知识点松散宽泛,且更注重人文素养的培养,注重师生情感的交流和沟通,因此,"文科课程的翻转难度较之理科要更大一些"(张红艳,龙荣培,2013)。而目前翻转课堂对培养学生高阶批判及创造性思维的作用尚不明确,困扰翻转课堂的瓶颈问题恰恰是深层次学习互动(宁本涛,2014)。第三,对翻转课堂评估体系关注不够,只有建立科学有效的评估体系,才能合理评价翻转课堂的效果。翻转课堂取得成功的核心是课前知识传授及课内知识的内化达到效果,学生有较强的课程参与度及批判性思维能力。

影响翻转课堂的重要因素包括网上学习资源、师生互动交流及翻转课堂主动学习活动(Kim,2014)、学生学习动机(Kiat,2014)、合作学习环境(Lage,2000)以及有效的课程设计(McLaughlin, Griffin & Esserman et al. ,2013)。值得注意的是,国外翻转课堂研究中已关注移动学习(m-Learning)(Du Fore,2012;Duarte & Beaufils,2012)、学习平台(Galway, Corbett & Takaro et al. ,2014)及慕课(Forsey, Low & Glance,2013a)与翻转课堂的结合,并指出教师应创造性地思考教育技术与教学的融合,探讨翻转课堂对教学的影响,以期了解翻转课堂特点并取得更好的效果。

2.3.2　国内翻转课堂研究

由于我国从2012年开始文献中才使用"翻转课堂"这一术语,以前称为"颠倒课堂"或"颠倒教室",因此检索时,笔者将关键词"翻转课堂""颠倒课堂""颠倒教室""翻转教学"输入检索框,检索中国知网核心期刊库和硕博士论文库,并依据研究适用课程、研究设计、课前、课内活动以及研究结果,整理国内翻转课堂研究,汇总如表2-3。

表2-3　国内主要翻转课堂研究

研究者	时间	课程	方法	课前	课内	课后	效果
杨九民	2013	教育	问卷,访谈,成绩	微视频,协作学习	任务 + 问题探究,作品	完成作品	促进知识理解和深化,激发学习兴趣,提高自主学习能力

续表

研究者	时间	课程	方法	课前	课内	课后	效果
卢强	2013	非线性编辑	问卷	视频,互动交流	自主探究,协作学习,成果交流	拓展任务	知识和技能无明显提升
雒真	2013	教育	成绩	视频,资料	自主学习,小组合作	上交作品	促进实验教学
潘炳超	2014	多媒体	问卷,访谈,成绩	传统教学:演示,讲解,模仿,个别辅导;准翻转教学:视频,模仿,答疑,个别辅导;翻转教学:视频,探索,合作,个别辅导			激发学习动机,培养自主与合作学习能力,但概念原理教学效果不佳
隆茜	2014	信息	问卷,成绩	课件,视频,测试题,互动交流	讨论,实践活动		成绩提高显著,提高自主学习能力
马秀麟	2013	信息	问卷,成绩	微视频,网页,PPT课件,知识地图	汇报,讨论,质疑,作业		培养学生创新能力、协作能力,但学生仍喜欢传统教学
张继禄	2014	高中物理	问卷,成绩				有效改善教学品质,但成绩提高不明显
何文涛	2014	C语言	问卷,成绩	在线视频和测试,QQ群	网上再测试,讨论探究,合作互助	成果分享	提升自主学习能力;培养创新能力与协作能力,但有内容适用性;对教师和学生要求高
陈加敏	2014	高中生物	成绩,前后测兴趣量表	纸质材料	小组讨论,探究学习	课后测试	提高兴趣,课堂注意力增强;自主学习能力及成绩提高
孙丽梅	2014	初中数学	前后测成绩,问卷,访谈	视频,练习,在线交流	自主探索,小组协作,交流展示		成绩显著提高;自主学习能力,学习兴趣及创新能力提高

研究者	时间	课程	方法	课前	课内	课后	效果
徐苏燕	2014	英语教学法	前后测成绩,问卷	视频,作业	测验,问题协作探究,成果展示	反思,延伸活动	成绩和兴趣提高,学习效率增强,考试成绩、学习态度、学习方法与习惯、自主学习能力和协作学习能力明显提高
黄琰	2014	实验	行动研究,问卷,访谈,成绩	视频,在线交流	独立探索,协作学习,成果交流	反思强化	
朱凯歌	2014	教育	前后测问卷,课堂观察,成绩分析	学案导学,理论学习,互动交流	问题驱动,任务驱动	在线评测	总评成绩显著提高,学习态度改善,课堂参与度、研究能力、小组协作能力和自主学习能力等提高。
郭晓燕	2016	计算机	成绩分析,出勤分析	观看视频,收集网上资料,评测	教师讲解,分组讨论	创新拓展类实践活动	有效提高考试通过率和学生出勤率,但整体分数下移

从表中可知,首先国内翻转课堂的对比研究绝大多数仅是翻转课堂和传统课堂对比,如杨九民、邵明杰、黄磊(2013),雏真(2013),隆茜(2014),张继禄、陈珍国(2014),何文涛(2014),陈加敏、朱承慧(2014),孙丽梅(2014),徐苏燕(2014),黄琰(2014),朱凯歌(2014),郭晓燕(2016),仅潘炳超(2014)实施了传统课堂、准翻转课堂与翻转课堂的对比研究。

其次,国内对翻转课堂效果的研究多从学生角度出发,尤其以学生成绩作为衡量翻转课堂效果的标准。国内此类研究结果多数为积极,如隆茜(2014)、陈加敏(2014)、孙丽梅(2014)、徐苏燕(2014)、黄琰(2014)、朱凯歌(2014)。但也有部分研究出现负面效果,如成绩无明显提高,知识和技能进步不明显(卢强,2014),概念原理教学效果不佳及存在内容适切性和对教师及学生要求高等问题(潘炳超,2014),整体分数下移,低分人数增加而高分人数降低的情况(郭晓燕,2016),甚至部分学生反映无法短期适应翻转课堂,愿意回到传统的教学方法(马秀麟,赵国庆,邬彤,2013),但均未对其中的原因做进一步深入剖析。

第三,国内对翻转课堂效果的研究方法缺乏多元化,仍以量化研究为主,质性研究乏人问津。在所有研究中,问卷调查11例,占78.6%,成绩分析12例,占 86%，访谈仅 4 例，只占 29%。此外，同质性研究多，研究结果基本雷同，即学生在学习成绩、自主学习能力、协作能力或创新能力得到了显著提高，尤其是学生学习成绩的提高。研究时间跨度短，缺乏可信度。

第四，从总体上看，国内关于翻转课堂的研究中，介绍国外理论及实践经验的文献较多，涉及国内高校翻转课堂的研究仍偏少，尤其是国内大学英语翻转课堂研究更少（魏东新，2014）。

综上所述，国内翻转课堂研究发端于近几年，研究方法缺乏多元化，同质性研究多，结论尚不足以令人信服，亟待更为深入的质性或混合研究。

2.4 大学英语网络教学改革综述

作为在线教育的一种形式，慕课与网络教学有千丝万缕的联系，而我国从 2002 年始即开始了基于信息技术的大学英语教学改革。本节中，笔者主要论述大学英语网络教学改革。

2.4.1 大学英语

大学英语是指为非英语专业大学生开设的英语课，是一门几乎每一位大学生必修的重要基础课。国内在 1945 年至 1985 年，大学英语一直被称为"公共英语"，在 1985 年后正式由教育部更名为"大学英语"。本书中的大学英语指面向非英语专业大学生开设的英语课、大学英语选修及后续课程。

2.4.2 大学英语教学发展历程

大学英语教学发展主要分为改革开放前的大学英语教学（1949—1978 年）和改革开放后的大学英语教学（1978 年至今）两个重要阶段，尤其是进入 21 世纪，由于中国加入 WTO 和申奥成功及多媒体网络技术日趋成熟，客观上为新一轮大学英语教学改革创造了条件。我国近 30 年的大学英语教学改革主要分为以下几个阶段，即 20 世纪 70 年代末到 80 年代中期的复苏期、20 世纪 80 年代中期至 90 年代中期的发展阶段、20 世纪 90 年代中期至 20 世纪末的提高阶段以及 21 世纪的改革阶段（卫芳菊，2009）。尤其最后一个阶段，大学英语教学改革的目标是变革传统教学模式为立体化、个性化及自主式学习模式，改单一终结性评估为过程性与终结性评估统一的体系。

2.4.3 大学英语网络教学改革

慕课与翻转课堂的融合旨在实现面对面教学与网络教学的优势互补，具有混合教学的特征，与我国多年来实施的"基于计算机和课堂的大学英语教学模式"有诸多相似之处，但又有别于网络教学。

2002年12月，教育部高等教育司下发了《关于启动大学英语教学改革部分项目的通知》，预示着21世纪大学英语教学改革的到来。教育部在2004年及2007年分别印发了《大学英语课程教学要求》试行稿和修订稿（教育部高等教育司，2004；教育部高等教育司，2007），标志着基于网络的大学英语教学改革在全国全面启动。随后教育部分三批在全国高校中建立了试点。大学英语网络教学改革取得了一定的成效，在一定程度上改变了传统大学英语"满堂灌"的教学方式，尝试建立"以教师为主导，学生为主体"的教学模式，努力转变教师和学生角色并建立过程性评估与终结性评估相结合的方式。经过多年的建设，尽管混合教学环境初具规模，也获得了学生的认可（蒋艳，马武林，2013），但大学英语网络教学改革也存在着如下一些突出的问题：

首先，课程设计缺乏多样性。《大学英语课程教学要求》提出学校应根据实际情况，"设计出各自的大学英语课程体系"，但根据教育部高等学校大学英语教学指导委员会于2009至2010年对全国530所高校大学英语教学现状的调查，目前我国高校大学英语课程大都采用全校统一的形式，80%以上的非"211工程"学校没有或只开设了4门以下的选修课（王守仁，王海啸，2011），分类及个性化教学仍不明显。

其次，教学资源及环境不能满足学生需要。一是网络课件不能满足网络学习的需求（陈永丽，吴俊，2010），仅仅是课本内容的照搬，学生更喜欢使用文字教材。二是平台内容不丰富灵活，极少数学生能参与论坛、聊天室等活动。三是学生的自主学习能力较差，面对大量的信息资源，无所适从，不能采取适当的学习策略，导致学习效率低、学习效果差。

再次，教学模式单一。教师的传统教学理念根深蒂固，很难短时间内适应新的教学模式，多媒体网络教学课堂虽然有多媒体网络辅助，但课堂仍以教师为中心，"课堂面授仍然是最主要的教学形式"（王守仁，王海啸，2011），教师在学生课后学习中没有起到任何辅导作用（陈坚林，2010），对于信息技术的使用出现两极分化现象（隋晓冰，2013），一方面是对信息技术的低值使用，另一方面则是滥用，制造大量无效信息，将传统的"满堂灌"变成"机灌"或"电灌"，或过度追求"趣味性",使大学英语教学娱乐化,降低教学效果。

第四,网络学习监控及管理的缺失。受传统教学理念的影响或受平台功能的限制,教师对学生网上学习的情况缺乏必要的检验和管理,"甚至认为网上学习不重要的也相对较多"(王守仁,王海啸,2011)。因此,有的教师仅检测学生练习完成的数量,对于质量则不甚了了,无法及时并深入了解学生自主学习情况,更未有效地将学生网上学习情况纳入形成性评估中。而学生在自主学习中遇到的问题同样得不到及时的帮助和指导。学生看不到效果,久而久之就会缺乏学习动力,对网络学习持抵触的态度。

第五,混合学习的比例不清,效果不佳。由于学生课前自主学习不到位,或者教师仅将网络学习弱化为课外完成作业,导致教师在教学过程中无法合理把握信息输入与拓展内化的比例,表现在信息输入和拓展内化阶段内容多,学时有限,课堂缺乏师生间的互动,教师讲学生听的局面没有改变(陈坚林,2010)。而且在知识内化阶段,缺乏必要的交际环境(范秀丽,2013),课堂以教师为中心,使学生无法有效内化所学的语言知识,个性化学习成为一句空话。

慕课与以往的网络开放课程的主要区别在于强调互动与反馈以及倡导建立在线学习社区(何克抗,2014a)。基于慕课理念的大学英语翻转课堂因其优质的教学资源以及协作性、共享性和大数据等特征,特别是翻转课堂信息传递前移,课内外功能定位准确,是大学英语网络教学的2.0版,为大学英语教学改革注入了新的活力。

2.5　大学英语翻转课堂研究

笔者使用关键词"翻转教学""翻转课堂""大学外语"及"大学英语"搜索知网,搜索范围限制为核心期刊。笔者首先剔除了与本研究主题不相符论文,分别是2014年以大学英语教材为主题及2013年以课堂教师话语分析为主题的论文各一篇,然后仔细研究所得文献,发现这些论文主要探讨大学英语翻转课堂教师角色的转变和教学策略使用(程云艳,2014;魏东新,2014),学习者满意度调查及影响因子分析(王素敏,张立新,2014;翟雪松,林莉兰,2014),大学英语翻转课堂现状的反思(张杰,李科,杜晓,2015),形成性评估体系的应用(金丽琴,2014)。此外,大学英语翻转课堂教学模式的建构及应用论文较多,分别从移动学习平台(窦菊花,文珊,2015)、慕课(胡杰辉,伍忠杰,2014;宋军,程炼,

2015)、分级教学(李艳平,2015)、泛在学习资源平台(邵华,喻惠群,2015)、电子学档(徐艳梅,李晓东,2014)、词汇教学(刘艳,2016)及微课(卢海燕,2014)的角度探讨翻转课堂的应用。

笔者认为,受国外可汗学院等翻转课堂成功案例的鼓舞,近两年,国内部分学校大胆探索大学英语翻转课堂,从慕课、微课、移动学习及电子档案等不同角度深入探讨了大学英语翻转课堂模式建构,不但提高了学生学习主动性和积极性,培养了自主学习能力,增强了师生关系,而且对提高学生的信息素养及促进语言能力的发展起到了一定的作用。

但是,首先,大学英语翻转课堂的研究仍偏少,尤其缺乏实证研究数据支撑。多数大学英语翻转课堂研究关注理论探讨,即慕课、微课及翻转课堂的定义及特征、教师和学生角色的转变、翻转课堂的优势、具体操作策略以及可行性分析等,仅有五篇文献提供了实证数据,但其中两篇探讨了中国文化等大学英语后继拓展课程,从移动学习、慕课及分级教学的角度探讨大学英语翻转课堂仅有三篇。

其次,对于大学英语翻转课堂效果的研究尚有待商榷。李艳平(2015)仅介绍了分级班情况及翻转课堂实施过程,却并未提及实施效果。而徐艳梅和李晓东(2014)则以学生成绩作为翻转课堂教学效果衡量标准。窦菊花和文珊(2015)主要从学生学习成绩变化角度辅以学生问卷,以此了解学生对翻转课堂的认可度和实际应用感觉。胡杰辉和伍忠杰(2014)则主要从学生满意度问卷调查和学生定性访谈中了解学生对大学英语翻转课堂的评价。但这些从学生角度出发衡量翻转课堂教学效果的研究既不够全面,结论也值得商榷。

第三,尽管国内学者尝试从不同角度探讨大学英语翻转课堂,但无论移动平台还是慕课,均以资源的形式融入大学英语翻转课堂,仍处于开放资源的层面,信息技术并未与外语课程深度融合,尤其是网络社会媒体交互功能未充分利用。

第四,研究广度和深度有待加强,尤其缺乏深入的质性研究。有的大学英语翻转课堂研究并未交代研究方法,而有的实证研究仅依靠成绩前后测分析、问卷等量化研究得出结论,缺乏更为深入的质性研究,甚至有的研究缺乏实验结果。

最后,基于慕课理念的大学英语翻转课堂研究偏少,仅有寥寥数篇,因此,有进一步广泛和深入研究的前景。

2.6　混合慕课

慕课以其大规模开放教育的理念,触动了教育改革的神经,成为当前教育改革的最强音(祝智庭,沈德梅,2013)。但慕课在实践中也突出地存在着一些问题。

首先是慕课的低完成率。慕课学习者可分为五类,即爽约者、旁观者、临时访问者、被动参与者和主动参与者(Hill,2013),真正参与并完成课程学习的并不多。鉴于 Coursera 低课程完成率(7%～9%),2015 年,Katy Jordan 对慕课的完成率再次做了研究,认为平均完成率在 12.6%,且与课程的持续时间和评价类型有关。其次是个性化学习体验的缺失。尽管以注册人数为基数的课程完成率计算方式可能过于简单,但慕课单调的视频讲座,交互工具缺乏人性化以及同伴互评及自动评价的方式削弱了个性化学习体验(王陆,张敏霞,2014),尤其是缺乏统一标准的同伴互评方式对完成率有较大的负面影响(Jordan,2015)。最后是认证的不完善。尽管国内部分高校,如清华大学已开展实际行动,推出了慕课学分认证机制,但慕课学生身份认证的缺陷及学分认证的不完备导致学习效果受到质疑则是一个不争的事实。

国内有学者总结了目前慕课存在的六大问题,即"完成率不高、教学模式囿于传统、难以实现个性化学习、学习体验缺失、学习效果难以评估及学习成果缺乏认证"(高地,2014)。国外也有学者指出无法有效保持学生的学习动机和参与度,在学习共同体中缺乏鲜活的展示和人际接触是慕课的短板(Tan,2013)。

事实上,慕课并非解决高等教育的灵丹妙药,而是推动教育与技术深度融合的催化剂(申灵灵,韩锡斌,程建钢,2014)。对慕课既不能"冷眼旁观",也不能"拿来主义",而要冷静对待,消化吸收。慕课与面对面教学互有优势,是"一种相互借鉴、互为补充、彼此促进的互惠关系,而不是彼此消解和替代的破坏关系"(贺斌,2014),传统教学有其固有的优势和特点,不能被完全取而代之,尤其是"网络交互不能取代面对面的交流"(蒋鸣和,2014)。慕课作为面对面教学的有益补充,以混合增强学习方式,整合课内和课外的学习,通过融入数字媒体、信息技术设备和网络社交媒体,混合和扩展传统教学,使之泛在化(López-sieben, Peris-ortiz & Gómez,2014)。这种方式也被称为"第三种学习方式"(蒋鸣和,2014),是用技术支持学习的个性化和泛在性,代表了教育信息化的未来发展趋势。

混合慕课即属于这"第三种学习方式",它采用混合学习和翻转课堂的模式,将慕课与传统课堂结合起来,既具有关注知识传递的结构化 xMOOC 的特点,也具有关注社会化网络学习的非结构 cMOOC 特征,同时兼有传统面对面教学中教师指导和情感交流的益处,因此,混合慕课是慕课发展史上的里程碑,标志着慕课与传统教学深度融合的趋势,被称为慕课 3.0(Sandeen,2013)(见图2-3)。目前混合慕课正在逐渐推广,并被认为最有可能被接受。如美国一些公立大学已开放 Coursera 部分慕课的课堂教学许可证,而圣何塞州立大学则已与edX 和 Udacity 开始实施了这种混合慕课的试验。

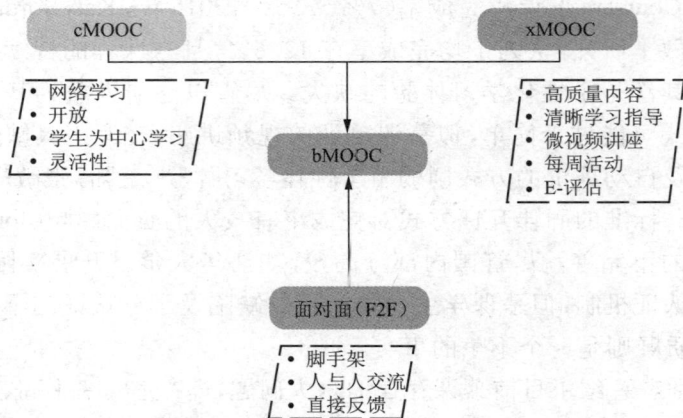

图 2-3　混合慕课(bMOOC)框架图(Yousef, Chatti, Schroeder & Wosnitza,2015)

2.7　慕课与翻转课堂的混合

笔者搜索了国内外相关文献,发现此类研究极少。蒂米什瓦拉理工大学的Carmen Holotescu 曾对慕课与大学课程的混合方式做了深入的研究(Holotescu,Grosseck & Naaji,2014)。他指出目前慕课与大学课程的混合方式主要有两种,即同步形式和非同步(异步)形式(见表2-4)。非同步融合或称为异步融合,即将部分或几个慕课的学习资源作为混合课程额外的数字学习资源,学生仅学习慕课中的这些资源,但不参与慕课其他课程模块,作业、讨论及评价等仍属于本地大学课程。同步融合指学生学习慕课的学习资源并有效参与其他社会活动,如论坛讨论、同伴互评,而教师在课堂内则提供额外的学习资源和反馈,以支持和促进学生慕课学习。笔者认为两种方式的核心是本地大学课程和慕课何者在混合课程中居主要地位的问题。目前,在多数情况下,教师仅将慕课作为数字资源与本地课程结合,即采用了非同步的方式,学生并没有参与慕课的讨论及作业区,因此慕课并未与翻转课堂深度融合。

表 2-4　同步及异步混合慕课对照表(Holotescu et al.,2014)

混合的方式		慕课与课程的混合		
		部分慕课	全部慕课	多种慕课
慕课与课程同步混合的方式	非同步	慕课的模块或内容仅作为(额外的)数字资源;学生学习慕课的内容,但仍采用混合课程中的作业、讨论和评价		
	同步	学生除了学习慕课内容外,还参与有效的慕课社区活动:如作业解答、论坛讨论、同伴评价;混合课程中的教师提供反馈、评价及额外的资源;学生也参与当地学习社区活动以深入了解学习主题和完成小组项目		

2.7.1　慕课与翻转课堂的异步混合

最早提出将慕课与翻转课堂相结合的是美国范德堡大学助理教授 Douglas H. Fisher。他由于来不及录制自己的课程,遂决定采用 Coursera 上 Andrew Ng 的 Machine Learning 课程,以"打包"的形式与自己的课程融合,并采用翻转课堂教学方式,以此希望能与学生多一些时间一起解决问题,而不是像原先一样只讲一些抽象概念。Fisher 最早使用了"打包"这个词来描述此类课程结构(Bruff, Fisher & Mcewen et al.,2013)。该词来源于机器学习研究,原指将一种算法嵌入另一种算法之中,现指将面对面课堂教学嵌入慕课的一种方式。学生在课前需要参加部分或全部慕课学习,教师在课堂上通过面对面交流补充网上学习内容。

这种翻转课堂打包融入慕课的好处是学习更灵活、更富个性化,而且网上讨论、分享问题解决策略和方法对学生帮助很大,但最大的问题在于慕课和翻转课堂的耦合和聚合。耦合是模块之间相关联程度的度量,而聚合则是模块内部各成分之间相关联程度的度量。慕课和翻转课堂既要各具独立性,在课程内容上又具有相关性,即所谓的"高聚合低耦合"。然而,慕课课程相对固定且具时效性,为达到与慕课的聚合,翻转课堂的教师只能使用某门慕课课程部分内容,或者使用多个慕课课程的内容。

西澳大利亚大学的 Martin Forsey 于 2013 年对社会学课程进行了相似的探索和研究(Forsey, Low & Glance,2013b),但与 Fisher 不同的是,他自己开发了相关慕课课程。Forsey 的慕课分为九个模块,涵盖社会学介绍和理论及实践部分。学生除课前网上学习 Forsey 的视频讲座外,每周还需参加两个小时的工作

43

坊学习,主要探讨学习中的问题并完成单元作业。尽管学生反映这种形式灵活,收获大,但在课堂教学中,Forsey 仍以讲授为主,因此,笔者认为仍属于传统课程范畴,并不能算翻转课堂。

姜艳玲探讨了慕课作为资源平台融入翻转课堂以均衡教学资源的两种模型,并提出教学资源匮乏的学校可利用慕课开放、共享、协作的特性,实现与教学资源丰富的学校资源共享,优化教学效果(姜艳玲,国荣,付婷婷,2015)。

2.7.2 慕课与翻转课堂的同步混合

2015 年,马来西亚泰勒大学的 Sen Yue Wong 设计了将学习活动管理系统(LAMS)、慕课和翻转课堂整合该校 Moodle 学习系统的教学模式。Chek Tien Tan(2013)认为慕课的主要问题是学生的动机和课程的参与度不高、缺乏小组任务以及社会环境中展示和人与人之间的情感交流。翻转课堂教学环境中,学生的投入及主动参与能提高动机并促进学习。LAMS 与慕课与翻转课堂的整合能使教师管理课内外学习活动,无论同步或异步均能提高教学效果。

张辉和马俊(2015)则构建了"MOOC—课堂教学—创新实践"三位一体的"现代教育技术"课程翻转课堂模式,并认为该试点课程取得了显著的效果,在提升学习兴趣,强化应用意识,培养创新精神等方面成效明显,但学生的主动性、作业质量、慕课平台质量,尤其是教学微视频的质量及教师的适应和驾驭能力都有待提高。

慕课多元开放的理念使之与翻转课堂混合后,学生不但能接触到高质量的学习材料和先进教学技术,而且能与全球学习共同体中的学生合作学习,并从教师及同伴中获得直接交流与反馈,藉此主动参与,提升学习动机及满意度。因此,无论线上还是线下面对面课堂中,师生及生生之间的交互是重要组成部分。

但从当前研究来看,慕课和翻转课堂的混合主要以非同步为主,慕课的在线学习理念未与翻转课堂深度融合,尤其是社会功能未被广泛使用。对于教师而言,如何采取恰当的办法,将一门或多门慕课课程与翻转课堂混合,以解决混合后非同步混合存在的耦合和聚合问题,是需要进一步研究的问题。

2.8 基于慕课的大学英语翻转课堂研究

笔者以关键词翻转教学、翻转课堂、大学英语、慕课及 MOOC 搜索中国知网及论文库,共得核心期刊论文四篇,未搜索到相关学位论文。

这四篇论文分别从不同角度探讨基于慕课的大学英语翻转课堂教学。王守宏(2015)基于 CBI 理论和 ESP 理论探讨了医学科普英语翻转课堂教学。借助慕课平台上的相关章节,学生课下自学,课堂内教师先主题介绍,学生进行观点陈述并进行小组讨论。问卷调查和成绩分析表明学生的英语学习动机、学习策略的使用以及综合英语水平均得到了提升。章木林和孙小军(2015)则使用了 edX 平台中的课程作为资源融入商务英语教学中,从混合学习前端分析、在线及课堂活动设计和多元评价设计的角度探讨大学英语后继课程翻转课堂教学。学生参与本地或慕课讨论,问卷调查结果表明,学生认可慕课资源对学习所起的作用,但不满意慕课教学设计,尤其是作业互评机制和在线互动交流,喜欢与同学和教师面对面交流。宋军和程炼(2015)从基于问题的教学(Problem-based Learning,简称 PBL)视角,利用慕课平台搜集微课或自制微课,创建真实学习情境,翻转课堂上学生通过课前提出问题,课上探究协作解决问题,实现知识的内化,课后通过网络平台开展成果汇报和反思达到知识固化,但未进行相关实证研究。胡杰辉和伍忠杰(2014)自主开发了外语慕课课程(UESTCMOOC),课堂教学和评价按照慕课自主学习项目展开,采用小组口语报告与个人书面写作相结合的方式。定量和定性数据分析表明慕课和翻转课堂均得到了学生的高度认可,翻转模式强化了学生的学习动机,满足了个性化及情感策略的需求,但教学设计有待提高,学生对在线学习需进一步适应。

综上所述可知,首先,国内基于慕课的大学英语翻转课堂研究极少,且实施的科目不仅包括通用大学英语,还包括 ESP 及大学英语后继课程。其次,国内慕课与大学英语翻转课堂融合主要有两种方式:一是异步方式,即以微视频等资源的形式融入大学英语翻转课堂;二是自建慕课课程并使之与大学英语翻转课堂融合。第三,尽管基于慕课的大学英语翻转课堂强化了学习动机、提升了学习策略及综合英语水平,满足了个性化的学习需求,但交互功能,如作业互评机制和在线互动交流尚不完善。第四,现有研究仍以问卷及成绩分析等量化研究为主,质性研究较少。第五,慕课未能同步融合大学英语翻转课堂,无法发挥其重要的社会功能,现有研究对此也缺乏应有的关注。

2.9 本章小结

本章探讨了慕课的缘起、发展、定义、内涵、种类及要素以及翻转课堂的缘起、定义、特征和要素以及翻转课堂与翻转教学的关系，厘清了慕课和翻转课堂的核心概念并梳理了相关文献。

首先，慕课缘于开放教育运动，为学习者提供了开放教育服务和学习支持，慕课的定义突出在线开放课程的特点，国内外学者主要从大规模、开放及社会化特征角度定义慕课。慕课的种类主要分为三类：① 基于内容的慕课（xMOOC）；② 基于社会网络的慕课（cMOOC）；③ 基于任务的慕课（tMOOC）。慕课有三个主要组成部分，即课程视频讲座，课程测试以及互动交流，自动评分、同伴互评、互动交流和大数据分析技术。

其次，本章从翻转课堂的研究中总结出，翻转课堂有个性化的掌握学习、优化的认知过程、灵活的模式、增强交互性以及专业化的教师等特征。国外尽管翻转教学与翻转课堂定义有所区别，但在国内基本视为同义词。由于 xMOOC 基于内容而 cMOOC 基于社会网络，各有特点及利弊，慕课在实践中存在六大问题，由此产生整合 xMOOC 和 cMOOC 的优势的慕课 3.0 版——hMOOC，标志着慕课与传统教学深度融合的趋势。

最后，本章环环相扣，步步推进，不但梳理了国内外翻转课堂研究，指出研究方法缺乏多元化、质性研究不足的主要问题，而且从大学英语网络教学改革中存在的问题入手，分析了大学英语翻转课堂相关研究以及存在的问题，并进一步从混合慕课的角度，探讨了慕课与翻转课堂同步和异步混合的方式，以及基于慕课的大学英语翻转课堂的研究存在的问题和研究的可行方向。

第 3 章

理论基础

上一章从慕课的缘起与发展、慕课的定义与内涵、慕课的种类及要素以及翻转课堂的缘起与定义、翻转课堂的特征和要素以及翻转课堂与翻转教学等相关概念的探讨,梳理了国内外翻转课堂研究及大学英语翻转课堂研究中存在的问题,从混合慕课的角度,探讨了大学英语翻转课堂研究存在的问题和研究的可行方向。本章在厘清本研究的核心概念慕课理念与翻转课堂的基础上,从认知负荷理论、掌握学习理论、联通主义学习理论、最近发展区理论及学习共同体理论入手,分析本研究的理论依据,并从信息与课程的深度融合以及语言课程理论角度出发,厘定慕课理念与大学英语翻转课堂深度融合的概念框架。

3.1　概念界定

基于以上对慕课和翻转课堂概念和特征的探讨以及文献综述,笔者在以下的章节中尝试剖析慕课所蕴含的深层次理念的内涵。

3.1.1　慕课理念的内涵

理念是哲学术语,由希腊语"idea"和"eidos"翻译而得来,原意是指"形状""图形"或"可见的形式",后来又引申出较抽象的"本性""构造""种"等意义(范明生,1984)。1989 年版《辞海》对"理念"一词的解释是"看法、思想,即思维活动的结果",或"观念,通常指思想,有时亦指表象或客观事物在人脑里留下的概括的形象"。

理念与现实的关系是哲学家们探讨的主要内容。古希腊哲学家柏拉图认为理念是绝对永恒不变的概念,"理念是事物完美的模型,事物则是理念不完美的摹本"(爱德华·策勒尔,2007)。以莱布尼茨为代表的唯理论断言,理念即共相,是客观事物的规定。以休谟为代表的经验论则认为理念是抽象的、不可靠的,只有现实才是真实可靠的。而康德则认为客观世界的本质是不可知的"自在之物",是一个极端抽象、完全空虚的东西。黑格尔是西方古代哲学史上对理念论述最详尽的哲学家,他运用辩证法,认为理念并非现实世界的彼岸,而是现实世界,不是抽空了实在性的"应然"的存在,而是不断地异化、不断回复,由自在状态进入自为状态的过程(安翠荣,2007)。

在当代,理念已非简单的哲学术语,而被赋予了许多新的内涵。理念并非如柏拉图"两分世界"中的可知世界,难以企及、秘不示人,能为思维所认识,却无法感知。相反,理念是人之行为的结果,与现实生活密切相关,理念是超越现象经验的理性表达,蕴藏在新生事物产生发展的实践逻辑之中,表征新生事物的内在本质及现实合理性(高地,2014),理念是上升到理性高度的观念,是行动的先导。

慕课并非在线教育的首次尝试,20 世纪 90 年代初至 20 世纪末,在线教学得到了迅速发展,国外建立了许多营利性网上大学,国内也开辟了视频公开课,但均未能形成持久的影响。其主要原因首先是理念上存在误区,认为在线学习就是技术加教材,导致在线学习成为教材的网络版和电子化,忽视提供全面优质的管理、教学、学习支持服务,其次是未及考虑实际情况及学习者的特征,甚至盲目推销名校教育(张伟远,2005)。

有鉴于网上教育的"前车之鉴",作为在线教育的一种形式,慕课自出现始便招致不同的看法。"挺慕派"称颂慕课的免费、公平及优质的教育资源,认为慕课改变了传统教学模式,提升了学习效率。而"慎慕派"则质疑了慕课的教学法、开放性、成效及可持续性。Larry Johnson(2013)认为目前的慕课模型已经远离联通主义教学理念,虽然视频和发布的内容都是高质量的,但仍然维系传统的讲课模式,并没有体现开放、连通的概念。甚至慕课的创始人 George Siemens 也评论说"批判慕课,比倡导它会更吸引眼球"。

Gartner 公司用技术成熟度曲线分析了各种新技术的生命周期,认为一项新技术的发展需经历萌芽期、过热期、低谷期、复苏期和成熟期五个阶段。慕课从出现至今尚不足 10 年,在经历了狂热追捧之后,慕课本身的优势和局限性逐渐为大家所认识。事实上,慕课只是在线教育的初始状态(Robert,2013),它正慢慢走向成熟。人们开始冷静看待慕课对于高等教育的意义并深入思考其发展路径。北京大学的李晓明(2014)认为存在"小慕课"和"大慕课"两种概念。"小慕课"或"MOOC"是指在 Coursera、edX、学堂在线和中国大学 MOOC 等平台上的课程,这些课程有相对系统完整的教学内容和环节以及管理体系,包括讲课视频、习题作业、测试、论坛互动等元素;而"大慕课"的外延则广得多,就是以小慕课为典型代表的在线教学理念及其技术的应用,包括 MOOC、SPOC 等小慕课。程建钢(2014)则认为慕课是一剂教育与技术深度融合的催化剂,应从整体上认识和把握在线教育发展规律的角度来认识慕课,深入理解砖块与鼠标的深度融合是高等教育的未来。

慕课吸取了在线教学的经验和教训,旨在为学习者提供完整的学习体验,打破学习孤立感并实现更多的教育功能。慕课对教育界的影响源于其独特的教育理念,笔者认为理念是精髓之所在,对慕课理念内涵的精准把握应源于"大慕课"及其背后在线教学理念,主要包含以下一些主要内涵。

3.1.1.1　多元开放的理念

慕课脱胎于开放教育运动,崇尚人本及自由的价值观,而且,"开放"也是慕课名称的核心词,因此,多元开放的理念是慕课首要且重要的理念。

从哲学角度看,慕课多元开放的理念源于人文主义对人之个性的关怀,强调以学生为中心,突出人的自由与尊严,关注培养完善的人,而开放教育则源于人对于新知识的渴求,是人性之必然,也是人之所以为人者。

从技术进步的角度看,慕课多元开放的理念也是信息技术进步使然。回眸历史,我们发现,每一项通信技术的突破性进展都会在教育领域产生影响,推动开放教育的进程。16 世纪前叶,通信技术与印刷技术的萌芽,使平民阶层摆脱了宗教贵族对基督教教义的垄断传播权,有更多机会获取原本难以得到的新知识。而印刷术的普及,则使以往昂贵而珍稀的图书资源迅速融入大众生活,历史上只能由宗教僧侣与皇家贵族享有的教育特权迅速平民化,教育进入了大规模开放的时代。而目前工业化正从 3.0 时代步入 4.0 时代,即从电子信息化时代跨入实体物理世界与虚拟网络世界融合的时代,网络世界与现实世界的虚实结合,催生了开放教育的进一步发展,赋予了开放教育新的特征。

因此,综上所述,无论从发展历程还是本质属性分析,慕课与开放教育都有着千丝万缕的联系,从高等教育发展史的角度透析,慕课是教育开放过程在互联网时代的特定体现(马若龙,袁松鹤,2013)。

慕课多元开放的理念使知识来源多元化并且获得更为便利,如此就使得教师传统的"传道受业"式的知识权威的地位被打破。就学生而言,慕课多元开放的理念使教育成为"一种在公开环境下允许自由学习、自我发展与自我实现的教育"(王迎,董锐,崔松等,2011);是学习者主动参与、自由选择学习内容及以学生为中心的学习方式(Morrison,2006);也是一种以学生为中心,强调"人本、自由、开放、多元和个性",促进学生全面充分的发展(黄政杰,1991)。而对教师而言,慕课多元开放理念也赋予教师更大的专业自主权,使教师在课程设计、教材选择及教学空间的使用等拥有更多的自由空间。

因此,总的说来,慕课多元开放的理念从宏观上讲不仅是教育对象的开放,更是教育观念、教育资源和教育过程的开放(杨怀恩,2006),也是沟通的开放、教育结构的开放、时间的开放以及空间的开放(Evans,1975)。而从微观上讲,慕课开放教育的理念是对课程、学习、评估及平台的开放(Yuan & Powell,2013),是对传统的知识观、学习观与课程观的深刻变革。

首先,慕课多元开放的理念使知识的价值和本质得以重新定位,知识来源的多元化和获取的便利使探究知识和应用知识远比获取和记忆知识更为重要。相应地,学习则是知识建构的过程,而非传统的简单传授和记忆的过程。

其次,慕课多元开放的理念使课堂教学得以重新定位。由于学习成为师生互动,建构知识的过程,因此,传统教师中心的课堂转变为学生中心。课堂的教学过程是教师与学生通过不断对话与反思而探究未知领域的过程,并且,师生之间、生生之间的这种交流与对话并非源自知识本身,而是对知识的认识和理解。在这个过程中,教师充当学习的促进者,通过精细化设计的课程,与学生协作交流,增进学习。

再次,慕课多元开放的理念使教学内容得以重新定位。传统课堂中,教师由于知识的优势而占据主体地位,而慕课海量开放的学习资源使课程的教学内容和资源成为课堂交流、互动的基础,而不是知识获取的唯一来源,师生对学习资源可进行个性化的取舍和补充等"二次开发",以适应自己的需求。

最后,慕课多元开放的理念使课程性质得以重新定位。基于师生不断探索和对话的课程不仅是预设的,更是生成的。教师和学生是课程的有机组成部分,是课程的创造者和课程的主体,师生具有课程自主性,课程内容在教学实践中生成(张华,2000)。课程是开放、动态的,并朝着多元化的方向发展,而学习评价则是对学习过程灵活的评价。课程实现了"平台、教师、学习者和学习资源四大元素的联动"(陈冰冰,2014),这与传统的目标模式有着根本的差别。

综上所述,作为慕课首要的理念,多元开放理念不仅变革了传统的知识观,而且也变革了传统的学习观。知识是建构的而非简单获取,学习是知识建构的过程,而非传授,课堂教学是以学生为中心,师生交互探究的过程,课程不仅是预设的,更是生成的,教学内容和评价是多元灵活的。基于慕课理念的课程是开放和动态的课程。

3.1.1.2 个性化理念

2007 年 7 月颁布的《大学英语课程教学要求》提出,基于网络的新型教学模式改革的目的之一是促进学生个性化学习。个性化教学是指"教师以个性化的教为手段,满足学生个性化的学,并促进个体人格健康发展的教学活动"(李如密,刘玉静,2001)。大学英语个性化教学就是以学生为中心,尊重学生的个体差异,让学习者主动选择合适的学习方式、学习环境、学习时间、学习内容和学习进度,激发学生的主动性和积极性,增强学习动机。慕课倡导以人为本、因材施教的个性化教育理念,其个性化理念主要体现在以下几个方面。

慕课个性化理念首先表现为学习路径的个性化。慕课提供异步化的教学微视频,微视频泛指较短的视频短片,内容广泛,摄制和播放便捷的教学或非教学素材,而微课则是以"短小精悍的在线视频为表现形式,以学习或教学应用为目的的在线教学视频"(焦建利,2014)。认知负荷理论认为视觉和听觉的结合可减轻认知负荷,研究也表明,视频对学生的学习态度(Herold, Bolinger & Ramnath et al. ,2011;Fernandez, Simo & Sallan,2009;Hill & Nelson,2011;Holbrook & Dupont,2011)、学习行为(Chester, Buntine & Hammond et al. ,2011;Foertsch, Physics & Sciences et al. ,2002;McCombs & Liu,2007)及学习表现(Alpay & Gulati,2010;Traphagan, Kucsera & Kishi,2010;Vajoczki, Watt & Marquis et al. ,2010)均有积极影响。微视频不仅具有一般视频资源的优势,而且时长较短,知识点较为集中,降低了学生的认知负荷,提高了学习效率。这些碎片化的教学微视频短小精悍、主题突出、知识性强,符合学生的认知特点,提高学生的学习兴趣。课程资源的微型化和碎片化也为个性化学习提供了可能,学生能根据自身情况,自定学习节奏,制订适合自身的学习计划,并进行提取式及掌握式学习。微视频目前有"移动化""碎片化"和"微型化"的特征,而且异步化的微视频符合掌握学习理念,也体现了开放教育的个性化思想。

其次,慕课个性化理念体现在学习环境的个性化上,尤其是当前"数字土著"移动设备和自带设备的介入,使学生可以根据自己的实际情况,灵活自主地选择学习的时间和地点,利用移动终端随时随地开展泛在学习,符合学生个性化需求。

再次,慕课个性化理念体现在知识建构的个性化上。学生在学习过程中不仅要与师生交流、合作和协作学习,以便建构知识,还要及时评价与反思交流学习情况,对学习内容进行个性化的理解与吸收,以此建构适合自身的个性化的知识结构。

最后,慕课个性化理念体现在学习内容的自主性上。慕课提供的丰富高质量的教学资源,助推了个性化。开放教育资源运动最大的诟病在于资源的质量及成本,而慕课集全球名校之优势,精雕细琢课程内容和学习资源,并供学生根据自身情况选择使用,尊重学生的自主学习选择权,如学习内容的选择、学习内容的呈现方式、学习引导方式,体现了个性化的理念。

综上所述,个性化理念是慕课另一个重要的理念,体现在学习路径的个性化、学习空间的个性化、知识建构的个性化及学习内容的自主性上。

3.1.1.3　学习共同体理念

互联网,顾名思义,就是"网络与网络之间所串连成的庞大网络"(百度百科),它具有网络传媒的特性,尤其是网络进入 Web 2.0 后,其本质从联合转为互动,更注重用户的交互作用,用户不再仅仅是网站内容的读者,同时也是互联网的作者。互联网成了能够相互交流沟通、相互参与的互动平台,而不仅是资源的提供平台,而在线教育的特性就是共享、协作、交互和开放(孙炜,2002)。

慕课大规模与个性化之间存在着矛盾,因此,为了满足学习者个性化需求,慕课依据学习共同体理论,将大量的学习者组成了学习共同体。学习共同体是指"学习者和助学者共同构成的团体"(薛焕玉,2007)。众多的学习者在虚拟和现实的环境中,群策群力、共同探讨、有效互动,形成了相互影响及相互促进的人际关系。慕课在创始之初基于联通主义学习观,即"个人的知识组成了一个网络,这种网络被编入各种组织与机构,反过来各组织与机构的知识又被回馈给个人网络,提供个人的继续学习"(互动百科)。它表达一种分布式认知和关系中学的观念。

慕课主要通过两种途径创设学习共同体环境,一方面利用社交网络服务应用,如脸书、维基、博客和推特使学习过程社交化,使学生获得同伴支持,弥补缺乏实体环境之不足,另一方面,还探索了社交媒体中学生作业同伴互评方式,以期通过观看同伴的作业,达到相互比较、相互激励、互相学习的目的。学习共同体使学生更有满足感和安全感。

3.1.1.4　即时交互理念

按照对交互理解的不同可分为狭义的交互观和广义的交互观。狭义的交互指人际交互,如 John Daniel 所提出的"交互活动",而广义的交互不仅包括人际交互,而且包括人与物化资源之间的关系,如 Holmberg(1983)提出的模拟会谈即指学生与课程材料之间的交流。交互模型主要有 Harold Anderson 的 E-Learning 模型、Hirumi 的交互层次模型和陈丽的教学交互模型(张传思, 2015)。笔者认为这些交互模型均基于广义的交互观,不仅包括学生、教师之间的双向交互,而且也包括学生与学习资源及媒体等教学要素的交互,以及与社区等环境的交互。

慕课之所以能实现革命性的突破,首要的就在于信息技术的创新。慕课将在线学习、社交服务、大数据分析及移动互联网等理念融为一体,实现大规模多元的即时信息交流和互动。慕课的倡导者认为正是大数据、云计算和人工智能等技术将高等教育从工业化时代带到数字化时代,而最核心的就是云计算和云存储。因此,即时交互的理念是慕课另一个重要的理念。

云存储是指通过集群应用、网络技术或分布式文件系统等功能,将网络中大量各种不同类型的存储设备通过应用软件集合起来协同工作,共同对外提供数据存储和业务访问功能的一个系统。简单来说,云存储就是将储存资源放到云上供人存取的一种新兴方案。使用者可以在任何时间、任何地方,通过任何可联网的装置连接到云上方便地存取数据。而云计算是一种按使用量付费的模式,这种模式提供可用的、便捷的、按需的网络访问。通过云计算,慕课服务商可以在很短的时间内完成与超级计算机一样的强大数据处理与网络服务功能。

慕课即时交互理念首先体现在学习共同体中的双向交互特征。由于学生规模巨大,并且遍布全世界,可借此实现师生及生生之间全天候在线学习及互动,对学生的问题提供及时反馈。有研究表明,由于学生众多,慕课中学生问题的平均回答时间不超过 20 分钟。

其次,慕课即时交互理念体现在慕课自动评分反馈系统上,即时反馈则是基于行为主义 xMOOC 的重要元素。学习者可通过 xMOOC 所提供的即时反馈,准确了解自己的学习情况,查缺补漏,而教师则可精准了解学生学习情况并有的放矢地调整教学内容,使教学内容符合学生的需求。

最后,慕课即时交互理念利用慕课所记录的学生学习行为数据,依托大数据教育分析和挖掘技术,跟踪学习者学习行为,发现学习和认知规律,预测学习困难,帮助教师及时介入辅导,同时大数据分析还为学生提供个性化的学习路径和方案,因此,即时交互和大数据使慕课有别于与传统的在线学习。

综上所述,作为慕课有别于传统在线学习的重要理念,即时交互理念涉及学习共同体的双向交互、自动评分反馈系统及大数据学习行为分析等。

3.1.1.5 精细化课程设计理念

慕课不仅提供开放的学习资源,更是基于精细化设计的课程,旨在为学习者提供良好的学习体验,这是慕课与传统在线课程最大的差异。

慕课精细化课程设计理念首先体现在教学资源的优化上。慕课上的优质教学资源基本源于集体讨论和共同创作,并经过反复推敲和精心编排,因此,对于教学内容拿捏准确,这种精品及精细化教学资源能获得最佳的教学效果。

其次,慕课精细化课程设计理念还体现在微视频"碎片化"设计中,慕课的微视频基本控制在 5～10 分钟,各个微视频虽似独立,然相互之间又有内在的逻辑关系,密切相关,并形成完整的知识体系。这些"形碎而神不碎"的微视频源于精细化设计,实为精细化课程而生。

最后,慕课吸取了部分在线学习疏于提供全面优质的教学支持服务而导致失败的教训,不但提供优质教学资源,而且提供了完整的教学过程,包括教学要求、教学安排、教学活动及教学评价等,并与社交软件紧密结合,营造共同体学习氛围。除了精细化每一个单元的具体活动,如学习视频、文本学习资源以及辅助资源、课后作业、过关测试及相关讨论话题,慕课对课程评估的时间、标准及形式也做了详细的说明,甚至提供给学习者知识地图,以便学生了解自己所学知识在整体学科体系中的位置,或者利用诸如 Knewton 系统给学生提供个性化的学习路径,所有这些均基于精细化课程设计。

根据以上的分析,笔者绘制了慕课理念概念框架(见图 3-1)。

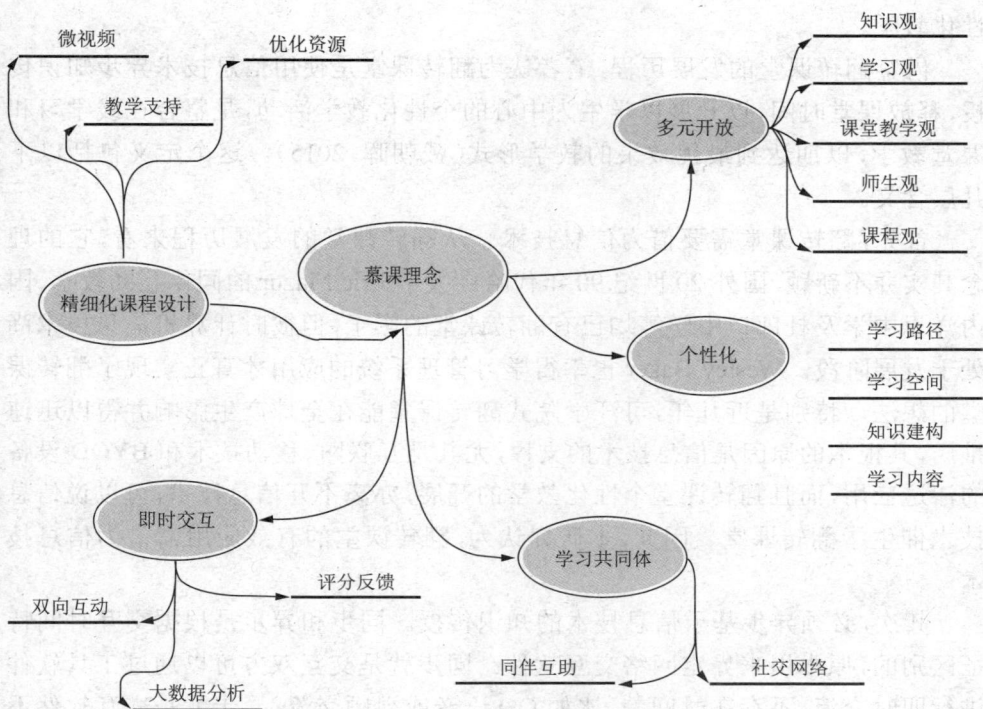

图 3-1　慕课理念概念框架图

3.1.2　翻转课堂的概念

国内外学者围绕翻转课堂"颠倒""整合"及"混合"等要素,从翻转课堂的教学活动顺序、学习空间的转变、教学活动的整合及学习理论的混合等多个视角尝试界定翻转课堂。国内张金磊(2013)甚至给出了翻转课堂的双重定义,突出信息技术在翻转课堂中的作用及翻转课堂预期的效果。

本研究对翻转课堂的界定遵循以下两个原则:第一,界定的概念必须清晰,但并不是包罗万象的,如果一个概念涵盖了所有的内容,那么实际上它什么也表达不了;第二,翻转课堂的概念界定应该在前人的基础上建立起来。因此,笔者认为翻转课堂的界定需考虑以下几个因素。首先,翻转课堂必须与计算机信息技术整合。研究表明:翻转课堂出现于 20 世纪 90 年代,然囿于实施条件未有发展,信息技术的进步才使翻转课堂在可汗学院的推动下重获生机。其次,翻转课堂的核心是学生中心的个性化教学,教师中心的课堂并非翻转课堂。最后,翻转课堂必须异步知识传授,传统课堂同步知识传授无法实施翻转课堂个性化教学。

借鉴翻转课堂的发展历程,笔者认为翻转课堂是使用信息技术异步知识传授,释放课堂时间,以开展以学生为中心的个性化教学活动,是整合在线学习和课堂教学,以期达到最优效果的教学形式(戴朝晖,2015)。这个定义包括以下几层含义。

首先,翻转课堂需要借力信息技术。从翻转课堂的发展历程来看,它的理念其实并不新颖,国外 20 世纪 90 年代哈佛大学 Eric Mazur 的同伴互助教学、国内洋思中学及杜郎口中学等均已有翻转课堂的影子,但彼时计算机信息技术尚处于发展阶段。Wesley Baker 也幸得学习管理系统的应用才真正实现了翻转课堂的想法。特别是近几年,可汗学院式翻转课堂能在全球产生影响并得以迅速推广,其根本的原因是信息技术的支撑,尤其是互联网、移动技术和 BYOD 设备的渗透应用,而且翻转课堂个性化教学的开展,亦离不开信息技术,可以说信息技术催生了翻转课堂。因此,本研究认为,翻转课堂的有效应用需借力信息技术。

其次,必须异步基于信息技术的知识传授。同步和异步是根据交互时间特征区别的,原本用来界定网络交互软件。同步就是交互双方可以通过工具软件进行即时交流,不存在时间差,比如 QQ 语音或视频交流;异步就是交互软件不支持交互双方同时在线交流,交流具有时间差,比如 E-mail。翻转课堂的特点就是个性化,学生可以根据自己的实际情况,自定步调、自定节奏学习,若为同步知识传授,即学生在同一时间学习相同的内容,无法自主调整和选择,则翻转课堂个性化的基础荡然无存矣。从这个意义上说,翻转课堂所强调的异步教学有助于学生自主学习能力和教学效果的提高,如若教师课堂播放教学视频,让学生一同观看,就违背了翻转课堂异步教学的理念。

第三,翻转课堂课内活动要体现个性化及以学生为中心。Jacob Enfield (2013)认为,决定翻转课堂成败的要素是课堂内的精细化设计。将传统的教师讲授环节移至课外之后,课堂上主要是学生内化知识的各种活动,若老师仍为主角,占据大量的课堂时间,则并非翻转课堂。

第四,翻转课堂课内活动必须与学生课外在线学习紧密结合。翻转课堂是创生的课堂,教师课前要根据学生课外学习情况,及时调整教学内容并设计合理的课堂活动,甚至可以适当以小讲座的形式,解答学生课前学习遇到的难题。若教师不管学生课前学习情况,按部就班地设计课堂活动,并非严格意义上的翻转课堂。

第五，翻转课堂要有最优的教学效果。张宝辉(2014)指出，判别翻转课堂的两个条件是课前的学习是否达到了传统课程中教师讲授的效果及课堂中是否完成了知识的内化。也就是说，翻转课堂若达不到传统课堂的教学效果，也就失去了存在的意义。因此，笔者认为这也是翻转课堂定义中重要的基石。

3.2　理论基础

翻转课堂不仅仅将学习内容移至课外(Herreid & Schiller,2013)，基于慕课理念的翻转课堂包含更为复杂的学习过程，主要涉及以下学习理论。

3.2.1　认知负荷理论

认知负荷理论(Cognitive Load Theory，简称 CLT)由澳大利亚新南威尔士大学的认知心理学家 John Sweller 于 1988 年首先引入教育领域。Sweller将认知负荷定义为"将特定工作加诸个体认知系统时所产生的负荷量"(Sweller, Merrienboer & Paas,1998)。

认知负荷理论是基于人脑工作记忆的有限性发展起来的。Cooper(1998)区分了三种不同的记忆模式，即感官记忆、工作记忆和长期记忆。他认为这三种记忆模式相互结合，处理各种信息。它们之间的区别在于外界刺激信号首先进入感官记忆，如果学习者留意，这些信息将进入工作记忆。如果学习者有意识地复习存储于工作记忆中的内容，这些信息将会转移到长期记忆，并以认知图式的形式永久存储于大脑。

最新的研究也表明，工作记忆至少由两个信息处理器组成，而且以部分独立的方式运作。两个处理器中一个处理听觉信息，另一个处理视觉信息。据此，认知负荷理论认为，通过利用视觉和听觉相结合的方式输入信息，可扩大工作记忆的存储能力(Tindall-Ford, Chandler & Sweller,1997)。

认知负荷理论认为，学习材料所引起的认知负荷水平主要由三个基本因素决定，即学习材料的复杂性、学习材料的组织和呈现方式、学习者的知识经验。由此，构成了三种类型认知负荷，即外在认知负荷、内在认知负荷和关联认知负荷(Sweller, Merrienboer & Paas,1998)。内在认知负荷是由学习材料的难度和个体先验知识决定的。外在认知负荷是学习过程中对学习没有贡献的心理活动所引起，不利于学习者学习，而关联认知负荷是指帮助建构图式和图式自动化的负荷,是促进学习者学习的有效认知负荷。学习者内部因素可降低内在认知负荷,即如果学习者头脑中具有与学习材料相关联的图式,那么所产生的内在认知负荷就会更少。专家较新手对材料有更少的认知负荷,其原因就在于头脑中已有相关图式,降低了工作记忆负荷。

认知负荷理论包括资源有限论和图式理论。资源有限论认为,人的认知资源是有限的,而任何学习和问题活动都要消耗认知资源,造成认知上的负荷。超负荷是指加工某种信息所需要的认知资源超过了人本身所具有的认知资源的总量,它会影响学习的效果和效率。认知负荷理论研究的主要目的是在教学过程中控制工作记忆负荷,即最大限度地降低阻碍学习的认知负荷,优化促进学习认知负荷,使学习者合理地利用有限的认知资源,达到最好的效果(龚德英,2005)。

认知负荷理论的图式理论认为知识是以图式的形式存储于长时记忆中的。在个体学习新知识的时候,长时记忆中的图式可以根据所面临的情景进行快速而正确的归类。这种归类是一种自动化的加工过程,它不需要有意识控制和资源消耗,因而可以降低个体的认知负荷。

认知负荷理论提出重复提取优于细化编码的原则。提取是从记忆中回想信息的过程,而编码是指将信息存入大脑。实验证明,反复提取在增强长时记忆上的效果优于细化编码,测试中的反馈能促进记忆保持,长间隔的重复提取对长时记忆保持有显著效果(赵国庆,郑兰琴,2012)。翻转课堂基于认知负荷理论,合理设计实施教学实践活动,降低外在认知负荷,提高有效认知负荷,进而提高学习效果,体现较之传统课堂的优势。

首先,翻转课堂合理分配认知目标,减轻认知负荷。传统课堂将主要时间用于知识传授,主要是对知识的工作记忆,增加了外在认知负荷,而最需教师和同伴帮助的图式形成阶段被放在课后,学生若遇挫折,极易丧失学习动机。翻转课堂依据认知领域目标分类,合理分配认知目标,课前知识传授阶段主要培养低阶认知能力,学生可反复观看视频材料,广泛阅读相关资料,而课内注重知识的拓展和应用,培养高阶认知能力,关注图式形成,因此更为有效。

其次,翻转课堂课前知识传授学习是对知识细化编码,而课内集中讲解,基于问题的学习、探究式学习及协作式学习等主动学习则是"对知识反复提取、反馈校正、创新生成的过程"(陈晓燕,2014)。在翻转课堂知识内化过程中,"立刻同化"和"立刻顺应"很少发生,翻转课堂正是"翻转了教学流程,分解了知识内化的难度,增加了知识内化的次数"(赵兴龙,2014),减轻了学生的内部认知负荷,通过多次内化循环最终达到掌握知识的目的的。因此,翻转课堂课内外教学活动的无缝融合符合认知负荷理论。

最后,翻转课堂摆脱了传统教学资源呈现方式。多模态的教学资源,尤其是微视频资源,使学习者通过视觉和听觉相结合的方式输入信息,扩大了工作记忆的存储能力。

3.2.2　掌握学习理论

掌握学习(Mastery Learning),又称作通达学习或精熟学习。这是一种基于人本主义的个别化教学理论,由 Benjamin Bloom 在 20 世纪 70 年代所创立,就其实质来说,乃是一个"改进课堂教学的综合计划"(吴杰,1989)。Bloom 认为教育是一种有目的、有意图的活动,如果我们的教学是富有成效的话,学生成绩分布应该是与正态分布曲线是完全不同的,甚至可以断言,成绩接近正态分布时,说明教育努力不成功(李娟,2009)。因此,Bloom(1984)提出掌握学习的概念和理论,认为只要恰当注意教学的主要变量,就有可能使绝大多数学生都达到掌握水平。掌握学习首先是一种有关教与学的乐观主义的理论,教学不仅使学生而且使教师获得更多社会及个人成功的机会(黄书生,2005)。其次,掌握学习是一套行之有效的个别化教学实践,教学模式采取班级教学和个别辅导相结合的方式,以班级教学为基础,辅之以经常、及时的反馈,提供学生所需要的个别帮助和所需的额外学习时间。

掌握学习的基本要素首先是群体教学和个别教学相结合。掌握学习彻底变革了传统的学生观,认为学生的个别差异是人为的、偶然的,而不是个体固有的,教学任务就是针对学生差异进行个性化教学,使学生达到设定的学习目标。掌握学习的优点是根据每个学生的特点,合理分配教学时间以便使每个学生都能学得更好,教师要给予学生足够的时间和练习机会,因为学生要达到掌握的水平,取决于花在学习上的时间量。在翻转课堂中,在不打破群体面对面教学的基础上,学生课前个性化自主学习,除了可个性化观看教学视频、完成慕课在线练习题和各种嵌入式测验题外,还可获得教师和学生的个别帮助和辅导,以及开展小组合作活动,体现了群体教学和个别教学的结合。

其次是矫正反馈系统。教师要给学生提供详细的反馈,教学过程中出现差错后可以马上指出错误,并提供学生所需要的具体的补充材料以矫正差错。因为掌握学习理论认为,如果给予学生具体的评价标准,每个学生都能达到掌握的水平。在这个过程中,教师可发挥学生的主观能动性,利用同伴互助的方式,鼓励学生相互合作学习。掌握学习变革了传统师生关系。在掌握学习中,教师关注每个学生的点滴进步,并对学生学习中的问题进行适当、及时的干预和纠正,师生之间的交流多了,感情加深了;而且在掌握学习中,学生通过相互合作解决彼此之间问题并最终达到学习目标的要求,学生之间的交流也由于合作而加深,关系更为融洽。掌握学习使学生的学习动机得以增强,使学生更有成就感(Davis & Sorrell, 1995),也提高了教师的自信心及成就感。同时,慕课在线练习所提供的及时反馈及自适应学习系统,依据大数据预测学习困难及推送学生个性化的学习资源等均源于掌握学习原则。

3.2.3　联通主义学习理论

联通主义是在网络学习的背景下,当前学习理论研究的热点之一。联通主义学习理论由 George Siemens 首先于 2005 年提出,被誉为"数字时代的学习理论"。在不断充实和发展学习观的基础上,George Siemens 从混沌性、连续性、共同创建性、复杂性、连续的专业性和连续期待的肯定性等方面对学习特性进行了界定,并提供了学习网络示意图(胡壮麟,2008)。它把学习定位为一种"网络联结和网络创造物"。联通主义对于学习的观念体现在以下几个方面。首先,联通主义认为知识以片段的方式分布于网络中,每个人仅拥有其中一部分知识,因此,知识是一种网络体系。其次,每个人可通过与外部关系的建立,并通过创造、完善、更新和批判知识结点而促进知识网络的建立。最后,学习的性质发生改变,学习不再是知识本身的获取,而是知识网络形成的过程。每个人可通过联结、知识共享等方式进行学习(Siemens, 2005)。联通主义认为,学习是发生在学习者和其他社区成员之间的交流行为,"通过协作、问题解决等交互活动,学生的学习自然就发生了"(Jenkins, 2009),因此,正规学习和非正规学习都是学习的方式,

在慕课成立之初,cMOOC 就是建立于联通主义学习理论之上,因此,慕课理念与联通主义学习理论有紧密的联系。慕课具有显著的社会化特征,体现在慕课的线上线下的学习共同体理念,支持大规模学习者的参与,通过学习者之间社会化的合作学习与协作学习,弥补大规模与个性化学习的矛盾,而同伴互助、同伴互评也是慕课联通主义理论的重要体现。

3.2.4　建构主义最近发展区理论

建构主义的思想源自 Lev Vygotsky 和 Jean Piaget 等人。建构主义认为,知

识不是通过教师传授得到,而是学习者在一定的情境即社会文化背景下,借助其他人(包括教师和学习伙伴)的帮助,利用必要的学习资料,通过意义建构的方式而获得。建构主义提倡在教师指导下以学习者为中心的学习,即既强调学习者的认知主体作用,又不忽视教师的指导作用,教师是意义建构的帮助者与促进者,而不是知识的传授者与灌输者。

最近发展区理论也是翻转课堂的重要理论基础。其认为学生的发展有两种水平:一种是学生现有的独立解决问题的水平,一种是学生可能的在别人的帮助下解决问题的水平。介于两者之间的区域就是学生的最近发展区(Raymond,2000)。教学就是要在此区域为学生搭建支架,让学生顺利从现有水平发展到下一个水平。

Lev Vygotsky 的最近发展区(Zone of Proximal Development,简称 ZPD)是指儿童在有指导的情况下,借助成人帮助所能达到的解决问题的水平与独自解决问题所达到的水平之间的差异,实际上是两个邻近发展阶段间的过渡状态。在翻转课堂中,教师精细化课程设计,充分考虑学生的前期知识和所能达到的目标,设计与最近发展区相符合的学习活动。在翻转课堂中,学生依托学习共同体和合作学习,通过在线论坛及课堂主动学习、同伴互助等形式而达到目标(Blumenfeld, Marx & Soloway et al. , 1996; Havnes, 2008; Kear, 2004; McMaster, Fuchs & Fuchs, 2006)。

3.2.5　学习共同体理论

"共同体"一词来源于德语,最早源自德国学者 F. J. Tonnies 所用的德语词"gemeinschaft",意指共同的生活,以区别"社会"一词。学习共同体(Learning Community),或称学习社区,是指一个由学习者及其助学者(包括教师、专家和辅导者等)共同构成的团体,他们通过在学习中的交流和分享,以及合作完成学习任务,在成员之间形成了"相互影响、相互促进的人际联系"(薛焕玉,2007)。随着建构主义理论的发展,对学习本质的认识也在不断深化,知识的分布性认知使学习不仅是个体的知识获得过程,而且是建构和社会协商的过程,学习共同体则提供了平台,在学习中发挥群体动力作用。Lev Vygotsky 提出的社会文化理论,也强调社会文化因素在人类认知功能的发展中发挥着核心作用,认为个人通过与他人的交互及其生活环境的相互交往创造意义。有意义的学习既非发生在个体内部,也非由外部力量所塑造,而是"通过个体参与社会活动而产生"(郑葳,2007)。

学习共同体以日常的学习环境为样本,共同体中学习的主体包括学生、同伴及教师等。学生面对真实或虚拟的任务环境,通过适合自己的学习方式,在学习和解决问题的同时,获得教师、同伴甚至校外专家的帮助和支持,以完成设定的学习目标。学习共同体的主要策略是学生小组合作学习,以及师生间的相互交流(佐藤学,2014)。学习共同体很大程度上依赖于师生的共同参与,以及他们的责任感和持续的动机,具有相互依存的特点。当然,丰富的学习资源及真实的学习任务也必不要少。在学习共同体中,学习的主体不仅对学习目的具有极大的认可,同时最重要的是具有特殊的心理归属感,这使得共同体各个成员形成了相互帮助的关系,对认知和动机有深刻的影响。

在基于慕课理念的大学英语翻转课堂线上及线下混合学习中,存在真实和虚拟的任务情境。教师在课堂教学中穿插了大量提问和讨论环节,以此建构了一个与学生会话的课堂,让学生在交流中进行学习。而慕课提供有意义学习的平台,大规模的参与者来自不同的文化和国籍,他们通过许多社会活动共同合作,如在线论坛上分享知识,提供同伴互评以及小组完成最终项目等。这种实体版和在线版混合的学习共同体不但可使学生获得同伴的帮助与支持,而且提高了学生的成就感和参与度。

3.3 语言课程理论的发展

从语言课程的发展历史来看,主要经历了三个阶段,即设计雏形期、设计建设期及设计活跃期。

3.3.1 语言课程设计雏形期

语言课程设计第一阶段的雏形期是 20 世纪 80 年代末之前,主要有如下几种模式。

（1）目标—手段模式:Ralph Tyler 的《课程与教学的基本原理》一书,被认为是课程设计理论的经典之作。Tyler 认为,一个有效课程必须回答四个问题:① 学校应该达到哪些教育目标;② 提供哪些经验才能实现这些目标;③ 怎样才能组织这些教育经验;④ 我们怎样才能确定这些目标得到实现。这样从而形成了以目标为中心的课程原理。这四个基本问题后来被人们广泛地称为"泰勒原理"。Tyler 这本著作共 128 页,但是讨论课程目标就占 62 页之多,而且 Tyler 主张,目标具有引导课程选择和组织以及评价的主要功能,所以,Tyler 模式被尊称为目标模式课程开发的典范。

（2）过程模式和情景模式:英国课程理论家 Lawrence Steinhouse 在 1975 年出版的《课程研究与编制导论》中,对目标模式的课程理论进行了分析批判,以此为基础,提出了过程模式的课程理论。情景模式由 Skilbeck（1984）提出。根据 Skilbeck 的理论,情景模式的设计以文化分析为基础。也就是说,课程设计一开始就要对学校本身的具体情况做出分析和评估,然后,根据分析评估的结果对课程进行规划。Skilbeck 将这种模式称为"以学校为基础的课程大纲"。这个理论为以后的"校本课程"开发提供了理论基础。两种模式不同的是,情景模式设计是以具体的实际情况为基点,在这一点上,情景模式是对课程研究的重要发展。

3.3.2 语言课程设计建设期

第二阶段是语言课程设计建设期,Graves（2008）认为 20 世纪 80 年代后半期是学者们对大纲和课程设计研究开始出现分水岭的时代。Dubin 和 Olshtain 的专著《课程设计》（1986）被后人视为当代语言课程设计建设的开山之作。该书以交际语言教学为理论框架,全面探讨了在外语教学课程设计和大纲制定方面应该关注的原则和步骤,美中不足的是该书对评估内容和方式没有提及。

Johnson（1989）进一步提出了语言课程设计建设的"连贯模式",从而保证计划、实施和评价三个阶段彼此依赖,和谐连贯,是课程设计研究历史上的一个明显进步。这种模式包括"课程计划、目标 / 方法设定、项目实施、教学开展"四个阶段。该模式主张整体化全面综合考量课程的几个环节,各个环节协调一致、互为补充,形成一个开发、修正、再开发、再修正的连续循环的和谐系统。Johnson 的理念有很大的进步,注重各个阶段的通力配合。在课程计划阶段,政策制定者要考虑不同群体的斥求。在目标方法阶段,需保证目标和方法兼容并与政策相适应。在项目实施阶段,方法论应与大纲目标相配,及至最后的教学开展阶段,还需注意教材应与学生的语言水平相配。若如此,则和谐课程可得矣。然而这个理念也有先天不足之缺陷,首先各阶段缺乏协调,由于不同阶段的人对课程的功能各不相同,使用不同的话语,产生各不相同的结果。Wenger 指出,除非参与课程设计并充分交流,否则人们会由于信念、需求等的不同,对课程有不同的解释,即导致隐性课程的产生。其次,无论总体还是每个阶段都缺乏有效的评估手段,特别是这种课程理念对于教师在课程中的重要地位没有充分阐述,课程运行的各个环节虽然被连接成循环往复而非单一指向的环形结构,但总体上教师在这环形结构上仍然处于执行上一环节意向的角色和地位,而不是对国家既定课程具有自主性和能动性的决策者,仍是课程开发范式,实施课程忠实取向原则。

3.3.3 语言课程设计活跃期

第三阶段是语言课程设计活跃期。进入 20 世纪 90 年代以后,学者对语言课程设计建设的研究进入了活跃期,研究逐渐呈现出系统化和动态化的特点。

Graves(2008)对已有的课程设计模式进行了梳理,在对先前众学者提出的"自上而下、线性的专家模式"的课程设计模式进行批判的基础上,从社会教育情境视角提出了课程设计的动态模式(见图 3-2)。

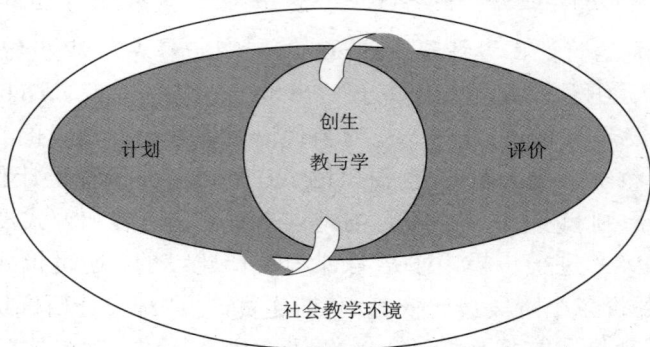

图 3-2　动态系统的语言课程图(Graves,2008)

该模式强调社会教育情境对课程设计的影响,重视各环节间的相互影响以及教师和课堂教学环节的重要性。首先,这个模式由计划(Planning)、创生(Enacting)和评估(Evaluating)三个环节构成。该模式认为发生在课堂教学过程中的"创生"环节应该是整个教育的核心,"计划"和"评估"都以课堂教学为导向、并且与教学紧密联系。课程设计建设应包含这三个过程,他们都内嵌在社会教育情境之中,这个大环境决定了课程设计的目的和范围,比如在目的语嵌入(TL-embedded)和目的语缺失(TL-removed)的社会教育情境中,课程设计必大不相同。其次,该理论强调这三个过程彼此相关又彼此影响,是动态而非线性的关系。

　　课程概念重建主义重视师生在课程中的主体地位,认为教师不再是课程的忠实执行者,学生也不是课程的被动接收者。课堂是师生进行课程体验并积极进行自主创造的一个历程。这种课程少了对师生的控制性,鼓励师生的课程自主性,课程内容也"不再是预设的,而是师生在共同交往的教学实践中生成的"(张华,2000)。课程概念重建运动驱动下的课程多元理解范式对教师的日常教育活动有如下的启示:

　　第一,师生关系从权威独白式走向平等对话式。教师和学生都是教学主体,偏向任何一个主体都会带来严重的教育厄运。在忠实课程实施取向下,教师是知识的权威方和传输者,是课程的忠实执者。课程理解思潮认为课程在运行过程中应该以"一切将成"的生成性思维为引导,课程目标本应该是丰富多变、动态生成的,并非是一开始设定好或固定不变的。课程目标的创生过程需要教师和学生在教学互动过程中共同建立并随情境变化而改变的,比较准确地把握和判断教学过程的不确定性因素和动态特征,并发挥自主创造精神(于慧慧,刘要悟,2005)。

　　第二,忠实课程实施取向让位于创生课程实施取向。传统的课程开发模式把教师在课程中的地位边缘化,是一种"防教师"课程。课程理解范式下的课程注重课程中教师和学生的共同体验,课程实施本质上是在具体教育情境下创造新的教育经验,既有的课程计划只是供经验创生过程选择的工具而已。创新取向关注的是课程实施主体的存在价值,其理念体现了课程实施的体验性、创新性以及生命性特性,充分体现了师生的自主性、能动性和创造性。

　　不难看出,国际上对语言教学领域的课程设计研究经历了一个从线性模式到"连贯"模式再到如今的"动态"模式的过程。

3.3.4　后现代课程观

　　后现代主义始于 20 世纪 60 年代的欧美,至 20 世纪 80 年代,西方教育界受后现代思潮的影响,出现了后现代课程观,最具代表性的是 Doll(1993)的"后现代课程观"、Capra et al.(1982)的"整体性生态课程论"、Slattery(1995)的"通俗化后现代主义课程理论"(李臣之,1999)。后现代课程观的主要代表人物 Doll认为泰勒原理是现代主义封闭课程体系的典型,并在其著作《后现代课程观》中提出了"4R"课程模本,即丰富性、回归性、关联性和严密性,强调过程性、建构性与非线性(小威廉姆·E. 多尔,2000),其特征是"开放性、多元性、创造性和内在性"（于泽元，2002）。

后现代课程观基于开放的视角，从过程角度而非内容角度界定课程，将课程视为一种多元"文本"。认为课程不是预设的，而是生成的，通过参与者之间的交互而创生。从这个意义上说，课程的实践者就是课程的开发者，是个体与外部环境经验交流与意义建构的过程，同时，生成的课程也是变化的，尽管有总体的课程目标要求，但具体的目标往往是无法预测的，"目的绝不是终点，而是行动转向的枢纽"（Zais，1976），课程目标在教学过程中不断出现并转换，引发下一个目标的出现，以此达到课程的总体目标。

后现代课程观的课程内容不但包含知识和经验，也包含活动，是三者的融合。课程内容不是稳定或一成不变的，而是具有"足够的不确定性"（刘艳妮，2015），以此吸引学生参与并引起兴趣。知识不是预设的，而是学生主动选择及加工外部信息，并通过反复对比，双向互动而建构而成的。同时，课程内容注重回归生活世界，与现实生活紧密联系，以便学生能主动发现和探究感兴趣及有意义的内容，具有实践的价值和意义。

后现代课程观下的课程实施方式摒弃传统的灌输方式，是教师与学生彼此之间相互交往和对话的过程，因为"开放的、互动的、共同的会话是构建后现代课程的关键"（小威廉姆·E. 多尔，2000）。这种交往和对话，一方面诠释了课程的实施，使课程不但得到了教师和学生的理解和参与，而且适合了特定的境域；另一方面，师生之间通过交往和对话，彼此互信和帮助，赋予了课程以现实意义，拓展了课程的内涵，促进了学生的兴趣和动机。

后现代课程观下的师生关系是一种新型的平等合作和民主对话的关系，而不是传统课程观中教师是知识和课堂的绝对主宰。教师的角色不是原因性的，而是转变性的，教师从讲台上的圣人转变为学生身旁的引导者，注重培养学生探究意识和创新能力。在教学过程中，教师设计并鼓励学生参与教学活动，培养学生的实践能力。

后现代课程观与传统单一的评价体系不同，它提倡多元化、差异化评价观，反对采用整齐划一的标准，强调接受每个学生的差异性，注重发挥学生的潜能和特质。同时，由于其内在性和参与性，评价标准也随着课程活动的开展而变化或转化，评价对象参与评价过程，以便详细了解自身及他人发展情况并做出合理规划，而不仅将评价作为监控的手段。

综上所述，国际语言课程设计经历了从线性模式到连贯模式再到动态模式的过程，而后现代课程观对课程的目标、教学内容、教学方式、师生关系及评价方式均提出了与传统课程观不同的崭新视角,为教学实践提供了导向。

3.4　信息技术与课程的深度融合

　　信息技术与课程的整合(Information Technology and Curriculum Integration,简称 ITCI)源自计算机辅助教学,是信息技术在教育中应用的第三种方式,另外两种方式分别为计算机辅助教学(Computer-Assisted Instruction,简称 CAI)和计算机辅助学习(Computer-Assisted Learning,简称 CAL)。CAI 始于 20 世纪 60 年代初,计算机主要应用于教学,以课件演示为主,目的是帮助教师解决教学中的重点和难点。CAL 始于 20 世纪 80 年代中期,计算机从辅助"教"转向辅助"学",成为学生学习的认知工具和探究交流工具,帮助学生自主学习。国际上信息技术与课程的整合(ITCI)始于 20 世纪 90 年代中期,在美国经历了三个发展阶段,即 WebQuest(基于网络的探究)阶段(20 世纪 90 年代中期—2003 年)、TELS(运用技术加强理科学习)阶段(2003—2008 年)及 TPACK(学科内容、教学法和技术整合的新知识)阶段(2008 年始)(何克抗,2012a),体现了信息技术从课堂外到课堂内外的全面整合,从网络学习到与传统教学优势互补的发展过程。WebQuest 阶段关注学生课外基于网络的自主学习、自主探究,信息技术未融入课堂教学;TELS 阶段试图实现信息技术与学科教学的课内整合,并营造信息化学习环境;TPACK 阶段则使传统教学与 E-Learning 优势互补,结合了有意义的传递和教师主导下的自主探究教学活动,提倡混合学习(Blended Learning,简称 BL)的教育思想(何克抗,2012b)。

　　我国学者扩展了信息技术与课程整合的外延,使它有别于传统以工具的形式与课程融合的属性,并赋予了信息技术与课程的整合以更多的内涵。南国农(2002)认为"信息技术与课程整合是指将信息技术以工具的形式与课程融为一体,或将信息技术融入课程的各个领域,成为既是学习的对象,又是学习的手段";李克东(1992)认为信息技术与课程的整合是指在学科课程教学中,把信息技术、信息资源、信息方法、人力资源与课程内容有机结合,共同完成课程教学任务的一种新型教学方式;陈坚林(2010)指出,外语教学研究要从"2+1"模式过渡为"3+1"模式,即要将"理论、方法和技术结合起来进行研究,做到三位一体",并创造性地将教育技术学的"整合研究"理论和教育学的"生态化研究"理论结合在一起,提出了生态化整合理论。

我国经过近十年教育信息化建设，虽已取得一些进展，但从当前教学应用状况看，信息技术与教学的融合还处于一种非理想的状态，主要问题是学生信息素养薄弱、教师教学方法陈旧、教学模式未脱离传统以及教学资源等设施不完善（隋晓冰，2013），尤其是教师观念更新迟缓，无法满足信息技术的迅速发展对教师的要求，师生关系疏离，教学方式变革困难（Snowden，2012）。何克抗教授曾指出我国教学改革未取得突破性进展的根本原因是忽视了教学结构的根本变革。《美国2010国家教育技术计划》则指出信息技术之所以未能对教育发展产生革命性影响，主要原因是没有进行技术支持的重大结构性变革，而只是渐进性的修修补补。

教育部在《教育信息化十年发展规划（2011—2020年）》中指出，要"重点推进信息技术与高等教育的深度融合，促进教育内容、教学手段和方法现代化，创新人才培养、科研组织和社会服务模式"，深度融合是首次提出的全新概念，指"现代信息技术与教育的全面整合"，有别于传统意义上的整合。2012年，全国教育信息化工作会议再次明确了信息技术的深度融合，要求教与学的"双重革命"，即加快从以"教"为中心向以"学"为中心转变，从"知识传授"为主向"能力培养"为主转变，从课堂学习为主向多种学习方式转变。而2017版《大学英语教学指南》更体现了深度融合的要求，即"课程设计要兼顾课堂教学与自主学习环节，使课堂教学与基于网络的学习无缝对接，融为一体"。

深度融合有别于传统整合之处恰恰在于它触及了教育系统的结构性变革，尤其是课堂教学结构的根本变革（何克抗，2014b），而传统的整合仅停留于如何运用技术改善"教与学环境"或"教与学方式"等低层面上（何克抗，2012c）。深度融合指信息技术真正融入教学过程，与教学互相渗透、互相作用、一体化的过程，强调有机的结合、无缝的连接，以发挥信息技术的效益和潜能。它是以学生为中心的教学，学生在协作与交互的学习环境学习，充分发挥主动性和积极性。

信息技术与课程深度融合的大学英语教学，宏观上就是重构大学英语教学生态结构，使系统各要素保持稳定、动态、平衡的发展。微观上，利用信息技术创设英语学习资源丰富、师生线上线下交互迅捷、学生泛在学习便利、评价体系多元高效，并整合传统和在线学习优势、以学生为中心的个性化教学模式。"课堂教学是学校教育的主阵地，课堂教学也是学校教育的核心内容"（何克抗，2014b），因此，微观生态环境是大学英语生态环境的基础和核心。

首先，在教学内容上，信息技术与课程的深度融合为大学英语教学提供了丰富的学习资源，利于教师创设理想的学习情境，也有助于学生的个性化学习。

学习资源不但由助教变为助学,而且由单向、静态和封闭走向双向、开放。教学内容通过参与者的行动和交互作用形成。教师和学生不但随时随地共享优质教育资源,学生还参与资源内容的生成及开发,调动学生的主动性、积极性和创造性。

其次,在教学媒体上,信息技术不仅是教师的助教工具,更是学生的促学工具,融入学生的认知、合作学习和协作交流活动中。教学媒体是指一切用来传递教学内容的介质。相比传统黑板、教具等教学媒体,先进的数字媒体给教育带来了巨大的变化,具备多模态化、网络化和智能化的特征。一如虚拟技术能给学习者提供身临其境之感,运用适当的多模态教学媒体能减轻学生的认知负荷,基于互联网和云计算的智能化的教育信息系统不但能构建在线学习共同体,给学生提供合作学习和协作学习的平台,使学生有归属感和满足感,而且能依托大数据助推教育评估、教育决策以及创新教育实践,对学生的学习情况进行诊断和评价,并智能化地提出策略建议,有效监控和促进学生的个性化学习。人机融合是信息技术和课堂深度融合的关键(陈凤燕,2014)。

再次,在教学模式上,由传统单一的课堂教学转向多元的信息化教学模式,实施基于网络信息技术的混合式教学。从整合的发展历程来看,整合就是朝着混合学习方向发展的过程。信息技术的发展,使自主学习和个性化学习受到关注。信息技术为混合学习创造了有利的数字化学习环境,使学生能够根据自己的学习特点,自由地选择合适的学习资源,同时,通过信息技术手段,学生得以开展自主学习和协作探究学习,由此,课堂的外延得到了扩展,实现了课内外的无缝对接,有机整合。课堂不再是教师"一言堂",而是学生主动参与活动、内化知识的场所。信息技术为教学模式的创新注入了新的活力,并以此产生了移动学习、泛在学习及智慧学习等新型教学模式。

最后,学生是学习的主体,学生通过各种途径获取个性化的学习资源,并通过网络与师生交互,主动建构和加工知识,增进情感体验。教师不再是知识的灌输者,而是课程的精细设计者和课堂教学的指导者和组织者,帮助学生建构知识和培养情操。

3.5　文献综述概览

本书的第 1 章研究背景部分从政策层面、实践层面、理论层面和教育国际化前景层面论述了研究的意义。国家教育信息化发展战略和大学英语教学指南均对大学英语教学改革提出了更高的要求,而大学英语教学面临目的语环境缺乏。大学英语教学改革虽取得了一定成效,但仍存在一些突出的问题,同时又面临着去学分化的困难。而国际教育上慕课和翻转课堂的兴起,对大学英语教学提出了切实的挑战,国内外相关研究也存在着局限性。上述种种,使大学英语教学面临挑战和机遇并存的局面。接着本书梳理了慕课的特征及理念要素、翻转课堂的特征及研究现状、混合慕课的特征及要素,从大学英语角度层层递进,梳理了大学英语教学改革历程、大学英语网络教学改革、大学英语翻转课堂研究现状以及基于慕课的大学英语翻转课堂研究现状,并结合学习理论的发展以及课程理论从目标模式到动态模式再到后现代课程观的发展,体现了开放性、多元性、创造性和整体性的特点。由此,笔者提出慕课理念与大学英语翻转课堂的深度融合是现实的选择。为了对文献综述部分有更为直观的了解,笔者绘制了文献综述概览图(见图3-3)。

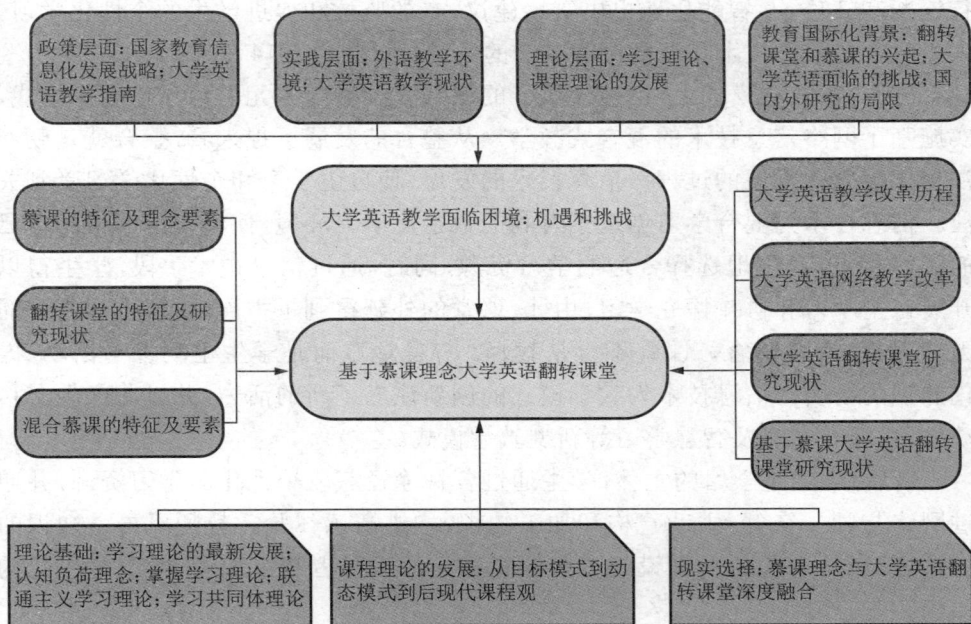

图 3-3 文献综述概览图

3.6 概念框架厘定

信息技术与课程的深度融合使学习具有泛在性、开放性和共享性,学习成为一种共建和共享的过程,变革了大学英语课堂教学生态结构,在教学内容、教学媒体、教学模式及学习主体上均带来深刻的变化(详见 3.4)。慕课代表的在线外语学习"是外语教育技术模态的集中体现"(胡加圣,靳琰,2015)。

笔者认为慕课多元开放、个性化、学习共同体、即时交互及精细化课程设计的理念与后现代课程观的开放性、多元性、创造性和内在性的特征有颇多共同之处。

后现代课程观从开放的角度认为课程不是预设的,而是生成的;教学内容不是预设的,而是学生通过双向互动建构的;课程实施是开放和互动的,而不是单向封闭的;师生关系是平等及合作的,而评价则是多元化及差异化的。

基于开放教育运动的慕课首要的理念恰恰就是多元开放的理念,并影响了慕课的课程观、知识观和学习观。基于慕课理念的课程观是预设的更是生成的,师生是课程的创造者和主体;知识是建构的,而非简单传授和记忆;学习是师生互动、建构知识的过程,评价是动态和多元的。慕课即时交互和精细化课程设计等个性化学习理念体现了慕课关注学生的多元化和差异化。学习共同体则是师生平等合作关系的体现。有鉴于此,后现代课程观是慕课比较理想的课程理论。

3.6.1 慕课理念与大学英语翻转课堂的融合

目前学界的基本共识是将慕课和面对面教学的优势整合起来,有效变革教学流程和教学结构。基于慕课理念的大学英语翻转课堂融合了慕课和大学英语面对面教学的优势,体现了教学内容与教学方式的拓展所发生的发展与变化(何克抗,2014a)。

从后现代课程论的角度看,慕课理念与大学英语翻转课堂深度融合后,在以下诸多方面产生了新的变化。

3.6.1.1 教学内容

与传统的大学英语网络教学匮乏的教学资源相比,慕课以同步或异步的方式融入大学英语翻转课堂,提升了教学资源的质量。

首先,得益于慕课开放教育的理念,基于慕课理念的大学英语翻转课堂拥有大量丰富及高质量的教学资源,这些源自国际一流高校高质量真实的语言素材,是对大学英语教材的有益补充。学生不仅可免受网络信息纷繁芜杂而导致的"网络迷航",还可根据需要自行选择学习资源,接受真实的语言输入,助推个性化学习。

其次,慕课精细化课程设计,尤其是利用微视频,将课程知识点碎片化,一方面减轻学生的认知负荷,另一方面通过改变视频中说话者语速与增加外挂标题与字幕等技术,对我国学生语言学习大有裨益。

最后,基于慕课理念的大学英语翻转课堂的教学资源是开放性的,即教师和学生均可对资源内容进行添加或修改,以满足个性化和教学的需求,这与传统的大学英语网络教学封闭的纸质资源网络化有本质的区别。

3.6.1.2 学习环境

语言不仅是符号,更是交流手段。高效的语言学习环境能给学习者提供真实的交流和任务,支持学生的自主学习并给予他们足够的锻炼时间和及时适当的反馈和指导。大学英语是实践性很强的课程,而我国又缺乏有效的外语学习环境,因此,利用信息技术创设外语学习环境就显得尤为迫切。慕课理念融入大学英语翻转课堂后,教学环境发生了变化。

首先,Web 2.0及其他技术支撑了成功的语言学习的一些关键特征,如输入和输出、社会交互、真实性、反馈及学生自主性。高效的语言学习环境包括两个社区,即课堂学习社区和目的语社区,学生在情境化的语境中通过社会交互提高自己的语言能力(Scarino & Liddicoat, 2009),语言课程的成功与否取决于社会交互、合作学习和社区建设(Perifanou, 2014)。

教育是要有温度的,在线自主学习难免有孤独感,基于慕课理念的大学英语翻转课堂拥有线上和线下的学习共同体,特别是在线学习共同体的功能得到了增强。近20年来,基于互联网的新型通信工具层出不穷,如Skype、微信、脸书及其他热门社交媒体,学生通过同步和异步的社交工具,开展小组学习和讨论,构建虚拟学习共同体,提升学生的凝聚力和归属感。这一方面可提高学生的语言能力,如博客的交互功能"促进学生的协作与反思学习"(王宝权,2011),因为当学生意识到他们的帖子或评论将为同学们所阅读时,在语言使用上会更为仔细及敏感。另一方面,这些交流能得到教师的反馈,而全球化的学习环境,使学习者能感受到具有不同文化背景、不同兴趣爱好及不同环境的课堂,使学生在使用英语交流的同时,体验不同的文化及经验。

其次,翻转课堂前置信息化教学后,课内则主要是以学生为中心的主动学习活动,如小组活动、任务展示,学生在课堂创设的情境中获得了语言锻炼机会,大量师生及生生之间的交流得到进一步加强,不但提升了语言能力,而且增进了情感交流。

3.6.1.3 课程评价

基于慕课理念的大学英语翻转课堂变革了传统的课程评价体系,克服了传统大学英语课程忽视过程性评估的问题,体现了多元和差异的原则。

首先,同伴互评是慕课有别于传统在线课程之处。在翻转课堂中,客观题可由系统自动批阅,而对于主观题则采用同伴互评的办法,学生依据一定的规则互相评价,为了使评价更具信度和效度,一般采用盲评的形式,互评者随机分配,且采用复评等办法,有的对超额完成任务的还有额外奖励。

其次,基于慕课理念的大学英语翻转课堂应用掌握学习模式并提供即时反馈功能。比如,视频中每讲完一个知识点就自动跳出一些问题让学生回答,只有全部答对才能继续,考完马上评分或给予反馈,甚至还有排名数据,激发学生的学习热情。网上测试即时提供成绩,师生可随时跟进了解学习情况。

第三,基于慕课理念的大学英语翻转课堂还提供了大数据分析功能。大数据目前尚无统一定义和理论,一般认为大数据是指在"信息爆炸时代无法在允许的时间里用现有的常规软件工具提取、存储、搜索、共享、分析和处理的海量、复杂的数据集合"(梅德明,2014)。依据 IBM 及某些学者的描述(祝智庭,沈德梅,2013),大数据主要有以下四个维度,即大容量、多样性、低价值及高速度。大容量是指大数据巨大的数据量;多样性一方面是指大数据来源的多样性,另一方面指数据种类的多样性;低价值是指大数据价值的稀缺性、不确定性和多样性;而高速度则是指数据流传输和处理极为迅速。

大数据摒弃随机分析法,采用全数据模式,即样本等于总体,可以发现被数据淹没的有价值信息。大数据放弃对因果关系的渴求,关注相关关系,"颠覆了人类的思维惯例,对人类的认知和与世界交流的方式提出了全新的挑战"(维克托,2013)。大数据具有快速获取有价值信息和预测的能力。海量数据带来的信息风暴正改变着人们的思维方式,也改变着外语教学方式,促进了教育分析学(Learning Analytics,简称 LA)和教育数据挖掘(Educational Data Mining,简称 EDM)的发展和应用。

传统数据诠释宏观、整体的教育状况,用于影响教育政策决策;大数据分析微观、个体的学生与课堂状况,实现个性化教育。依据大数据的学习分析技术可使教师更好地了解学生的学习过程,及时发现问题并进行干预。而大数据挖掘技术则可预测学习的困难,提供个性化的学习路径,为每个学生设计个性化的学习方案。

3.6.1.4　教师和学生

就学生而言,基于慕课理念的大学英语翻转课堂依托开放的教学资源和教学结构的变革,为个性化教学提供了支持,作为学习的主体,学生需要转变角色,从传统的知识被动接受者成为知识主动建构者。首先,学生根据自己的学习水平和兴趣,从慕课海量的学习资源中选择个性化的学习内容,自主选择时间进行课前学习以及课后复习。其次,学生要参与课内主动学习活动,自主学习或协作学习,并在与课程内容和其他人的交互中探索、建构知识和应用知识。在这个过程中,学生要有较好的自主学习能力和较强的学习动机,并实施有效的学习行为。

而教师作为教学的主体,则需要转变教学权威为教学的支持者和促进者。教师首先需要根据学生的需求、能力差异、学习进度等精细化课程设计,优化整合多种学习资源,精心构建良好的英语学习环境。其次,教师还需学生课前学习情况,动态地调整学习计划及进度,精心组织课堂教学活动,激发学生学习动机,培养学生英语综合应用能力。教师不但要有良好的信息素养,而且要有良好的教学动机和正确的课程观意识。

3.6.1.5　教学方式

基于慕课理念的大学英语翻转课堂变革了传统单一的课堂教学为多元化开放式教学。

首先,慕课以多元的方式融入大学英语翻转课堂,主要分为将慕课作为资源的异步方式、使用慕课全部功能的同步方式以及基于学校实际情况自主开发的校本化方式,体现了课程的多元化。

其次,开放的网络教学环境赋予课程开放的属性,使课程置于全球同类课程统一起跑线上,能获取更新信息,更新课程理念和内容,使之更具时代感。

最后,基于慕课理念的大学英语翻转课堂在实践中采用翻转课堂教学模式,将信息化教学前移,释放课堂时间开展诸如基于问题的学习、探究学习及协作学习等主动学习活动,并使课外学习内容与课内活动有机联系,使大学英语学习方式由传统的被动学习变为主动学习,激发学生的学习动机,使翻转课堂更为有效。

3.6.2　研究概念框架

概念框架是对一项科学研究中涉及的所有概念、变量及其之间关系的逻辑性描述，以此明确将要探讨、研究、测量或者叙述的具体内容(Maxwell,2013)。概念框架可采用文字表述，但主要是利用图形解释研究的主要内容，说明概念、变量、关键因素和它们之间的特定关系。概念框架对研究方法的选择、数据资料的收集和分析以及研究发现的论述起关引领作用(Merriam,1998)。

基于文献及对翻转课堂及慕课特点及理念的梳理以及概念界定，笔者初步归纳了基于慕课理念的大学英语翻转课堂研究的概念框架(如图 3-4)。

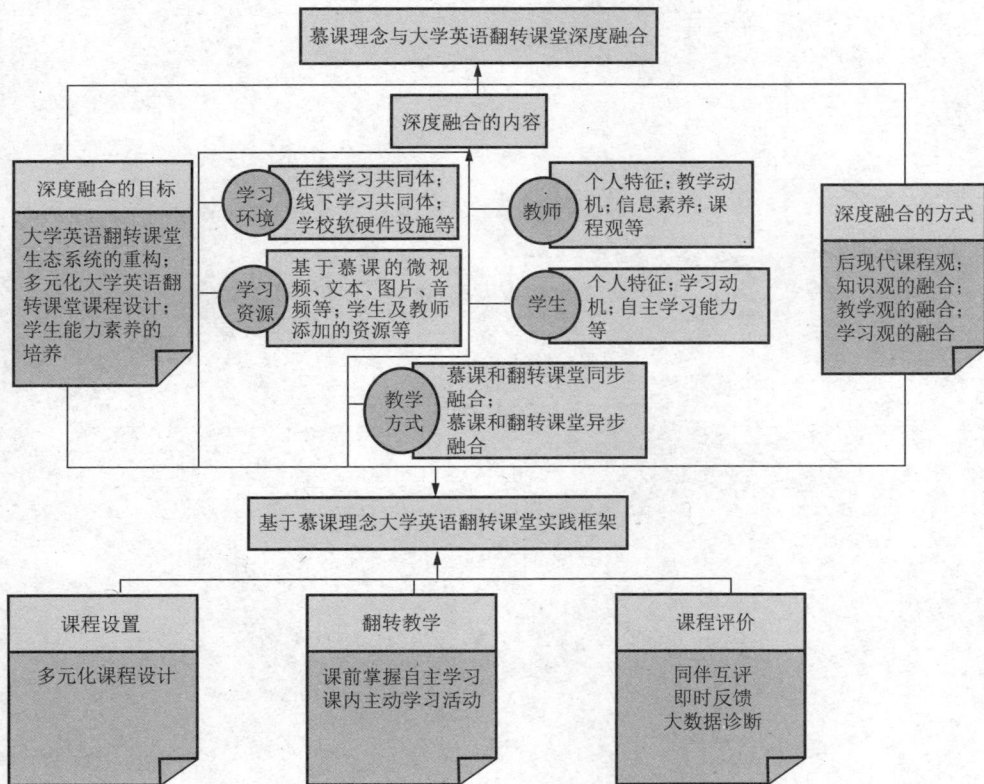

图 3-4　研究概念框架图

3.7　本章小结

本章首先厘清了慕课理念的内涵，包括多元开放、个性化、学习共同体、即时交互、精细化课程设计等理念以及翻转课堂的概念,突出了与信息技术的融合、学生为中心的个性化教学及异步知识传授。其次,本章从认知负荷理论、掌握学习理论、联通主义学习理论、最近发展区理论及学习共同体理论入手,探讨了本研究的理论依据。最后,本章从课程理论发展的视角,论述了语言课程理论发展经历的三个阶段以及信息技术与课程的深度融合,提出以信息技术与课程的深度融合为主线,从动态课程理念和后现代课程观等视角,透视慕课理念与翻转课堂在教学内容、教学环境、教学方式、教学评价以及教师和学生等课程要素上的深度融合,并据此提了本研究的概念框架。

第4章

研究设计

　　本章以上一章的概念框架为基础，详述本研究的目的、研究问题，并以开放访谈作为先导研究，探究构成基于慕课理念的大学英语翻转课堂的要素，并据此细化编制调查问卷、访谈提纲维度和课堂观察维度。最后，本章仔细论述了本研究的对象、研究方法、研究过程和研究工具。

4.1　研究目的

　　从上一章的分析可知，慕课与翻转课堂结合优势互补，给大学英语教学方式、教学理念及教学方法等方面带来了革命性的影响，对教师及学生的能力及教学资源和教学评价的科学性提出了新的挑战。然而，国内对于英语翻转课堂的研究同质性多，结论大致雷同，实证研究居多，缺乏理论高度，基于慕课理念的大学英语翻转课堂研究更为少见。因此，本研究的目的就是对实施慕课理念的大学英语翻转课堂做全方位的调查，从课程要素出发，理清影响因子，并探析这些因子的影响力和背后的原因，为今后基于慕课理念的大学英语翻转课堂有效实施提供借鉴。

4.2　研究问题

　　信息技术与课堂教学的深度融合促进了慕课理念与大学英语翻转课堂的

深度融合,深刻影响着教与学的方方面面,对教学行为、教学方式及教学评价等方面带来了革命性的变革,对我国高等教育产生了深刻的影响。国内部分高校逐步开始了基于慕课理念的大学英语翻转课堂实践。本研究以国内部分院校为例,研究对象是非英语专业大学生,以混合研究的方式,探究目前基于慕课理念的大学英语翻转课堂实施情况。

本研究内容围绕以下两个方面的问题展开。

(1)基于慕课理念的大学英语翻转课堂现状如何?

(2)导致基于慕课理念的大学英语翻转课堂现状的影响因素有哪些?这些因素之间存在什么样的关系?

4.3　先导研究

先导研究是指研究者为了论证提出的理论假设是否正确而进行的前期研究,以质化研究为主要形式收集和分析数据,其目的是为后期的正式研究提供理论支持和方法论支持(Creswell,2008)。本先导研究旨在从探讨基于慕课理念的大学英语翻转课堂教学实践入手,归纳出基于慕课理念的大学英语翻转课堂现状和影响因素,探索现存的问题并提炼维度用以编制调查问卷和访谈提纲,从教师和学生两个方面着手对基于慕课理念的大学英语翻转课堂现状做全面及系统的分析,并从课程论的视角构建基于慕课理念的大学英语翻转课堂实践框架。本先导研究具体包括:

(1)访谈外语教学研究学院领导、一线教师和学生关于基于慕课理念的大学英语翻转课堂教学现状、遇到的问题及解决办法。

(2)总结基于慕课理念的大学英语翻转课堂应用框架维度,并编制调查问卷、访谈提纲和课堂观察指标体系。

4.3.3　先导研究设计

为了更为准确地了解基于慕课理念的大学英语翻转课堂现状,找出其中的问题并分析可能的影响因素,笔者在正式研究之前通过开放式访谈进行了先导研究,其理由在于在开放式访谈中,采访者和被采访者之间是开放的、双向的沟通和交流,因而数据的客观性和直观性更强,这有利于全景式了解,也有利于归纳各种观点,提炼问卷调查维度。在开放式访谈过程中,将紧紧围绕"基于慕课理念的大学英语翻转课堂教学实践"这一中心内容展开,这与正式研究阶段开展问卷调查、访谈、课堂观察都紧密相关。

4.3.4 先导研究实施

笔者于 2015 年 2 月至 10 月对来自江西、广西及四川等省区参与基于慕课理念的大学英语翻转课堂教学实践的 2 名院系负责人、3 名大学英语教师及 5 名高校非英语专业学生进行了访谈。访谈主要通过面谈,并结合电子邮件、电话等方式进行。所有参访人员均是在笔者邀请之下,征得被访者同意的情况下参与访谈的。具体参与人员情况如表 4-1 所示。

表 4-1　先导研究参与访谈人员情况表

人员	人数	访谈方式	主要访谈内容
院系负责人	2	面谈	基于慕课理念的大学英语翻转课堂带来哪些主要变化?院系在实施基于慕课理念的大学英语翻转课堂存在哪些不足?如何改进教学管理以克服这些不足?
大学英语教师	3	面谈 / 电子邮件、电话	教师在实施基于慕课理念的大学英语翻转课堂遇到了哪些问题?教师如何解决这些问题?
非英语专业大学生	5	面谈	学生如何看待基于慕课理念的大学英语翻转课堂?学习中遇到了哪些困难与问题?应该如何改进?

定性研究通常把重点放在"如何"和"为什么"等问题上,而不是"多少"或"多久"等更定量的视角上。本研究的先导访谈紧紧围绕"基于慕课理念的大学英语翻转课堂实践"这一核心主题展开,通过内涵理解、现状调查、原因探究及问题解决四个方面梳理以主题内容的理解,并以此为线索进行访谈。

为了在最大程度上保证被访者回答的真实性,笔者一般事先与被访者确定访谈的时间和地点,并通过电话或短信事先进行沟通。同时,为了消除一些不利因素的影响,访谈地点选择在相对安静、干扰较少的地方,如办公室、休息室。访谈开始并不直入正题,而是先进入彼此寒暄的热身过程,以减轻被访者的焦虑感。严格控制访谈时间,一般不超过一个小时,以免被访者产生厌倦情绪,影响数据的真实性。在征得被访者同意的基础上,笔者对大部分的访谈进行了录音。访谈结束后做了文本转写,并对转写的文本做了归纳和整理,方便进一步分析。

4.3.5　先导研究结论与反思

仔细分析开放式先导研究,笔者了解到基于慕课理念的大学英语翻转课堂作为一种创新的教学模式,在教学实践中存在着多方面的问题,而影响这些问题的因素也是多种多样的,既有教学资源、教学环境等客观因素,也有教师和学生等主观因素。为了更为深入地了解访谈内容,笔者整理了转写的访谈文本并对其进行了编码。编码就是分析,即检阅一组札记,有意义地切割它们,而代码就是标签,是有意义的单位。代码有三种,第一种是描述性代码,这种代码是低诠释的,即将一类现象归给一个词语;第二种代码是诠释性代码;而第三种代码是主题或模式代码,推理性与解释性更高(迈尔斯,休伯曼,2008)。本研究采用主题或模式代码,这是一种解释性或推论性的代码,它将大量资料简化为较少的分析单位,显示了浮现的主旨、结构及解释,可帮助研究者建立认知图,在本研究中即初步形成研究概念图。

在本研究中,笔者使用了 NVivo 10.0 质性分析软件,以帮助分析访谈内容,快速形成初步的研究概念框架。NVivo 是一套相当有名的质性研究资料分析软件,由 NUD*IST 发展而来,意为非数量化无结构资料的索引、搜寻与理论化,目前已升级至 12.0 版,本研究所用的 10.0 版最早发布于 2012 年 6 月。该版增加了抓取分析在线数据和与调查猴子等软件的无缝数据对接。由于是先导研究,并未建立代码系统,需要在阅读资料时慢慢形成代码,因此,笔者对访谈的质性数据进行编码时使用了归纳的办法。在通读访谈转写文本的基础上,本研究建立初始编码并建立节点,然后在审视初始编号的基础上,对其进行分类和整合,形成分类节点,使概念逐步清晰和明朗。本次研究中,教师先导访谈形成节点95 项,分类节点 21 项。而学生先导访谈形成节点 66 项,分类节点 16 项。

NVivo 10.0 具有可视化的功能,可绘制质性研究模型,主要用来呈现、探索和描述质性研究的资料。质性研究模型由图形和连接线组成,可表达资料彼此之间的关系。在研究的初期,模型可帮助呈现研究架构,而在研究的后期,模型可用来呈现变量间的相互关系或描述研究的结果。笔者以分类节点为基础,分别绘制了先导访谈教师编码模型图(见图 4-1)和学生编码模型图(见图4-2)。

笔者通过对先导访谈教师和学生编码的梳理以及编码模型的构建,对基于慕课理念的大学英语翻转课堂现状及影响因素有了大致且较为清晰的了解,为下一步的正式研究提供了支持。

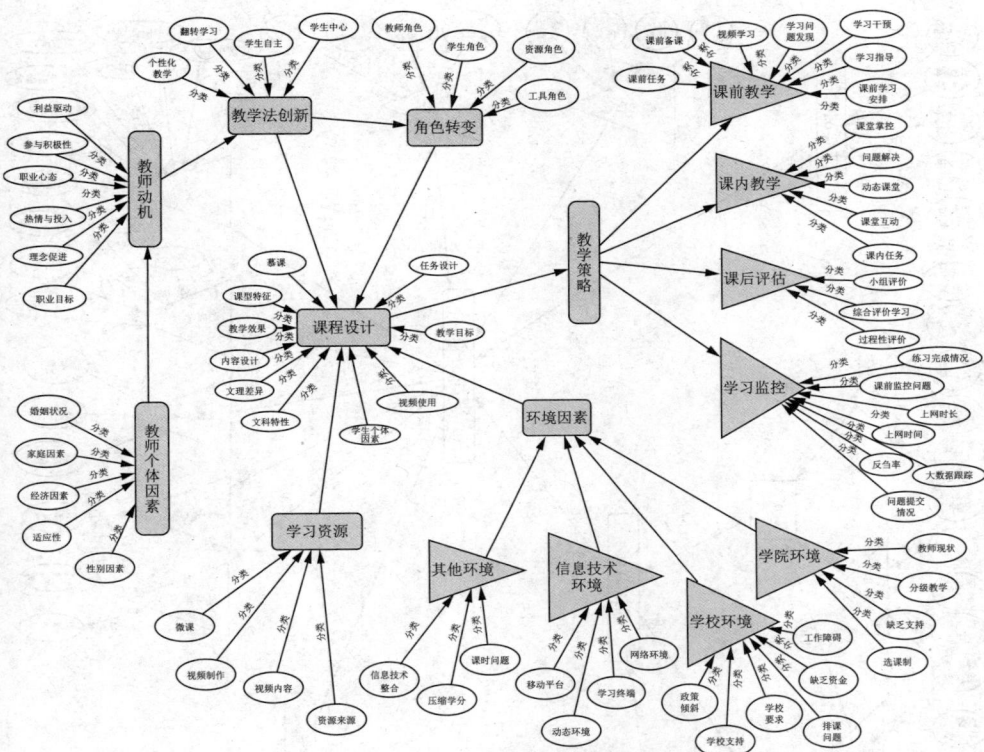

图 4-1　先导访谈教师编码模型图

　　细致分析了教师和学生访谈编码模型图后,笔者认为就教师而言,翻转课堂需要教师转变角色和观念,充分考虑学生特征,合理设计课程,并精细化教学行为,设计合理的学习方案,引导学生掌握相关知识和技能。在这一过程中,教师的教学动机起着重要的作用,而教师的个体特征直接影响着教师的动机,这些因素包括性别因素、家庭及婚姻状况等。同时,教师的课程设计也受制于教学资源的设计与再创造以及环境因素的影响,尤其是信息技术环境与学校资金和政策的支持,而对视频及微课等教学资源的设计与再创造则要求教师有较高的信息素养。在教师的指导和帮助下,学生利用丰富多样的教学资源和拟真互动的学习环境,转变自己的学习行为,并最终适应翻转课堂教学模式。诚然,在这个过程中,学生的学习动机起着重要的作用,且学生对翻转课堂的态度也影响着学习的效果。文科涉及的是多学科间综合知识的运用,师生及生生间思想和情感的交流较为重要,因此,对交流平台与手段的满意度是重要影响因素。

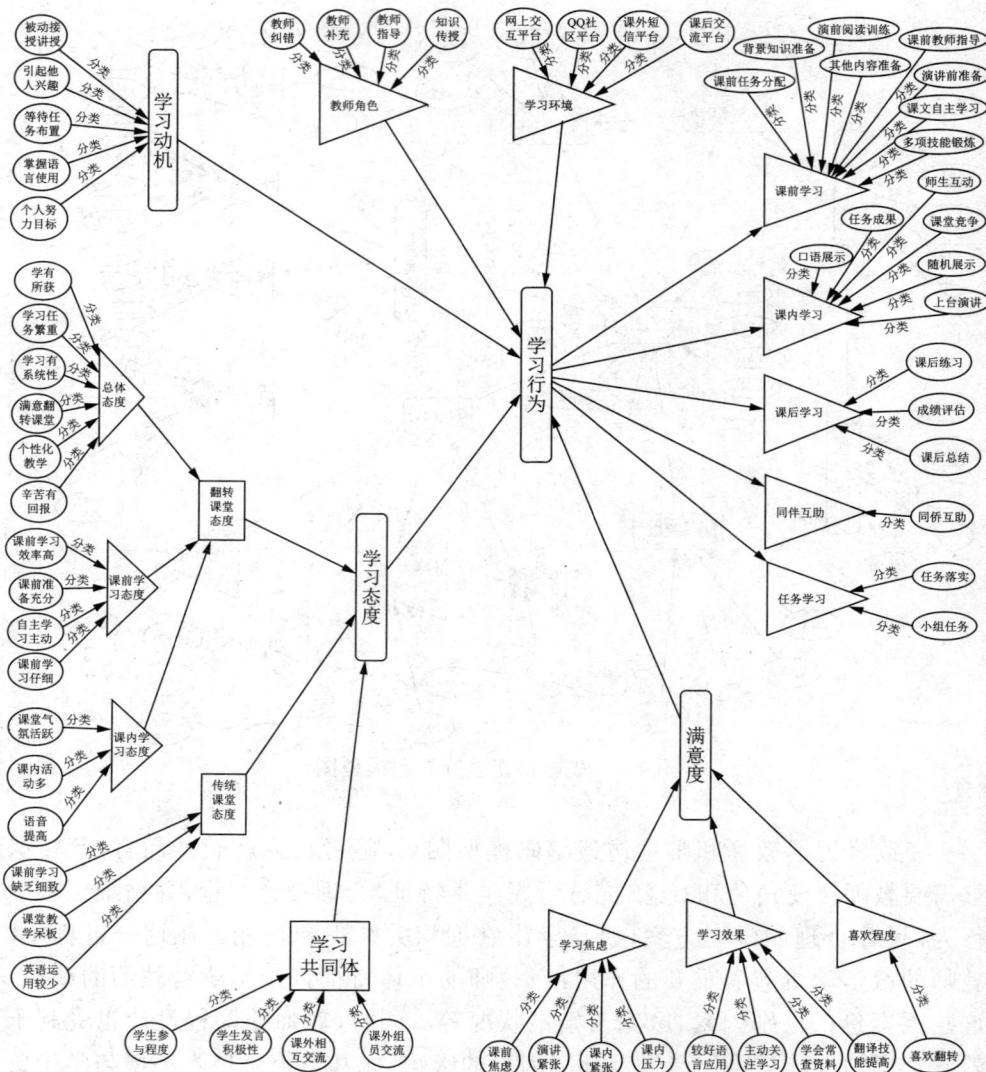

图 4-2　先导访谈学生编码模型图

归纳上述要点,笔者提出了基于慕课理念的大学英语翻转课堂影响因素(见图 4-3),图中虚线部分为探索性相关关系。

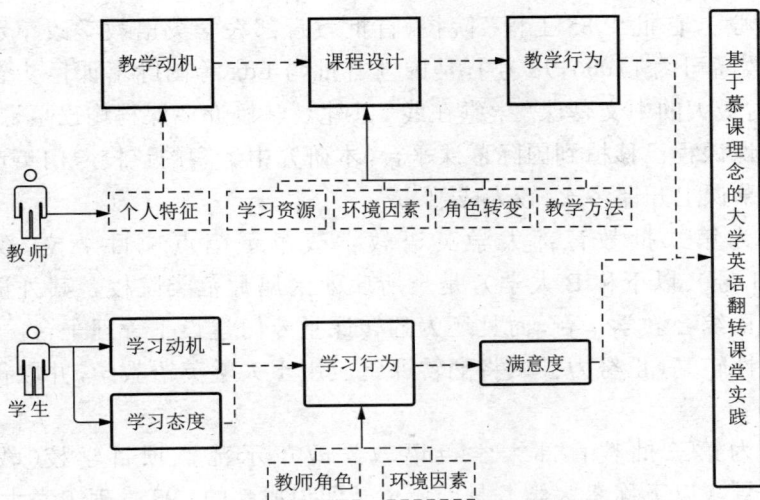

图 4-3 基于慕课理念的大学英语翻转课堂影响因素分析图

4.4 正式研究

本正式研究核心内容即了解国内基于慕课理念的大学英语翻转课堂的基本情况,并从实践主体教师和学生的角度出发,分析和厘清影响翻转课堂的因素以及它们之间的关系。本研究主要通过问卷调查、访谈和课堂观察展开。

4.4.1 研究对象

研究对象的总体是具有某种特性的某一类事物的全体。人们所要研究的往往是总体的某个或某些方面的特性(陈坚林,2004)。研究对象的选择对研究所收集到的资料的信度和效度都有重大的影响。考虑到可能由于学校类型的差异而导致各个学校对基于慕课理念的大学英语翻转课堂实施过程不同,因此,本研究选择的学校具有一定的代表性。由于受人力、财力及权力资源所限,本研究根据高校的层次和类型以及参与翻转课堂英语教师人数选取一定数量的研究对象,采用方便抽样的方法,共选择国内四所高校,其中既有"985"和"211"院校,也有省属重点高校和省属一般高校;既有综合类院校、师范类院校,也有理工类及专业类院校;既有首都高校,也有东部沿海地区的高校及西部地区的高校。

尤其值得一提的是,四所高校中有一所是位于北京市的国内顶尖高校(以下称 D 大学），首批"985 工程"院校，首批教育部大学英语教学改革示范点项目学校（教高司函［2006］78 号），是国内首批与 Edx 等国际慕课巨头合作的高校，与国内最大的中文慕课"学堂在线"共建。学校许多课程均已慕课化，一些优秀的慕课课程已移植到国际慕课平台，本研究中考察的该校一门英语视听说课程已在慕课上开课多次，较为成熟。

一所为第二批教育部大学英语教学改革示范点项目学校（教高司函［2007］101 号）（以下称 B 大学），是一所广西区属师范类院校。其外语学院不但建有英语综合教学平台，而且还为翻转课堂专门建设了管理平台，一线教师改革积极性较高，正努力尝试将翻转课堂应用于大学英语教学，并取得了一定的成效。

一所为第三批教育部大学英语教学改革示范点项目学校（教高司函［2011］28 号）（以下称 C 大学），是一所位于四川成都的"985"理工类大学，实施基于慕课的大学英语翻转课堂教学已经多年，教师有多年的经验积累并已摸索出行之有效的办法，多位教师在国内外学术会议上就该校的翻转课堂教学做过报告，有一位教师还作为主讲人在全国高校外语教学平台上做了翻转课堂的专题培训讲座，国内有博士生曾专门撰文研究了该校的翻转课堂（黄林林，2015）。

一所为未列入教学部大学英语教学改革示范点的学校（以下称 A 大学），这是广西壮族自治区一所医科类专业学校，在大学英语 ESP 教学中践行翻转课堂教学。笔者考查该校之际，翻转课堂已试行了一个学期，积累了一定的经验。

笔者认为示范点学校在体现"以学生为主体，以教师为主导"理念、实施基于计算机和课堂的大学英语新教学模式、构建大学英语课程体系、加强课程内涵建设和专业化教师队伍建设等方面具有综合示范作用，这些学校致力于新一轮的大学英语教学改革，大学英语教学特色鲜明、效果显著，走在同级别高校的前列。

本研究充分考虑到了样本的代表性，包括教育部各批次大学英语教学改革示范点高校，也包括未列入示范点的学校，以保证调查结果能较好地说明我国目前基于慕课理念的大学英语翻转课堂现状，反映出普遍存在的问题。

4.4.2　研究方法

根据研究的问题和需要，本研究拟采用定性和定量相结合的混合方法研究（Creswell，2009）。混合方法研究也被称为混合研究、混合方法论、整合方法、联合方法、多重方法、定性与定量方法等,是近年来受关注比较多的一种研究方法。教育研究方法的发展一般分为四个阶段,19世纪以前多为哲学思辨方法,19世纪晚期和20世纪上半叶前崇尚实证的量化研究方法,质的研究得到承认和发展是在20世纪下半叶,而混合方法研究则产生于20世纪最后20年,脱胎于质性和量化研究的争论中,也被称为"第三种教育研究范式"(Johnson & Onwuegbuzie,2004)、"第三条道路"(Gorard & Taylor,2004)。

量化研究和质性研究虽有差异,但两者本身并非冲突,以往的研究一般只采用其中一种方法,而实际上将量化研究和质性研究结合更有利于拓展研究的深度和广度,可充分利用两种方法的互补性。Creswell(2008)讨论了不同类型的混合方法研究设计,主要有嵌套型设计,即在量化和质性研究中选择一种作为主要研究方法,另一种则为辅助研究方法;顺序解说型设计,即用质性材料来帮助解释初步的量化结果;顺序探究型设计,即用量化的结果和数据补充和说明质性研究的结论(如图4-4)。无论用哪种方法,研究设计的选择主要取决于研究问题,即根据研究问题的需要选择合适的研究设计。

解释式设计

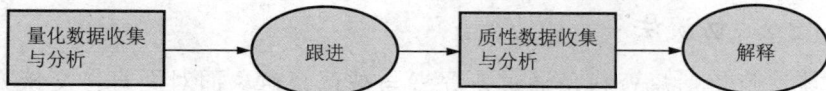

探索式设计

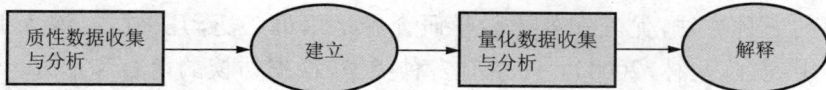

嵌入式设计

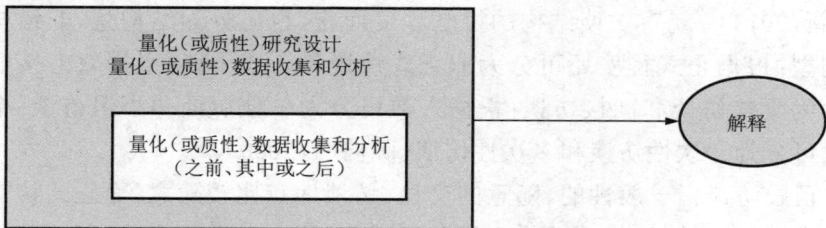

图4-4 不同类型混合方法研究设计对照图(Creswell,2012)

本研究采用顺序解说型混合方法研究,包括师生问卷调查、师生访谈以及课堂观察,通过问卷定量分析大致了解现状和差异情况,同时结合定性研究,对核心研究问题进行了深入的分析,以期从多方面分析和解决所列研究问题,更全面深入地了解基于慕课理念的大学英语翻转课堂现状及影响因素。

4.4.2.1　问卷调查法

问卷调查法是通过书面形式,以严格设计的问题向研究对象进行调查、收集相关数据资料(陈坚林,2004)。问卷调查是广泛收集定量数据的研究工具之一,它分为开放问卷和封闭问卷。开放问卷亦称非结构问卷,是问卷设计者提供问题,由被调查者自行构思自由发挥,以按自己意愿答出问题的问答题型为主,其特点是项目的设置和安排没有严格的结构形式。而封闭式问卷也可称为结构式问卷,是指问卷提供的问题有限制性,其回答的内容具有唯一性,范围较小,被调查者只可在几个答案中进行选择,其特点是能够让回答者按照指定的思路去回答问题,而不至于跑题。秦晓晴(2009)指出问卷可测量的内容涉及人们的行为、态度和特征。本研究主要探讨基于慕课理念的大学英语翻转课堂现状及影响因素,涉及教师和学生翻转课堂中的行为、策略、态度及个体特征,因此,本研究采用混合研究中顺序解说型设计,用质性材料解释量化问卷调查的结果。本研究的定量数据是里克特问卷调查数据,并加入了开放题。

4.4.2.2　访谈法

访谈法收集信息资料是通过研究者与被调查对象面对面直接交谈方式实现的,具有较好的灵活性和适应性,是收集质性数据的重要形式,也是质性研究中常用的一种方法,尤其在外语教学研究中运用最广泛,几乎所有深入调查研究都要用到(陈坚林,2004)。访谈有多种类型,根据访谈的内容和形式,可分为正式访谈、调查式访谈、心理咨询式访谈、日记访谈、个人史访谈及人种志访谈(杨鲁新,2013);就对访谈结构的控制程度而言,也可分为结构型、非结构型和半结构型;根据正式程度还可分为非正式访谈和正式访谈;根据双方接触的方式可分为直接访谈和间接访谈;根据人数可分为单独访谈和小组访谈;根据受访次数可分为一次性访谈和多次性访谈(陈向明,2000)。

非正式访谈指一般性的、随意的交谈,访谈地点比较随意,而正式访谈一般指在约定时间和地点,针对研究问题的正式问答,是获取研究信息的重要手段。非结构访谈是质性研究中常用的一种访谈方式,相较于非结构性访谈,这种访谈更有章法、主题更突出,要求研究者事先准备好一些指导性的问题,但访谈中可依据实际情况灵活调整访谈方案,加深并拓宽对问题的探讨。笔者通过梳理文献综述,确定访谈提纲,与访谈者预约时间和地点,并围绕研究问题进行访谈,沿着"现状了解""问题提炼""对策探索"的思路开始访谈。访谈全部安排在课下,通过面对面并辅以网络的方式进行,因此,本研究中的访谈主要属于正式、半结构和直接访谈法。

4.4.2.3　课堂观察法

观察是"外语教学研究中运用得相当广泛,也是较为传统的一种方法"(陈坚林,2004)。它是指观察者通过自身感官或相关辅助工具,直接或间接收集外语课堂内及课堂外资料的一种科学研究方法(杨鲁新,2013)。在质性研究中,观察是研究人员采用的一种直观数据收集方法,可为研究者提供更为直观的印象,而这是访谈及问卷调查所不能提供的。访谈法仅能收集访谈对象的观点和想法,而问卷调查由于其自身局限性,获取的信息缺乏深度和可信度。根据观察者的参与程度,可分为非参与性观察和参与性观察;根据观察的方式,可分为直接观察和间接观察;而根据观察的内容,可分为开放式观察和聚焦式观察等(登斯库姆,2011)。非参与性观察是研究人员用得较多的一种观察方法,因为要尽可能地减少因为研究人员的介入而对观察对象带来的影响。在非参与性观察中,观察者不参与观察对象的活动,使观察对象无视观察者的存在,达到一种理想的观察状态。直接观察是指研究人员进行实时实地的观察和记录,而间接观察是指通过录像等方式对人或所发生的事的观察。一般若条件许可,研究人员应尽量使用直接观察的方式收集第一手资料。本研究旨在通过课堂观察,了解基于慕课理念的大学英语翻转课堂课内活动情况,以印证及深入了解问卷及访谈中的相关内容。在实际观察中,笔者发现,由于翻转课堂是一种较新的教学改革模式,因此多数被观察的翻转课堂学生已习惯经常被随堂听课及录像,更有利于笔者采用直接非参与课堂观察方式,观察翻转课堂课内活动的开展。由此,笔者观察时尽量选择坐在不显眼的位置,并对直接观察的课堂录音或录像,以免遗漏一些重要数据和信息。

4.4.3　研究工具

本研究主要采用混合方法研究,包括三种研究工具,即问卷调查、访谈提纲及课堂观察系统,以下详述各种研究工具的构成、修编及预测等。

4.4.3.1　调查问卷

笔者根据先导研究总结出的"影响基于慕课理念的大学英语翻转课堂因

素"框架(参见图4-3)作为问卷编制的维度,在查阅各相关维度概念和内涵理解,参考国内外学者已编制并验证实施的相关调查问卷的基础上,结合当前我国基于慕课理念的大学英语翻转课堂实践的特性,编制了《基于慕课理念的大学英语翻转课堂》调查问卷。该问卷分为教师问卷和学生问卷两种,分别对教师和学生翻转课堂实践情况进行调查,重点考量教师和学生的动机、态度、行为和实践及其效果及满意度。

《基于慕课理念的大学英语翻转课堂》教师问卷主要由三部分组成。第一部分包含教师的基本信息,如性别、年龄、教龄、学历、职称、任职的学校类型以及任教的课型。第二部分主要调查教师实施翻转课堂的教学动机、基于课程设计的教学行为,包括教学准备行为、教学实施行为、教学总结反思行为、教学资源设计行为以及信息技术使用等。第三部分是开放题,要求教师重点描述翻转课堂实践中的问题及解决办法,并收集愿意接受访谈者的相关信息。

《基于慕课理念的大学英语翻转课堂》学生问卷主要由五部分组成。第一部分包含学生的基本信息,如性别、年龄、就读学校、专业类型及具体专业及所在年级。第二部分调查翻转课堂学生的学习动机。第三部分是学生适应性调查,要求学生提供对翻转课堂学习方式、环境、资源等的真实感受等信息。第四部分主要调查学生翻转课堂实践情况,包括学生的学习行为,如课外自主学习、课堂活动、课后学习以及学生的满意度。第五部分是开放题,要求学生重点描述翻转课堂实践中的问题及解决办法,并收集愿意接受访谈者的相关信息。

1)问卷设计。

《基于慕课理念的大学英语翻转课堂》学生问卷和教师问卷的因子源自笔者的先导研究(参见4.3),这些因子构成问卷的设计维度,分为学生层面和教师层面,前者涉及学生的学习动机、学习行为、适应性和满意度;而后者涉及教师的教学动机及教学行为。

(1)教学动机。

动机是个体行为的心理动力,对个体行为具有发动性、维护性和调节性作用。教师教学动机最早由Dornyei于2001年在其专著《动机研究与教学》中提出,认为教学动机是内在驱使力,促进教师投入教学活动中,并将教学动机分为内部动机(职业兴趣、获取专业知识和对成功的信仰)、社会因素(政府、父母及教学环境)以及外部动机(教师待遇、薪资、权力、声望和社会福利等)。教师动机包括把教育作为终身事业的职业动机和具体课程的教学动机,职业动机是教学动机的基本前提,而教学动机则是职业动机的外在体现(方雪晴,2012)。林崇德、申继亮和辛涛(1996)认为"教师高度的工作积极性和责任感取决于教师内在强烈和持久的教学动机"。教学动机"通过教学行为影响教学效果,同时亦影响学生的学习动机,是学生动机的一个重要推动力"(卢睿蓉,2004)。

对于教师教学动机的研究,国内外学者侧重于工作满意度的研究,从这一角度反映教师教学动机的强度和持久性。国内学者对于教师教学动机的研究多集中在调查中小学教师和高校体育教师。衷克定、申断亮和辛涛(1999)认为教师的教学动机是一个有层次的多维模型,该模型由内部动机、外部动机和外部内化动机三部分构成。内部动机反映教师对教学工作的主观需要和价值取向,对教师的教学行为具有发动性作用,表现为教师对教学工作的兴趣爱好以及对自我实现的期望等不同层次的需要。外部动机指外在的目标和诱因,如社会因素、人际关系或工作环境对个体动机的刺激。外部动机激励和指导教师行为,具体表现为教师教学动机的宏观目标和实际努力方向。外部动机和内部动机并非互不联系,相互独立,而是可以相互转化。外部内化动机是一种中介形态的动机,是外部动机逐渐转化为内部动机的过程。林志旭(2008)认为教师的教学动机可分为志愿动机、情趣动机、成就动机、安稳动机及发展动机。王琪(2007)将教学动机分为内部动机和外部动机,主要包括教学对象的喜好、社会认可、对职业的喜爱、同事的认可、学生及家长的态度、生活需要等维度。王梅(2004)也将教学动机分为外部动机和内部动机两个维度并划分了更为详细的维度,前者包括专业兴趣和爱好、职业兴趣与爱好和教学对象的喜好,后者包括社会期望与认可、同事竞争和学生认同与尊重。

现有的研究对大学教师的研究并不多见,尤其对大学英语教师教学动机的定量和定性研究甚少,汤闻励(2011)定量研究了大学英语教师教学动机,发现大学英语教师教学动机主要是内在动机,外在动机只起到中等偏低的作用;大多数大学英语老师的教学动机随着年龄、教龄、职称的上升而逐渐减弱;影响教学动机的主要因素包括学生的学习积极性、部门凝聚力、科研压力、健康因素、学校内部的分配制度、教学设施、国外进修机会等。卢睿蓉(2004)研究了大学英语教师的内在动机和外在动机(前者包括工作态度、个人信念、职业满足感、兴趣取向、自我效能,后者包括工资待遇、进修机会、晋升机会及社会地位等因素),发现大部分大学英语教师明显缺乏职业满足感。楼荷英和寮菲(2005)研究了大学英语教师的教学信念与教学行为的关系,发现有时由于学生实际水平和教学环境的差异,教师的信念和教学行为不相符。王静和李炳军(2010)研究了多媒体网络教学环境对教师教学动机的影响,认为"职业压力、自我效能感和网络软硬件环境是主要影响因素"。

Freemannn（2013）在总结了 22 篇有关高等教育翻转课堂的文献后，总结得出了 11 项高校教师实施翻转课堂的主要动机（见表 4-2），其中包括职业满足、同事交流及学生的认同和喜好等。

表 4-2　高校教师实施翻转课堂主要动机表

目标	重要性
提高学生的批判性思维／解决问题／高阶思维／21 世纪专业技能	1
提高学生的参与、投入及动机	2
提高学生的团队合作和同伴交流能力	3
个性化／差异化教学	4
以学生为中心／鼓励学生学习自主	5
为学生交互提供优质的教师队伍	6
提高教师自由度／满意度	6
提升学习效果	6
处理缺勤	7
鼓励教师合作	7
弥补课堂空间不足	7

本研究中，笔者主要借鉴 Dornyei（2001）的分类标准、Freemannn（2013）教师实施翻转课堂的主要动机以及王琪（2007）和王梅（2004）的教学动机问卷，设计出《基于慕课理念的大学英语翻转课堂》教师问卷中关于教学动机部分的问题，旨在探究这些因子与教师教学行为的关系，并厘清哪些因子更能影响教师在翻转课堂中的教学行为，从而促进基于慕课理念的大学英语翻转课堂教学效果的优化。

（2）教学行为。

教学行为指教师在特定的外在教学情境下，根据自己的素养选择教学模式及自己的角色，并进行教学的行为（郑燕祥，1986），不仅是教师与学生之间的相互作用、学生与学生之间的相互作用，还包括教师、学生和整个教学环境的相互作用（顾明远，1997）。翻转课堂要求教师转变角色，唤醒学生的学习主动性，并帮助学生掌握正确的学习方法。传统的教学行为已不能适应新的教学方法，教学改革成功与否的关键在于教师教学行为的转变。一些重大教学改革之所以未能取得成效，问题大多出在实施层面上，尤其是教师教学行为的转化上（宋瑞,2013)。因此,了解教师教学行为的现状并分析影响因素,对于翻转课堂的有效实施具有重要意义。

教学行为的分类有很多种,西方学者首先提出了两分法。例如,美国的Harold Anderson 将课堂行为分为两类,即控制型行为和统合型行为(李介,2005),德国的 Reinhard Tausch 和 Anne Marie Tausch 将教学行为分为"强烈的控制性行为方式"或称"专制的行为方式"和"合群的合作式互动"或称"合群式行为方式"(王姣姣,2009)。罗雅萍(2002)按照行为效果将教学行为分为"有效教学行为"和"无效教学行为"。也有学者提出将教师教学行为划分为相对应的三套模式,以克服二分法的不精确性(姜文闵,韩宗礼,1988)。国内施良方、崔允漷在其主编的《教学理论课堂教学的原理、策略与研究》一书中,根据教师在课堂教学情景中的行为方式及其发挥的功能,将教学行为划分为三类,即主要教学行为、辅助教学行为和课堂管理行为。魏宏聚(2009)依据教学流程将教学行为分为三大类,即教学准备行为、教学实施行为和教学总结反思行为,每一类别又包含若干类别的教学行为。有学者对教师观察行为和角色行为进行专门的研究(林正范,2007;王伟杰,2003),也有学者提出了按照教学行为的对象指向、所追求的目标、行为的准备状况、师生在教学中的协作程度及信息传播的过程等分类的办法(丁舒,2007)。

基于慕课理念的大学英语翻转课堂的内涵已远超出传统的课堂范畴,笔者根据慕课理念及翻转课堂的特点,按照教学流程分解教学行为的方式,以魏宏聚(2009)教学行为分类为标准,在借鉴了《新课程背景下英语教师教学行为现状调查问卷》及《教师教学行为调查问卷》的基础上,编制了《基于慕课理念的大学英语翻转课堂》教师问卷中关于教学行为的问题。根据文献梳理和先导访谈的结果,问卷共分为教学准备行为、教学实施行为以及教学总结与反思行为三大维度和 11 个因子,以此详细了解教师在基于慕课理念大学英语翻转课堂中的教学行为及其影响因子,为教学行为的改进提出建议。

(3)学习资源。

美国教育传播与技术协会(Association for Educational Communications and Technology,简称 AECT)首次提出了学习资源的概念。根据完备及适应用度,可分为"设计资源"和"可利用资源",前者指专门开发的资源,如文本、影音资料和多媒体课件,而后者指并非专门为教学而设计,但具有教育价值的资源,如网上的信息资源(李爽,2011)。随着信息技术的发展,大学英语学习资源也朝着数字化和移动化的方面发展,与传统学习资源相比,呈现出"多样性""共享性""互动性"和"扩展性"的特点(万力勇,2013)。多样性是指信息内容的呈现形式多种多样,共享性即学习资源的共享,互动性是指学习资源的双向传递和反馈功能,扩展性是指允许教师和学生对学习内容进行修改和"二次开发"。大学英语翻转课堂借助慕课平台,不但实现优质学习资源的共享,而且慕课大规模、开放的特性,也有利于学习资源的互动及"二次开发",在优化资源的同时,也优化了教学效果。微视频是慕课的重要元素,学习资源的研究主要涉及资源的设计、开发和应用等方面。

在借鉴前人研究的基础之上,笔者编制了《基于慕课理念的大学英语翻转课堂》学生问卷和教师问卷中关于学习资源的调查问题,旨在了解教师和学生是如何选择、利用学习资源以促进大学英语翻转课堂的顺利开展,尤其是微视频的制作与使用。

(4)学习环境。

随着教学与学习活动的开展,学习环境的研究焦点发生着变化。20世纪90年代以来,信息技术和网络技术的发展,为建构主义学习环境研究提供了技术保障。建构主义的学习环境不同于一般的学习环境,Perkins(1991)认为学习环境分为两大类,即基本学习环境和丰富的学习环境,前者强调教师的主导作用,因而是传统的学习环境,后者则可以给予学习者更多的自主权和控制权,教师只是提供必要的指导和帮助。

语言学习环境是语言教学系统中不可或缺的重要组成部分,建构主义学习理论认为,学习是在特定的社会文化背景之下,利用可获得的学习资源和外界帮助,主动建构知识的过程,因此,语言学习环境的设计涵盖学习资源、认知工具和教学模式。隋晓冰(2013)基于对大学英语教学环境(硬件环境、软件环境、课堂环境)的调查,分析了大学英语课堂教学的环境影响因素,并提出了构建生态化大学英语课堂教学环境和优化教学服务的途径。

基于慕课理念的大学英语翻转课堂教学环境包括虚拟的在线学习共同体和课堂学习环境。笔者根据对国内外学习环境研究的梳理,借鉴胡海明和祝智庭(2014)的《个人学习环境元模型》和国外的 WIHIC 问卷以及韩大伟和邓奇(2014)的《大学英语课堂环境量表》,编制出《基于慕课理念的大学英语翻转课堂》学生问卷和教师问卷中关于教学环境的调查问题,旨在挖掘教学环境在本研究中的实际作用。

(5)学习动机。

心理学家从认知心理学的角度,提出"动机是一种由目标或对象引导、激发和维持个体活动的内在心理过程或内部动力"(Pintrich, Schunk & Meece, 2002)。也就是说,动机是由一定的目标引导和激发的能产生原动力推动个体的行为。英语学习动机是人类行为动机之一,是一种渴求学好英语的强烈内驱力,即内部动因(曾丹,2009)。

对于学习动机的分类,国内外学者提出了多种方法,如分为"内部动机"和"外部动机"(韩进之,1989);"外部动机""社会动机""成就动机"和"内部动机"(Biggs & Moore, 1993);"整体动机""情景动机"和"任务动机"(Terrell & Brown, 2007);"主导性学习动机"和"辅导性学习动机"(周国韬,1997);"低级动机""中等动机"和"高尚动机"(赵为民,1994);"回报动机""求知动机""交往趋利动机""利他动机""学业成就动机""生存动机""实用动机" 7 类动机(张敏,雷开春,王振勇,2005);尤其是融合型学习动机和工具型学习动机(Gardner & Lambert, 1972)极具影响力;而高一虹、赵媛和程英等(2005)则将英语学习的动机分为七类,分别是"内在兴趣动机""成绩动机""出国动机""学习情境动机""社会责任动机""个人发展动机"和"信息媒介动机"。

学习动机的测量工具包括华中师范大学教科院心理系王凤霞编制的《学习动机问卷》,此问卷分为内部动机量表和外部动机量表(万晶晶,郑晓边,2001);华东师范大学周步成等人主持修订的《学习动机诊断测验量表(MAAT)》,共有 4 个分量表和 8 个场面;罗嘉文、简晓明和王月芳(2004)综合 Amabile、Hill & Hennessey et al. (1994)的研究所编制的《学习动机量表》,共包括 6 个分量表,由 30 个项目组成。

笔者根据翻转课堂的特点,主要借鉴了 Gardner(1972)的分类以及高一虹、赵媛和程英等(2005)对学习动机的分类及编制的量表,编制出了《基于慕课理念的大学英语翻转课堂》学生问卷中关于学习动机的题项,以便详细了解学生的学习动机及其对学习行为等的关系,优化课程的实施。

(6)学习行为。

理论界对学习行为尚未形成统一科学的定义,学者们对其有不同的理解和认识,如认为学习行为是指学习过程与学习活动(张世贤,1998)、学习能力、学习方法和学习习惯(乔华林,闫江涛,2001)或者认为学习行为是指学生在学习活动中所表现出来的反应或动作(冀芳,2007)。国外的研究是在狭义的概念下进行,主要研究学生的问题行为(Hewlett, 1980)、改善学生行为(Good & Brophy, 1990; Milburn & Cartledge, 1980; McNamara & Moreton, 2000)、影响因素(Wang, Haertel & Walberg, 1990)以及与学习成绩的相关(Durbrow, 2000),而国内的研究更多地关注教师教学行为,学习行为研究仍刚起步。

从目前国内的研究看,对于外语学习行为的研究相对较少,而且总体而言,研究缺乏系统和全面性。学习行为有不同的分类办法,根据时间要素,可将学习行为分为瞬时、短时、长时;根据学习环境,可将学习行为分为课堂行为、课外行为、网络行为等。除了课内的学习行为以外,"课前和课后的学习行为更为重要"(刘雅晨,2014)。刘淳(2014)依据行为五要素理论,确定了学习行为影响要素,包括"学习动机""学习态度""学习满意度""学习焦虑"及"学习策略"等。

笔者依据学习环境将学习行为分类的办法,借鉴了张彩霞(2006)的英语学生课堂学习行为量表,并针对慕课理念与大学英语翻转课堂的特征,编制了《基于慕课理念的大学英语翻转课堂》学生问卷中有关学生学习行为的问题,分为课前、课内、课后以及评价等维度,以便详细了解学生行为及其影响因素。

(7)学习态度。

学习态度是指学习者在学习的过程中表现出来的相对稳定的心理倾向。Rosenberg & Hovland(1960)提出,态度是由认知、情感和行为三个维度构成的。认知维度是人们的一种观念,情感维度是由态度引起的感情、心情和兴趣等,而行为维度是指态度引发的某种可观察的行为或行为倾向。在外语学习中,态度和动机占有同等重要的地位(Gardner & Lambert,1972;Gardner,1985),但在外语学习情感因素的研究中出现明显的去态度化(程幼强,张岚,2011)。Gardner(1985)指出,外语学习态度与学业成绩正相关,而且态度因素对外语学业成绩的影响比其他学科更明显,因此,大学英语教学有必要关注学习者的学习态度。

程幼强和张岚(2011)以 Rosenbergt 和 Hovland 的态度三维度框架为基础,根据中国大学生的特点,编制了大学生英语学习态度问卷。该问卷由 9 大公共因子构成,分别是对英语教师的评价、学习主动性、学习兴趣与自信、对学习环境与资源的评价、对英语国家的人或文化的感受、在学习中克服困难的意愿、对英语教材的评价、对英语学习价值的关注、与教师互动的渴望,并发现对英语教师的评价、学习主动性和学习兴趣与自信是构成学习态度概念的核心内容。张征(2013)设计了学习态度调查问卷并对多模态 PPT 演示教学与学生学习态度的相关性进行了研究。

笔者主要借鉴 Rosenbergt & Hovland(1960)的学习态度三维理论框架和我国程幼强(2011)的大学生英语学习态度问卷,设计出《基于慕课理念的大学英语翻转课堂》学生问卷中关于学习态度的问题,旨在探究这些因子与基于慕课理念的大学英语翻转课堂学习行为的关系,并理清哪些因子更能影响学生的学习态度,从而促进基于慕课理念的大学英语翻转课堂教学效果的优化。

（8）学习满意度。

对于学习满意度同样尚无统一科学的定义,主要从需要满足和主观体验角度着手界定,如 Spence 与 Evans 认为满意是个体学习愿望的实现,否则会"削弱学习动机,减少学习行为"。Domer（1983）认为满意度是个人的期望结果与实际结果的差异程度,而 Knowles（1970）则认为学习满意度是学习活动中正向的感受和态度,Long（1985）也认为学习满意度是在学习活动中的愉快感受或态度。

从国内的研究看,宏观的研究较多,微观的则相对较少,并且对于学习满意度的构成和影响因素均有不同看法。笔者在借鉴陶芳标、孙莹和凤尔翠等（2005）编订的《青少年学校生活满意度问卷》及网络学习者满意度问卷的基础上,编制了《基于慕课理念的大学英语翻转课堂》中关于学习满意度的问题,旨在了解学生对翻转课堂的满意程度及对学习行为的影响。

笔者设计的《基于慕课理念的大学英语翻转课堂》包括学生问卷和教师问卷,均采用里克特（Likert Scale）五级评分量表,数字 1 代表"完全不符合",数字 2 代表"基本不符合",数字 3 代表"有些符合",数字 4 代表"基本符合",而数字 5 则代表"完全符合"。为获得师生源自翻转课堂真实的想法和建议,问卷采用了封闭式问题和开放式问题相结合的方式,详见附录 1《学生调查问卷》和附录 2《教师调查问卷》。

2）问卷修编。

《基于慕课理念的大学英语翻转课堂》学生问卷和教师问卷的设计与编制过程中,有些题项是笔者在参考和借鉴了前人相关领域问卷设计的基础上进行了适当的修改和调整。但多数题项,尤其是教学行为和学习行为,则是笔者紧扣文献综述中归纳出来的慕课理念和翻转课堂操作定义,结合国内大学英语翻转课堂教学实践情况自编而成。

问卷初步完成后,笔者首先依据秦晓晴（2009）提出的问卷自我评价方法,根据研究问题评价问卷的内容效度。其次总体评价问卷及各个部分,如外观是否好看、边距和间距是否合适、各部分标号和题号是否正确、长度是否合适。由于学生问卷和教师问卷均有近 60 题,还要注意需重复问卷标题,以方便受试者。最后,笔者依据秦晓晴的《问卷自我评价表》逐词逐句地检查问卷中每一个题项,对不符合要求的题项全部做了修改。

问卷自我评价并修改完成后,笔者在 2015 年 5 月 8 日（星期四）下午的上海外国语大学外语教学理论与实践研讨会上,邀请博士研究生及教育部高等学校青年骨干教师国内访问学者共计22人参与问卷的初步审阅。该研讨会由外语教学理论与实践方向博士生和访问学者定期组织开展。参与本次研讨会的22人均为高校英语教师,其中在读和已毕业博士生5名。这些教师长期从事大学英语教学和科研工作,拥有利用问卷作为研究工具进行外语教学研究的经验。他们对调查问卷从设计架构到文字表述等方面提出了不少意见和修改建议。根据这些意见和建议,笔者对问卷项目的措辞、内容及格式等做了适当的修改,并增加了编者按,对问卷中关键术语做了详尽的解释说明,以提高问卷施测信度。同时,为了避免系统误差和答题时参与者的思维定式,笔者对问卷中部分题项采用反向计分,最后在统计时统一重新赋分。为防止参与者猜测出所要测量的因素,从而对问卷信效度造成影响,笔者随机排序因子指标及项下题项,问卷维度与题项对应表见表4-3。

在问卷调查大规模发放前,笔者在研讨会上及上海某高校对问卷进行试测,以保证后续研究准确无误地进行。调查前笔者就问卷的目的、内容及答题注意事项向参与测试的教师和学生做了详细的说明,预测卷共收回教师卷20份,学生卷40份。然后,笔者将数据进行整理、编码和录入,运用社会学统计软件SPSS 22.0对这一轮试测进行信度和效度分析。秦晓晴(2009)指出,Cronbach's Alpha系数越高,则表明量表中内容的一致性越强,测量的结果越可靠。一般认为,可接受的信度系统不应低于0.70。本次预测教师问卷的Alpha值为0.932,学生问卷的Alpha值为0.853,项目总计统计也未出现删除某一题项后问卷整体Cronbach's Alpha系数变化较大的题项,说明无论教师问卷还是学生问卷,内容信度均较高。由于问卷设计过程严谨,因此,效度也可得到保证。综上所述,问卷已达到了发放的标准。

4.4.3.2 访谈提纲

为了更为详细地了解教师和学生对基于慕课理念的大学英语翻转课程的态度、看法和建议,以便补充问卷调查的内容,笔者在研究中采用了半结构式访谈的方法,基于研究问题设计了访谈提纲及主要构成(见表4-4)(详细内容请见附录3和附录4)。访谈首先了解宏观信息,然后再从微观角度了解师生的看法和建议,若涉及研究的重点内容,则进行追问并最后征询受访者是否另有补充的内容。

表 4-3 基于慕课理念的大学英语翻转课堂问卷维度与题项对应表

问卷	主维度	次维度	内涵解析	题目
学生问卷	教学现状	课前学习情况	学生利用教学资源课前自主学习情况、参与在线学习共同体互动情况及完成课前任务等情况	31,32,33,34,35,36,37,38,39,40,42,43,46
		课堂活动情况	学生课堂参与互动、合作学习、课堂反馈等情况	41,44,48,49,51,52
		课后学习情况	学生课后评价及复习等情况	55,56,58
	影响因素	学习态度	学生翻转课堂所表现出兴趣,对课堂、学习资源、信息技术、教学环境的态度及适应性等情况	13,14,15,16,17,18,19,20,21,22,23,25,26,27,29,54,57
		学习动机	学生对翻转课堂学习的动机取向	1,2,3,4,5,6,7,8,9,10,11,12
		学习满意度	学生对翻转课堂的满意程度	47,45,53,59
教师问卷	教学现状	教学准备	教师课前任务布置,学习资源提供和大数据课前管理等情况	17,18,19,20,21,23,24,25,26,27,29,30,32
		教学实施	教师课堂活动设计,角色转换,教学活动开展,课堂环境营造及小组活动等情况	22,28,31,33,34,35,36,37,41,42,43,46,50,61,51,52
		教学总结与反思	教师开展同伴互评、自评及课后反思总结等情况	40,44,45,47,48,49,53,54,58
		学习资源使用	教师对学习资源的获取、设计及使用等情况	38,39,55,56,57,59,60,62
	影响因素	教学动机	教师的教学动机	1,2,3,4,5,6,7,8,9,10,11,12,13,14,15,16

表 4-4 访谈提纲及主要构成

	学生访谈提纲	教师访谈提纲
访谈问题目录	1. 请谈谈您是否满意目前基于慕课理念的大学英语翻转课堂,有何看法 2. 请您介绍一下您自己在基于慕课理念的大学英语翻转课堂具体学习情况 3. 请您从学生和教师两个角度分别阐述基于慕课理念的大学英语翻转课堂存在的问题及改进建议 4. 您认为基于慕课理念的大学英语翻转课堂对您本人哪些英语能力提高有帮助	1. 请您谈一下目前基于慕课理念的大学英语翻转课堂的实施及课程设计情况 2. 请您谈谈目前基于慕课理念的大学英语翻转课堂存在的问题及改进建议 3. 请谈谈教师对信息技术与大学英语课程"深度融合"的实施情况 4. 您认为基于慕课理念的大学英语翻转课堂对培养学生哪些外语能力有帮助

4.4.3.3　课堂观察系统

课堂研究已经出现过许多范式,目前看来,比较活跃的范式有以下 4 类(见表 4-5),每种虽然信念、问题域及解题方法不同,但在社会科学领域也是很常见的(崔允漷,2012)。本研究的课堂观察属于第 3 类观察 / 评论范式,主要从多个角度观察课堂中的现象。

表 4-5　课堂研究范式

类型	共同体 / 信念	问题域	解题方法
叙事 / 描述范式	教师个体或专家个体;解释主义	课堂事件	用故事的方式叙述 / 描述有意义的事件
话语 / 解释范式	专家个体或共同体;解释主义	课堂话语	通过对课堂话语的分析与阐释揭示话语背后的意义
观察 / 评论范式	教师共同体;科学实用主义	从多个视角观察课堂中可观察、可记录的现象	用科学研究的方法描述或解释课堂问题的解决,通过评议反馈行为改进的建议。
技术 / 分析范式	专家个体或共同体;科学实证主义	根据录像分析课堂语言与行为	通过语言、行为编码的分析,揭示课堂的真实性与客观性。

课堂观察的首要任务是确定观测点。于秀娟(2007)认为外语课堂教师的注意力应集中在以下几个方面:① 对教师的观察;② 对学生的观察;③ 对言语交互作用的观察;④ 对教师课堂管理的观察;⑤ 对学生认知水平的观察;⑥ 对师生情感交流的观察。杨玉东(2011)则认为当前课堂观察存在"教育实践运用取向、学科内容角度分析、整体上还原课堂"等方面的缺失,并提出了遵循"记录—诊断—评价"技术路线的发展性建构。

崔允漷(2010)在实践的基础上,提出了 LICC 课堂观察框架(见图 4-5、表 4-6),包括学生学习、教师教学、课程性质和课堂文化。其中,学生学习是课堂的中心内容,另外 3 个是影响学生学习的关键要素,以箭头表示。每一个课堂要素都包含 5 个观察视角,因而形成了 4 个要素共 20 个观察视角和 68 个观测点的 LICC 框架课堂观察框架。

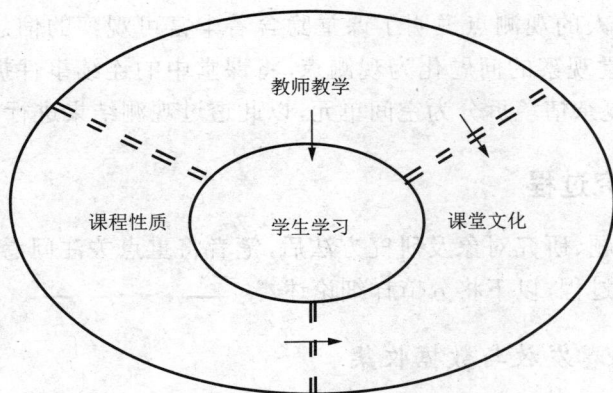

图 4-5 课堂解构图

表 4-6 课堂的 4 个要素和 20 个视角

要素	视角	观察点举例
学生学习（L）	（1）准备 （2）倾听 （3）互动 （4）自主 （5）达成	以"达成"视角为例，有 3 个观察点： •学生清楚这节课的学习目标吗？ •预设的目标达成有什么证据（观点/作业/表情/板演/演示）？有多少人达成？ •这堂课生成了什么目标？效果如何？
教师教学（I）	（1）环节 （2）呈示 （3）对话 （4）指导 （5）机智	以"环节"视角为例，有 3 个观察点： •由哪些环节构成？是否围绕教学目标展开？ •这些环节是否面向全体学生？ •不同环节/行为/内容的时间是怎么分配的？
课程性质（C）	（1）目标 （2）内容 （3）实施 （4）评价 （5）资源	以"内容"视角为例，有 4 个观察点： •教材是如何处理的（增/删/合/立/换）？是否合理？ •课堂中生成了哪些内容？怎样处理？ •是否凸显了本学科的特点、思想、核心技能以及逻辑关系？ •容量是否适合该班学生？如何满足不同学生的需求？
课堂文化（C）	（1）思考 （2）民主 （3）创新 （4）关爱 （5）特质	以"民主"视角为例，有 3 个观察点： •课堂话语（数量/时间/对象/措辞/插话）是怎么样的？ •学生参与课堂教学活动的人数、时间怎样？课堂气氛怎样？ •师生行为（情境设置/叫答机会/座位安排）如何？学生间的关系如何？

基于慕课理念的大学英语翻转课堂研究

这些数量惊人的观测点说明了课堂隐含着丰富可观察的信息。笔者通过解构课堂，将课堂观察的问题化为观测点，将课堂中的连续事件拆分为时间单元，将课堂中的复杂情境拆分为空间单元，以此透过观测结果进行推断和反思。

4.4.4 研究过程

确定研究问题、研究对象及研究方法后，笔者将重点关注问卷调查、访谈及课堂观察的实施过程，以下将分节详细论述。

4.4.4.1 问卷发放与数据收集

问卷经过信效度分析后，本研究的问卷调查过程正式开始。笔者在 2015 年 5 月到 6 月期间，在导师、同门及同事的配合和帮助下，到上述 4 所院校发放及回收了问卷。教师问卷由笔者本人直接发给相关教师，而学生问卷则由笔者本人或委托课程的任课教师直接发放和回收。由于所研究的教学模式较新，截至问卷发放时已知实施院校并不多，因此问卷调查采用非概率抽样中的便利抽样的办法，调查被访谈的教师及其所任教的全部学生，其特点是操作灵活、简便易行，研究的内在效度高（秦晓晴，2009）。

本研究共发放学生问卷 600 份，实际收回 576 份。为检验问卷是否有效，笔者设定如下标准：① 漏答题目超过 1/3，即 20 题的则被视为无效问卷；② 本研究学生问卷中加入了测谎题，以检验受试者是否认真答题。题项 34 与题项 39 题是一对预设的测谎题，若受试者对两题选择数值一致，则视此问卷无效，并予以剔除；③ 全部题项选择皆相同，或题目以某种模式或规律重复选择的问卷则被视为无效问卷。测谎题检测后剔除 22 份无效问卷，其他方式检测后剔除无效问卷 30 份，因此，有效问卷共 524 份，有效问卷率为 90.97%（见表 4-7）。参与调查问卷的教师是 10 名，均为有效问卷，有效问卷率为 100%（见表 4-8）。

表 4-7　学生问卷调查基本信息表

实施学校	学校性质	学校类属	参与人数	有效问卷数	有效问卷率
A 大学	省属一般	专业类	320	282	88%
B 大学	省属重点	师范类	84	79	94%
C 大学	"985 工程"高校	理工类	135	129	95.6%
D 大学	"985 工程"高校	综合类	37	34	91.9%
总计			576	524	90.97%

100

表 4-8　教师问卷调查基本信息表

实施学校	学校性质	学校类属	参与人数	有效问卷数	有效问卷率
A 大学	省属一般	专业类	5	5	100%
B 大学	省属重点	师范类	2	2	100%
C 大学	"985 工程"高校	理工类	2	2	100%
D 大学	"985 工程"高校	综合类	1	1	100%
总计			10	10	100%

4.4.4.2　访谈过程

为了获取更为详尽和有效的数据,笔者还实施了半结构化访谈,以便更为深入地了解基于慕课理念的大学英语翻转课堂现状及问题。访谈主要依据本研究制定的访谈提纲(见 4.4.3.2),访谈形式包括个别访谈和集体访谈,均为面对面形式。访谈对象涉及研究对象中 4 所院校参与问卷调查和课堂观察中人员,教师访谈一部分由该校院系推荐安排,一部分由笔者自行联系,还有一部分是教师本人在问卷的开放题项中表述了愿意而参加了后续访谈。学生访谈只有少部分为院系安排或由参与课堂观察任课教师推荐,主要由学生本人在问卷开放题项中留下联系方式,愿意接受后继访谈,并经联系确认后进行。所有访谈均事先征得对方同意。访谈于 2015 年 6 月在本研究对象的 4 所高校进行,共有 9 名教师及 18 名学生参与了个别与集体访谈,教师基本信息如表 4-9,学生基本信息如表 4-10。

访谈开始前,笔者做好一切准备工作,包括纸、笔、录音笔及其他物件。访谈时,笔者首先征得同意才开始录音,以免引起被访者不适。访谈以笔者自我介绍开始,并通过双方感兴趣的话题引入访谈,以营造良好的访谈气氛。笔者在访谈中按照事先拟定的访谈提纲进行访谈,当被访谈者提到的有价值但超出访谈提纲的问题时,笔者适时进行追问,将问题引向深入,以了解被访谈者对于该问题的深入的看法。本次研究的访谈过程全部录音,部分访谈过程录像。访谈结束后,笔者及时整理访谈记录,并将访谈录音或录像转写成逐字稿,以最大限度地还原访谈过程,并为后续质性研究做准备。

表 4-9　参与访谈教师基本信息表

访谈对象	访谈方式	访谈人数	学校	访谈时间	访谈地点
大学英语教师	面谈	4 名	A 大学	2015. 6. 4	主任办公室

访谈对象	访谈方式	访谈人数	学校	访谈时间	访谈地点
大学英语教师	面谈	2 名	B 大学	2015. 6. 3	学院会议室
教师 WZL	面谈	1 名	C 大学	2015. 6. 10	5 楼办公室
教师 LJ	面谈	1 名	C 大学	2015. 6. 8	5 楼办公室
教师 YF	面谈	1 名	D 大学	2015. 6. 16	1 楼办公室

表 4-10　参与访谈学生基本信息表

访谈对象	访谈方式	访谈人数	学校	访谈时间	访谈地点
非英语专业学生	面谈	4 名	A 大学	2015. 6. 1	四楼教室
非英语专业学生	面谈	4 名	A 大学	2015. 6. 2	主任办公室
非英语专业学生	面谈	2 名	A 大学	2015. 6. 2	主任办公室
非英语专业学生	网络	1 名	B 大学	2015. 12. 3	社交软件
非英语专业学生	面谈	2 名	C 大学	2015. 6. 9	C 教休息室
非英语专业学生	面谈	1 名	C 大学	2015. 6. 9	C 教休息室
非英语专业学生	面谈	4 名	D 大学	2015. 6. 16	6 教 103 室

4.4.4.3　课堂观察

为了进一步了解基于慕课理念的大学英语翻转课堂教学实践，以收集针对问卷调查和访谈所反映问题的具体情况，寻找解决方法，笔者于 2015 年 5 月至 6 月间，先后进入研究对象的 4 所院校，对 7 名大学英语教师进行了总计 16 节课时的现场课堂观察。为了保障所获取的信息有较高的真实性，本研究采用非参与性、开放式直接观察法，笔者不参与课堂教学，也不事先明确告知课堂观察的目的，而像"一只趴在墙上的壁虎"，静静地观察着真实的翻转课堂教学情况，以便使受观察教师在常规状态下授课而不受影响。本研究中所观察的课堂授课环境均为多媒体教室或语言实验室。在与教师课前交流中得知，有的教师对课堂录像心存芥蒂，而有的教师每节课都自行录像，以备后续课堂教学的研究。在事先征得任课教师的同意后，笔者对部分受观察的课堂进行了录像，对于不愿录像但同意录音的教师的课堂进行了录音。同时,笔者还记录了课堂学生表现情况。课堂观察结束后,笔者依据影像资料和笔记,并依据课堂观察系统,对所得信息进行整理、编码和归类,以备后续质性研究。研究中被观察教师的具体情况如表 4-11。

表 4-11　课堂观察教师基本信息表

观察对象	性别	职称	学历	年龄(岁)	教龄(年)	学校	班级人数	听课节数	日期	地点
教师 LW	女	助教	硕士	<30	1~5	A 大学	45 人	下午 1~2 节	2015.6.1	421
教师 LY	女	讲师	硕士	<30	1~5	A 大学	38 人	上午 1~2 节	2015.6.2	S403
教师 LC	女	副教授	硕士	31~40	11~15	B 大学	40 人	上午 4~5 节	2015.6.2	S505
教师 LZ	男	副教授	博士	41~50	11~15	C 大学	20 人	上午 1~2 节	2015.6.8	C209
教师 XX	女	副教授	博士	31~40	11~15	C 大学	21 人	上午 3~4 节	2015.6.8	C427
教师 WZ	男	教授	硕士	>51	>30	C 大学	22 人	下午 1~2 节	2015.6.10	C512
教师 YF	女	副教授	硕士	41~50	26~30	D 大学	14 人	上午 3~4 节	2015.6.16	6B103
						D 大学	22 人	上午 3~4 节	2015.6.17	6A103

4.5　本章小结

基于前一章的概念框架,本章通过对 2 名院系负责人、3 名大学英语教师及 5 名高校非英语专业学生的开放式访谈,归纳出基于慕课理念的大学英语翻转课堂教师和学生两方面的维度因素。通过对维度的细化和分类,借鉴文献和前人的问卷,编制了基于慕课理念的大学英语翻转课堂教师和学生问卷,并设计了访谈提纲和课堂观察体系。问卷、访谈和课堂观察在 4 所学校开展,参与调查的大学英语教师为 10 名,学生为 576 名。本研究采用定量分析和定性分析相结合的办法(见图 4-6),本章最后详述了本研究的问卷发放、数据收集、问卷有效性检验、访谈过程以及课堂观察过程。

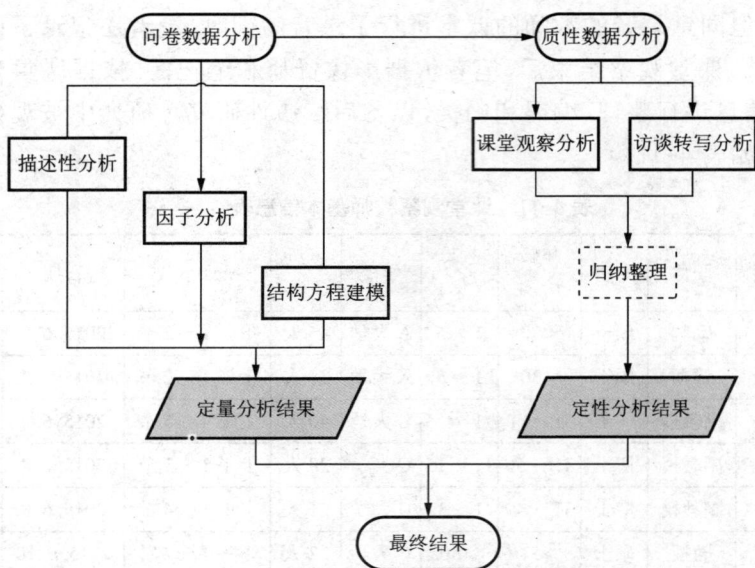

图 4-6　正式研究数据分析框架

第 5 章
结果与讨论

　　上一章中，笔者详细论述了本研究所采用的问卷调查、访谈和课堂观察 3 种研究方法的实施原则、实施过程以及数据收集方法。本章将主要对收集的数据进行讨论和分析，主要围绕基于慕课理念的大学英语翻转课堂现状和影响因素两大主要问题，对问卷、访谈及课堂观察数据进行讨论和分析。根据研究问题，对翻转课堂现状的讨论和分析主要采用问卷、访谈和课堂观察，其中以访谈和课堂观察数据为主；对影响基于慕课理念的大学英语翻转课堂因素的讨论主要采用调查问卷和访谈，以调查问卷数据为主。

5.1　学生问卷分析

　　在对学生问卷进行分析之前，笔者分析了学生问卷的总体情况、信度及效度，删除了其中未达标的题项，并对问卷中的缺失值做了替换，为后继的研究做好了准备。如前章所述，对学生问卷的分析主要分为对翻转课堂现状的描述性分析和因子分析两种办法，并采用结构方程分析相关关系。

5.1.1　学生问卷总体情况

　　由图 5-1 可知，本次研究共收集到有效学生问卷 524 份，其中女性占 57%，男性占 43%，年龄段以 18～22 周岁的学生为主，占总人数的 93%。

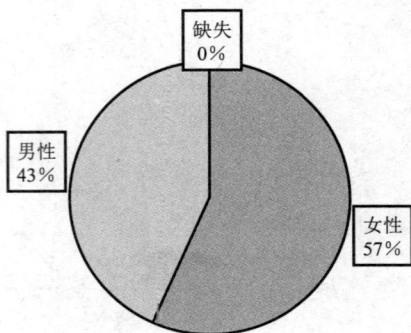

图 5-1　学生问卷性别比例示意图

5.1.2　学生问卷预处理

首先,正向题和反向题相结合的原则可避免受访者出现某种思维定式(秦晓晴,2009)。本研究学生问卷中共 14 题为反向题,编号为第 3、14、15、19、22、23、24、30、39、40、48、54、57、58 题。分析数据时不能将不同方向的数据放在一起处理,否则会相互抵消,因此,笔者在分析之前对数据做了必要的处理,将反向题重新赋分。

其次,在分析之前要确信原始数据中没有缺失值,笔者在输入问卷数据时,对多选和不选的题项均以缺失值代替,因此分析前需要替换这些缺失的值。在 SPSS22.0 中,笔者用序列平均值的办法替换缺失值(见附录 8)。

5.1.3　学生问卷项目分析

高质量的问卷需要有很好的信度和效度,项目分析旨在帮助我们了解每个项目是否有很好的区分度,否则就很难保证问卷的信度和效度,在进行探索性因子分析之前需要检查正式问卷的信度和效度。

5.1.3.1　学生问卷信度检验

信度是指问卷结果的稳定性,本研究中笔者采用内在信度检验方法,利用 Cronbach's Alpha 审视问卷的内在一致性。一般认为,可接受的信度系数不应低于 0.70。经过 SPSS 22.0 可靠性分析计算,基于慕课理念的大学英语翻转课堂学生调查问卷整体信度系数为 0.944(见表 5-1),表明本研究学生问卷有很好的信度。

表 5-1 学生问卷总体信度表

Cronbach's Alpha	项数
.944	59

5.1.3.2 学生问卷效度检验

项目分析可采用独立样本 T 检验和相关分析方法检验每个项目的区分度。笔者采用的是独立样本 T 检验的办法。先计算全部问卷项目的总分,并按总分从高到低排序,以 27% 的标准分别抽取高分组和低分组,最后进行独立样本 T 检验,如果高分组和低分组在每个项目上的差异达到了显著水平($p \leqslant 0.05$),则说明该项目具有较好的鉴别度。

经对问卷所有题项项目分析,笔者发现共有 4 题(第 14 题、第 19 题、第 22 题、第 54 题及第 57 题)的显著性值(双尾)达不到显著性水平($p \leqslant 0.05$)(见附录七),根据项目检验的原理,这些题项需要删除,删除后问卷总题项为 54 题。

5.2 教师问卷分析

本研究教师问卷中共有 7 题为反向题,编号为第 10、11、36、41、50、58 及 60 题。分析数据时不能将不同方向的数据放在一起处理,否则会相互抵消,因此,笔者在分析之前对数据做了必要的处理,将反向题的值重新赋分。

经过 SPSS 22.0 可靠性分析计算,基于慕课理念的大学英语翻转课堂教师调查问卷整体信度系数为 0.776(见表 5-2),表明教师问卷信度可接受。

表 5-2 教师问卷总体信度表

Cronbach's Alpha	项数
.776	62

由表 5-3 可知,本次研究中共有 10 位教师参与了问卷调查,其中教授 2 人,占总人数的 20%,副教授 7 人,占总人数的 70%,讲师 1 人,占总人数的 10%。从年龄上看,30 岁以下的教师为 1 人,比例是 10%,31~40 岁的教师是 4 人,比例是 40%,41~50 岁的教师是 3 人,比例是 30%,51 岁以上的教师为 2 人,比例是 20%。从性别上看,9 位是女性教师,仅有 1 位为男性。

表 5-3　教师问卷信息表

编号	教师姓名	院校	性别	职称	学历	年龄	教龄
1	教师 LY	A 大学	女性	讲师	硕士	30 岁以下	1～5 年
2	教师 LM	A 大学	女性	副教授	硕士	31～40 岁	11～15 年
3	教师 LC	A 大学	女性	副教授	硕士	31～40 岁	11～15 年
4	教师 LD	A 大学	女性	教授	学士	51 岁以上	26～30 年
5	教师 QT	A 大学	女性	副教授	硕士	31～40 岁	11～15 年
6	教师 WY	B 大学	女性	副教授	硕士	31～40 岁	11～15 年
7	教师 MY	B 大学	女性	副教授	学士	41～50 岁	26～30 年
8	教师 WZ	C 大学	男性	教授	硕士	51 岁以上	30 年以上
9	教师 LJ	C 大学	女性	副教授	硕士	41～50 岁	21～25 年
10	教师 YF	D 大学	女性	副教授	硕士	41～50 岁	26～30 年

5.3　现状分析

　　根据前述问卷调查设计,本研究对于现状的分析主要从慕课理念出发,分别从教师和学生两方面分析大学英语翻转课堂中学习资源的开发和使用、翻转课堂课前自主学习情况、教师课前任务设计、课前学习管理、学生学习共同体参与、课堂教学实施以及评价及反思情况等,以此对大学英语翻转课堂中慕课理念的实践情况有总体和全面的了解。

5.3.1　学习资源的开发和使用

　　慕课精细化课程设计理念及个性化理念的体现涉及学习资源的使用和开发。作为一种混合学习,翻转课堂同样面临平台和资源的建设难题。相对于教学平台可通过购买的解决方式,资源的建设则是渐进的过程,因此,成为一个重要的瓶颈。学习资源的优化及学生课前基于学习资源的有效自主学习,是基于慕课理念的大学英语翻转课堂实施的先决条件。

　　慕课以同步或异步的方式融入大学英语翻转课堂,实现优质教学资源的共享,微视频是慕课资源的重要形式。翻转课堂微视频的目的之一就是要激发学生的学习动机,因此,教师有设计和制作优质教学微视频的责任(吴玲玲,2015)。

微视频学习资源的开发主要是对现有视频资源的利用和改造、团队资源建设、迭代开发多方共建及资源共享借鉴等(单册,2015)。对现有资源的利用和改造包括对所获取的视频资源进行筛选,淘汰其中不符合学习需求和教学要求的内容,以及对现有视频资源进行二次"开发",切割和重组相关内容,使之模块化、微型化,并具备聚合和耦合的特征,既相互独立,又具有联系,符合课程设计要求。团队资源建设则指通过由教学设计人员、影视制作人员、网络管理人员和学科教师组成的开发团队开发教学微视频。迭代开发和多方共建指微视频在初次上线使用后搜集反馈信息,不断逐步改进和完善。慕课开放和个性化的理念也允许学生在学习过程中不断补充微视频资源。资源共享和借鉴也来源于慕课"开放"的理念,借鉴和吸收外来优质的微视频资源。

本研究中学习资源部分主要涉及教师和学生对微视频等学习资源的使用、学习资源的二次"开发"等情况。

5.3.1.1　教师学习资源的使用和开发

表 5-4 是对教师学习资源开发和使用情况的描述性分析,从表中可知:

表 5-4　教师学习资源开发和使用情况表

题项	56. 除平台提供的视频资源外,我还下载并借用网上公开的微视频资源					总分		不同高校均值			
选项	1	2	3	4	5	均值	标准差	A	B	C	D
比例	0	10.0	20.0	30.0	40.0	4.000	1.054 1	3.6	4.0	4.5	5.0
题项	38. 除平台提供的视频资源外,我还使用相关软件自制教学微视频					总分		不同高校均值			
选项	1	2	3	4	5	均值	标准差	A	B	C	D
比例	20.0	50.0	30.0	0	0.0	2.100	0.737 9	2.0	3.0	2.0	1.0
题项	39. 除平台提供的视频资源外,我还要求学生自制教学微视频					总分		不同高校均值			
选项	1	2	3	4	5	均值	标准差	A	B	C	D
比例	30.0	50.0	10.0	0	10.0	2.100	1.197 2	2.0	1.5	1.5	5.0
题项	60. 翻转课堂平台所提供的学习资源是学生学习的全部内容,因此我不会对学习资源再做增减					总分		不同高校均值			
选项	1	2	3	4	5	均值	标准差	A	B	C	D
比例	0.0	10.0	0.0	60.0	30.0	4.100	0.875 6	3.6	4.5	5.0	4.0

题项	55. 我对翻转课堂平台中提供的资源根据教学要求进行删减或添加					总分		不同高校均值			
选项	1	2	3	4	5	均值	标准差	A	B	C	D
比例	20.0	10.0	0.0	30.0	60.0	4.400	0.966 1	4.0	4.5	5.0	5.0
题项	57. 我编辑搜索到的声音、图像及文字等信息素材并应用于翻转课堂教学中					总分		不同高校均值			
选项	1	2	3	4	5	均值	标准差	A	B	C	D
比例	0.0	10.0	40.0	20.0	30.0	3.700	1.059 3	3.4	3.5	5.0	3.0
题项	59. 我评价所得到的文本和影像,并根据语言课程内容和性质有选择地使用合适的资源					总分		不同高校均值			
选项	1	2	3	4	5	均值	标准差	A	B	C	D
比例	0.0	20.0	30.0	30.0	20.0	3.500	1.080 1	3.0	4.5	4.5	2.0
题项	62. 对于英语学习而言,课外学习资源就是微视频,文字等其他信息素材并不重要					总分		不同高校均值			
选项	1	2	3	4	5	均值	标准差	A	B	C	D
比例	40.0	50.0	10.0	0.0	0.0	1.700	0.674 9	1.8	1.0	1.5	3.0
题项	23. 我会根据教学目标和学习进度,提供给学生翻转课堂自主学习资源					总分		不同高校均值			
选项	1	2	3	4	5	均值	标准差	A	B	C	D
比例	0	0	50.0	20.0	30.0	3.800	0.918 9	3.4	4.0	4.0	5.0
题项	19. 我会根据教学目标和学习进度,给英语水平不同的学生提供不同的翻转课堂自主学习资源					总分		不同高校均值			
选项	1	2	3	4	5	均值	标准差	A	B	C	D
比例	0	20.0	20.0	40.0	20.0	3.600	1.075 0	4.0	2.5	3.0	5.0
题项	21. 我不提供指定的翻转课堂自主学习资源,要求学生自行搜索解决					总分		不同高校均值			
选项	1	2	3	4	5	均值	标准差	A	B	C	D
比例	30.0	20.0	40.0	10.0	0.0	2.300	1.059 3	2.8	1.0	1.5	4.0

首先,从学习资源的获取的途径看,教师主要是通过共享和借鉴的方式利用网上公开的微视频资源($M=4.0$),而教师自制视频($M=2.1$)和让学生参与学

习资源的二次"开发"则相对较少($M=2.1$)(见表 5-5)。目前存在的主要问题是学习资源的匮乏,尤其是适合大学英语翻转课堂的微视频资源少,访谈中教师们也表达了自己的担忧。

> 翻转课堂需要足够的学习资源,但我们现在资源都没有足够,我们只是做了主要的资源,比如我们现在的视频主要是课文讲解,所以称之为 Video Lectures,也称不上微课,这种对课文讲解的视频至少就缺少,比如附加的 vocabulary、language usage 或者 language point,但我们还来不及开发。(C-T2-W)

> 我们搜集了许多课外的视频,也自拍了一个系列的,但是现在这些资源还是没有办法融入学生的翻转课堂中去,就是觉得不顺手,总是在思考怎么样才能把这些微视频资源有效地整合进翻转课堂教学之中。(B-T1-S)

其次,微视频资源的使用依照课程教学目标和课型不同而呈现多元化的差异。如 A 大学($M=3.6$)在教学中会较多地涉及 ESP 类专业词汇及句型的理解,对于阅读量的要求较高,因此,学习资源采取文本等静态资源为主,微视频资料为辅的办法。而 D($M=5.0$)大学不但拥有完备的慕课平台及后台技术支持,而且是大学英语视听说课程,因此,采取微视频作为主要学习资源。

从语言学习的角度看,语言学习资源不仅是微视频,而且包括文本等其他媒体($M=1.70$)。教师们基本赞成翻转课堂学习资源不仅是微视频,而应是以课型为导向的文本和影像资源的观点($M=3.5$)。甚至也有教师不无担忧地认为,作为语言学习资源,微视频并不能很好地解决学生在学习中遇到的问题,不如文本资源直接与便捷。例如:

> 翻转课堂不一定非要系统的视频讲座,学生在完成教师布置的任务的时候,如果有问题,第一反应肯定是查字典,查网络,而不是去看视频,从头到尾找一找,有没有对我有帮助的,实际上菜单化的帮助应该是外语学习今后的趋势。因为从学习者的角度而言,它是跟需要有关的! (C-T1-L)

第三,相对于静态学习资源,教学平台能更好地体现微视频"移动"和"碎片化"的特点。在翻转课堂之初,对于没有计算机和上网条件的学生,Bergmann & Sams(2012a)曾尝试给学生提供微视频 DVD 版本的办法,但仍努力使用高技术手段监控学生课前学习。

本研究中,C大学($M=4.5$)和D大学($M=5.0$)均以微视频为主要学习资源,两校均建有较为完善的慕课平台。C大学使用西南学府的自建平台,将大学英语课文讲解微视频置于自建慕课平台中,供学生课外自主学习(见图5-2),而D大学则依托学堂在线平台并将课程移值到Edx平台上,甚至开发了基于移动终端的学习平台(见图5-3),为学生的泛在学习提供了便捷,学习空间的灵活和便捷也体现了慕课个性化的理念。笔者在调研之时,B大学($M=4.0$)的翻转课堂教学平台尚未全面使用,因此,教学平台对微视频资源在教学中的使用有重要影响。翻转课堂的泛在学习也使得手机即时通信服务软件,如微信,因其具有点对点和点对面的沟通方式,被国内不少教师尝试成为"第三种"教学平台,运用于整合微视频资源的教学中(袁磊,陈晓慧,张艳丽,2012;柴阳丽,2014;张静,2015)。

第四,学习资源的扩展属性允许师生根据教学情况对学习资源进行二次"开发"。从教师问卷调查来看,教师能依据教学要求($M=4.4$),对学习资源进行增减删除等二次"开发"处理($M=4.1$)。而在本研究中,作为学习资源的微视频制作则主要分为三类,即以教师个人为主(如B大学)、教师团队制作(如C大学)和专业开发团队制作(如D大学)。目前大学英语微视频制作总体缺乏团队支持,资源形式尚不够多样化,不能满足多种教学目标要求。

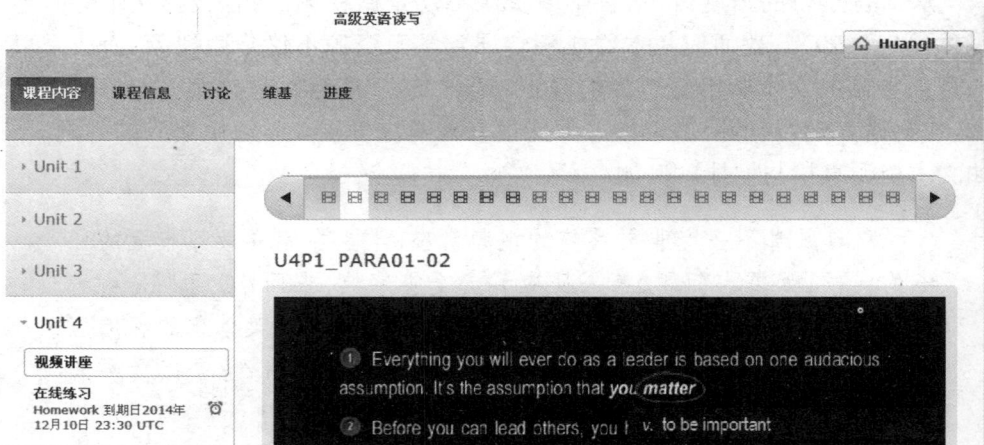

图5-2 C大学视频讲座界面(黄林林,2015:122)

若依据微视频开发技术,微视频资源可分三类,即传统的课堂实录、同步录

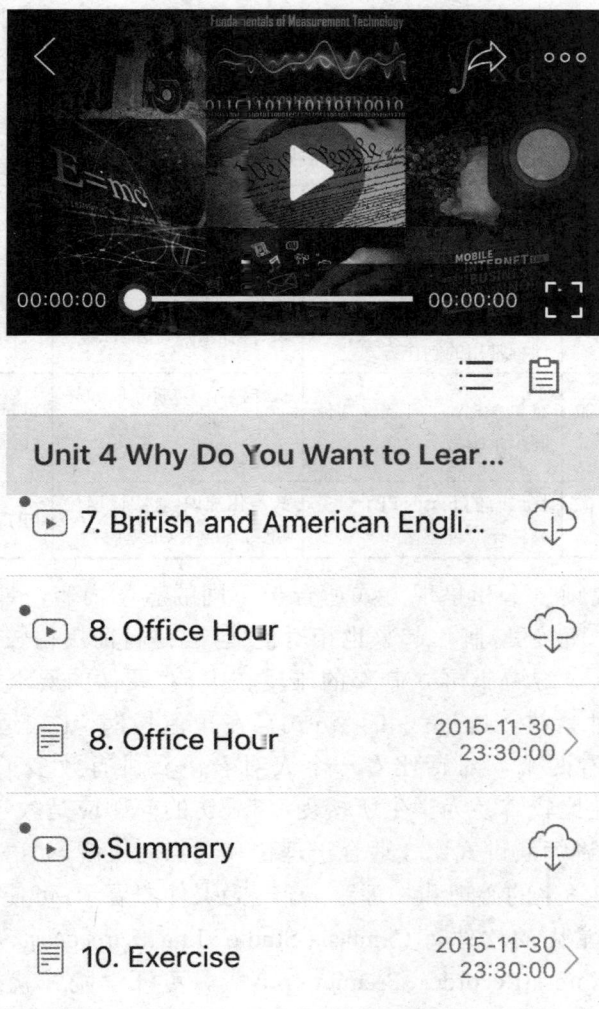

图 5-3　D 大学移动终端视频资源界面

屏和资源转化的微视频,不同类型的微视频适用于不同的知识范围(王觅,贺斌,祝智庭,2013)。若依据呈现方式,微视频主要有课堂实录式、实地拍摄式、绿幕抠屏式、讨论式、采访式、演讲式、计算机录屏式、画中画式和可汗学院式。焦建利认为慕课的视频呈现方式包括 PPT 板演、电子板演、教师 +PPT、书面板演、讲师实录、课堂实录等(焦建利,王萍,2015),与前一种分类相比,这种分类方法贴合慕课的视频形式,改变了名称使之更直观,如将"画中画式"称为"教师+PPT","可汗学院式"称为"电子板演","演讲式"称为"讲师实录""计算机录屏式"称为"PPT板演"等,并增加了"书面板演"的形式。笔者据此将微视频依据开发技术及呈现方式做了归类(见表5-5)。

表5-5 微视频分类表

微视频类型	资源描述	最适用的知识范围	主要呈现形式
以摄像技术为主的微视频	主要以摄像技术实录拍摄教学,通过后期编辑制作的微视频。这是传统视频课程常用的制作方式	事实概念性知识、情境化知识、案例化、问题化知识、操作演示、技能训练	课堂实录式;讲师实录式;实地拍摄式;讨论式;绿幕抠屏式;采访式
以录屏软件为主的微视频	在讲学时,利用录屏软件同步录制教学内容	操作演示类知识(例如软件工具的学习、程序操作等)	可汗学院式;书面板演式
以Flash、PPT等资源转成的微视频	将已有的Flash、PPT等资源转化成视频格式	故事化知识、真实情境化知识、案例化知识等	PPT板演式;画中画式

　　不同的微视频技术和呈现方式适合于不同的教学内容。课堂实录式最容易被教师和学生所接受,制作起来也相对便捷,也是目前用得较多的一种形式,但场景相对单一。绿幕抠屏式制作的难度较大,对硬件的要求也比较高,前期还要考虑好各种素材。讨论式和采访式存在角色扮演,比较适合展示语言课程气氛,而且"看两个人对话比看一个人对着镜头讲有效多了"(Bergmann & Sam,2012),因此比较容易为学生所接受,但采访的问题应是教学的重点和难点或共性的问题。讲师演讲式比较适合于理论和观点的讲解,如语法及写作技巧,但会加大教师和学生的心理和物理距离。若为课件的展示,可使用PPT板演式,制作相对容易,常用的软件有Camtasia Studio、Jing、Screencast、屏幕录像专家、BB FlashBack Express Recorder、Premiere pro等。可汗学院式就是采用手写笔、手绘版、录屏软件,将教师的讲解和书写记录下来,边写边讲,边画边讲。这种以讲故事的方式把知识讲述出来,会有意想不到的效果。

　　访谈中得知,以教师个人为主制作的微视频,限于设备及技术等原因,多采用录屏的方式:

　　　　我们把课文理解和其中涉及的文化背景等做成微课,将知识点碎片化。形式主要有两种,一种是录屏的方式,老师不出现,另一种就是将课堂的教学过程录下来,其实录屏也有一个好处,人的声音可以很清楚,然后我们的课件可以展示得很清楚。但是录像的话对设备的要求会比较高,包括光线、这个老师准备的熟练程度等,要求还是比较高的,考虑到我们人员技术的问题,大部分还是录屏的。(B-T1-S)

C 大学微视频属教师团队制作,由教师先完成个人的部分,然后由负责教师最后统一生成最终视频,使用录屏和以 Flash、PPT 等资源转成的微视频两种形式。而 D 大学由于得到专业开发技术团队的支持,并且与教师合作沟通密切,教师无须考虑微视频的制作($M=1.0$),正如教师在访谈中所谈道:

> 我是一个老师,我肯定是课程设计的专家,但是如果让我成为一个教育技术的专家,这个很困难,我不觉得我需要掌握视频加工的技术。当然,我掌握的话就更好一点,但我觉得以后的社会都是合作的社会。(D-T1-Y)

因此,对于制作微视频的教师最好能有多种人员参与的相应支持团队,如课程开发专家、网站程序员、摄像师,以扫清微视频制作时的障碍。

第五,部分学校的慕课微视频学习资源体现了慕课精细化的课程设计理念。笔者以 D 大学第一单元为例,将该单元的微视频导入 NVivo 10.0 中,并按照表 5-5 的分类标准编码,得到如下视频形式编码矩阵表(见表 5-6)。

表 5-6 Unit 1 视频形式编码矩阵表

编号		A:PPT 板演式	B:采访式	C:讲师 实录式	D:课堂 实录式	E:现场 实录式
1	Introduction	0	0	1	0	0
2	Text: Greeting in Different Cultures	4	0	5	0	0
3	Useful Words and Expressions	1	0	1	0	0
4	Greeting	7	0	9	0	1
5	First Impression	3	0	4	0	0
6	Personal Information	2	0	3	0	1
7	Cultural Focus	5	0	2	4	0
8	Office Hour	0	4	0	0	3
9	Summary	0	0	1	0	0
	总计	22	4	26	4	5

从表中可知,D 大学精细化课程设计,将第一单元分为 9 个微视频模块,分别给予不同的主题。整个单元以微视频介绍开始,并以微视频总结结束。微视

频的长度最短 1 分 7 秒,最长 12 分 7 秒,多数控制在 10 分钟以内。根据各个模块教学的侧重点不同,采用了不同的视频呈现形式,质量较高。第一单元主要采用了 5 种形式,即 PPT 板演式、采访式、讲师实录式、课堂实录式及现场实录式。就第一单元而言,PPT 板演式和讲师实录式使用得最多,分别达到了 22 和 26 次,其他 3 种形式相对较少,并且本校学生参与了其中的实景拍摄,表现出了较高的积极性。

第六,学习资源的扩展属性允许学生参与二次"开发",但问卷调查显示,大多数院校教师对此做法均不赞成,仅有个别学校因学生自身特点而有所不同。

本研究中,3 所学校对该题项的得分均较低,如 A 大学($M=2.0$)、B 大学($M=1.5$)和 C 大学($M=1.5$),主要原因是会加重学生负担,对学生的信息素养要求较高,访谈中教师谈到了相似的观点:

> 我们的大学英语教学平台想让学生做视频,然后将优秀的视频放在网上。但目前翻转课堂没有这么做,那样会增加他们的学习负担。(B-T1-S)

> 其实网上也有些资源可以借鉴的,有这个想法(让学生自己做视频),但学生做不了,个别演讲能力较强的学生可能可以。虽说成就感较大,但学生压力也很大。(B-T2-W)

D 大学($M=5.0$)由于学生多数来自美术学院,教师根据课前学生需求分析,将配音和视频制作列入学习任务之中,学生不但乐于做视频,而且制作的视频也很精美。教师在访谈中谈道:

> 我第一周给他们一些听的材料,我先摸底,就是 BBC 你喜欢吗,你喜欢 6 分钟呢,还是 3 分钟呢。我发现这些孩子喜欢视频,就是做MOOC 之前我看我的学生是美院的学生,他们一旦这个兴趣点有了,我就给他们介绍 MOOC。第二节课,我说我们看几个视频,看完后他们会觉得很亲切,他们会觉得学这门课,并不是个压力。所以我比较喜欢从课程设计起头,一直把学生放在中间,学生参与。学生真的贡献资源。这个是你想不到的,等于说把资源扩展了。(D-T1-Y)

第七,慕课理念认为课堂是动态和创生的,教学要经常性地做出调整以适应学生学习情况。从问卷调查看,教师根据教学目标和进度提供给学生翻转课堂学习资源这一题项的均值为 3.8,且分别有 20% 和 30% 的教师选择了"4——

基本符合"和"5——完全符合",说明教师能根据教学目标和进度给学生提供不同的学习资源,能个性化学习内容,体现了慕课个性化的理念。访谈中了解到,各校学习资源的类型和提供方式均不尽相同,基本分为:①自行搜索式,即仅提供网址,靠学生发挥主动性自行搜索相关链接信息,并做进一步的深入挖掘学习(如 A 大学);② 信息一站式,即为学生提供课程主要的学习资源,如课文讲解视频等,满足学生课前自主学习基本需要(如 C 大学和 D 大学)。③ 主动甄别式,即提供整合的学习资源库,让学生自主选择甄别相关学习内容(如 B 大学)。这些方法在访谈中得到了印证:

> 关于课文的背景知识等,我会给学生一些网址。学生可自行搜索或者可以在维基百科等中找,网上类似资源较多。(A-T1-LC)

> 我就是只有开学时跟学生们说大概这是个网站,后面一直没有说的,所以等于是提供了零资源。我就是开学布置任务的时候讲过。(A-T1-LY)

> 我们也是一些网址,有视频或者是一些课本的来源,如果我们的课本来源于 Fox News,我就会告诉学生课文来源于哪个网站,学生可以自己去搜。但从他们呈现的 PPT 来看,学生找的资料还是蛮齐全的,我都没想到的东西他们也挖掘了出来,很有趣的东西。(A-T1-L)

> 我们课外主要提供 Video Lecture,学生自主学习时要看完这个视频,不但完成视频中的测验,还要完成网上的作业。(C-T2-W)

第八,慕课个性化理念不但体现在学生学习内容的个性化,还体现在学习路径的个性化上。Knewton 开发出了学习平台,可为学生提供上亿条个性化的学习路径,平台甚至可根据学生的学习情况推送个性化的学习资源。教师问卷结果显示,翻转课堂中给不同英语水平学生提供个性化学习资源这一题项的均值为 3.6,且方差大于 1,达到 1.075,说明各高校在学生个性化学习资源设置上存在差异,未能提供针对学生情况的个性化学习资源。而学生自行搜索学习资源的做法多不被教师所认可,该题项均值仅为 2.3,且方差较大,达到 1.059 3,仅 D 大学均值则达到了 4.0。笔者认为这主要是由于该校将自制微视频纳入教学内容中,学生需要自行搜索大量的相关素材和资源。

5.3.1.2　学生学习资源使用和开发

学生学习资源使用情况问卷调查如下表(表 5-7)。

表5-7　学生学习资源使用情况表

题项	34. 我会根据学习计划,自主选择其他学习资源,补充翻转课堂已有学习资源					总分		不同高校均值			
选项	1	2	3	4	5	均值	标准差	A	B	C	D
比例	2.5	16.0	39.0	34.5	8.0	3.30	0.916	3.35	3.19	3.15	3.71
题项	39. 翻转课堂资源已极为丰富,我不会再寻找其他外语学习补充资源					总分		不同高校均值			
选项	1	2	3	4	5	均值	标准差	A	B	C	D
比例	4.6	15.5	26.1	43.9	9.9	3.39	1.011	3.39	3.73	3.21	3.26
题项	46. 我主要通过课本获取英语语言知识,配合翻转课堂视频的学习					总分		不同高校均值			
选项	1	2	3	4	5	均值	标准差	A	B	C	D
比例	2.7	12.6	41.4	35.7	7.6	3.33	0.887	3.24	3.42	3.48	3.35

从表中可知,第一,学生能对学习资源进行适当的补充和开发。学生自主选择学习资源并补充到翻转课堂的题项均值为3.30,而与其相对应的反向题(第39题),经数据反向处理后得到了相似的均值($M=3.39$),说明学生能自行搜索学习资源,并补充到学习中去。学生的访谈也反映出更为详细的信息,学生对学习资源的个性化补充和开发受外部动机的影响较大。

如果是考试或者考级,我会课外找些读物,补充学习下,也可能与课堂内容并无太大的关系,因为都是学英语嘛。(D-S1-Z)

因为我们是视听说课程,所以我会使用一个软件,听它说美语,一天花个半小时,也会找一些美剧之类的去听,若说找一些课外的材料补充我们课堂上的学习,呃……,词典吧!　(D-S1-C)

因为网络上的资源很多,翻转课堂老师布置的任务已经蛮多了,所以我基本不用自己选择或补充学习材料,也没有时间完全去做自己想做的事。有时因为我比较喜欢文学方面,因此看英国文学的名著会比较多一点。(C-S1-W)

它(课前学习材料)是解读课文的视频,被称为 Video Lecture,是课文内容的视频而不是扩展的视频。若说到课外找材料补充到现有学习内容的话,一般是做个演讲的时候,我们课外要搜集很多材料,然后做成 PPT 课堂内演讲,但这一般是小组的活动。(C-S1-Z)

第二,对于主要通过课本获得语言知识这一题项,学生的均值为 3.33,仅有 15.3% 的学生选择基本不符合或完全不符合,说明课外文本阅读仍占有较大的比重,学生仍认可传统课本对于语言知识的传授作用。

综上所述,目前基于慕课理念的大学英语翻转课堂的学习资源在一定程度上体现了慕课开放和个性化的理念。开放体现在对学习资源的获取和开发上。在翻转课堂学习资源,尤其是微视频学习资源获取方面,教师主要借用网上公开的视频资源,并能根据课型要求,有所取舍。教师有微视频资源制作及二次"开发"的意识,但囿于条件,微视频形式尚不够多样化,不能满足不同教学需求。由于要求较高及加重课业负担等原因,仅有个别学校学生参与微视频学习资源的"开发"。语言学习资源不仅包含微视频,还包括文本等多模态资源,且文本更能直接便捷地解决学生遇到的语言学习问题。目前语言学习资源仍显匮乏,并且信息环境和教学平台的不完善影响了翻转课堂的实施和微视频在教学中的有效使用。各校所提供的学习资源内容和方式不尽相同,学生对搜索学习资源以完成课前任务有较高的积极性,但学习资源的个性化尚显不足。

5.3.2 课前学习情况分析

翻转课堂颠倒了知识传递和知识内化的过程,将知识传授移至课外,以便课堂内有足够的时间开展各种知识内化活动。张宝辉在 2014 年中国学习与发展报告大会上指出,翻转课堂的两个条件是课前学习是否达到了传统课程中教师讲授的效果及课堂中是否完成了知识的内化。因此,课前的知识有效传递是翻转课堂开展的基石,直接影响着翻转课堂课内教学活动的开展。

5.3.2.1 教师课前任务设计

翻转课堂的实施有赖于教师的教学设计,而教学目标和学习任务的设计则关系到学习效果。1983 年,美国心理学教授 John M. Keller 提出了维持和激发学习动机的设计模型的四要素,并在教学实践中得以充分验证。为便于记忆,模型后被命名为 ARCS 模型,即包含"注意""关联""自信"和"满意"。具体说来,首先,"注意"是一切教学的先决条件,教学设计的首要目的就是唤起学生的好奇心,以吸引学生的注意力于学习活动中。其次,当学习活动与个人需求和目标相关时,则会提高学生的学习动机。再次,"自信"是帮助学习者克服困难并取得成功的动力。最后,让学生体验到完成学习任务的成就感,并以此获得心理上的满足是保持学习动机的另一个重要条件。因此,教师课前任务的设计要能激发学生的学习兴趣,并具有层次感和一定的挑战性,使学生"跳一跳能够得到",并且鼓励合作和创意。学生课前任务完成情况是课内教学的依据,所存在的问题则是课内教学的重点,对学生的评价应采取综合评价的手段。

问卷调查结果显示(见表5-8),教师能根据教学目标和进度,提供给学生课前自主学习任务单($M=4.2$),并组织课前小组学习活动($M=4.8$)。从题项均值看,教师布置小组形式课前学习任务的较多,但特别个性化的做法,如依据学生的个体情况分配不同的任务,不能得到教师在实践中的支持($M=2.8$,$SD=1.2293$)。

表5-8 教师课前任务布置情况表

题项	20. 我会根据教学目标和学习进度,给学生提供课前自主学习任务单					总分		不同高校均值			
选项	1	2	3	4	5	均值	标准差	A	B	C	D
比例	0	0	20.0	40.0	40.0	4.200	0.7888	4.2	4.5	4.5	3.0
题项	18. 我会根据教学目标和学习进度,布置课前小组学习任务					总分		不同高校均值			
选项	1	2	3	4	5	均值	标准差	A	B	C	D
比例	0	0	10	0	90.0	4.800	0.6325	5.0	5.0	5.0	3.0
题项	25. 我会根据教学目标和学习进度,对英语水平不同的学生提供不同的课前学习任务单					总分		不同高校均值			
选项	1	2	3	4	5	均值	标准差	A	B	C	D
比例	10.0	40.0	20.0	20.0	10.0	2.800	1.2293	3.6	1.5	2.0	3.0

笔者通过访谈,了解到了部分学校课前自主学习任务设计的具体情况。

A大学的大学英语教材是近年来最新的科普文章,但对学生的学习构成了一定的难度。学生情况是掌握了一定的专业知识,英语水平相对较好,且有50%的学生已通过了大学英语四级考试,优秀的班级四级通过率甚至达到了80%～90%。针对教材偏长偏难,学生在传统课堂难以吃透,且大学英语课时又较少的问题(周学时为5学时),A大学翻转课堂课前主要是成立合作学习小组、搜索网络资源及小组合作的形式,学习课文内容,同时完成以下小组任务:A. 文章翻译;B. 准备课堂作业展示,包括口头汇报、课文结构分析、难句翻译和字词的学习等;C. 发现学习中的问题;D. 小组合作解决学习中的问题。教师在翻转课堂中起着设计任务、指导学生的学习并激发促进学生思考的作用,而学生的角色则主要是展示任务、问题及成果以及集体解决问题。但在实践中，教师发现小组活动中，学生整体活跃程度不够，而且翻转课堂需考虑学生的实际情况，实施有层次及生本化的翻转。

> 我觉得效果非常好，能培养学生自主学习能力。我布置任务时分了好几项，每一组一个单元分到七到八个组，保证每个组都有任务。而且每个单元都分成 reading、words and phrases 以及 structure，整个讨论的内容也分为七到八项，每一次上课，每一组都有事情做，促使学生上课都很认真地去听。（A-T1-LD）

B 大学是一所师范综合类学校，自建了英语综合学习网站，并专门建设了翻转课堂网站。但笔者调研之际，该网站仅处于试用阶段。而且该校对评估体系做了较大的改革，将形成性评估从原来的 40% 提高到 60%，包括学生的出勤、写作和课堂参与，即学生参与平台并且讨论，教师根据平台上的记录评分。期末口语考试占 10%，期末笔试仅占 30%。教师通过社交软件发布通知和学习资源，课前学习任务主要以小组的方式完成。

> 我们布置任务的课都是通过 QQ 群的，我要求他们每一次都有一个专门负责的小组，收集各个分小组的学习情况。学生看完微视频之后，回答视频后的一至两个开放性问题，并写下来，通过网络反馈给收集的小组；也可以把观看微视频当中出现的新的问题，或不理解的地方提出来，汇总给我，我会按照问题的数量和质量给学生打分。（B-T1-W）

C 大学是一所"985"理工类院校，使用大学英语综合英语教程并自主开发了慕课资源平台。该平台包括课程内容、课程信息、讨论、维基和进度五个部分。每个单元由课文视频讲解和在线练习两大部分所组成，前者是微视频形式的课文内容的讲解，包括词组和课文结构等，而后者则是主要围绕单元内容进行的练习，以检验学生视频讲解的学习情况，题型分为客观题，如选择题以及以回答问题为主要形式的主观题。客观题由系统自动评分并反馈给学生，主观题则由教师手工批阅。学生课前的学习任务是完成在线视频讲解内容的观看和在线测试，并为面授课上的活动做准备。每一个单元都是围绕一个具有实际意义的项目来设计的。项目的完成涉及一系列的语言活动。单元学习的结果即意味着项目的完成。而每一个项目的结果都会落实在一个完整的语言形式上，如演讲、研究报告或者辩论。所以,单元学习过程就是运用不同的语言材料和语言技能完成项目的过程。考核情况是期末考试40分,平时成绩占60分,包括class presentation、个人的performance以及online exercises。教师在访谈中指出:

> 学生课前任务比较多,因为online就两个东西,第一个是online exercises,第二个是online的video。还有就是他就要做一些下一课的活动准备,不准备就没办法,等下今天下午debate不好了,那就是准备不好了。我认为学生至少上课前三天是忙的。我们上个学期做了比较详细的大规模的问卷调查,抱怨可能是个别的,学生由于语言功底的问题,还是觉得有点怵,但是怵也没办法,他必须得搞,否则没有分数。有学生说:"每节课都像在水深火热之中。"(C-T1-W)

D大学是一所"985"综合类院校,在国内最早加盟Edx慕课平台,大学英语慕课及翻转课堂实践都走在全国高校的前列。课程在学堂在线和Edx平台上均已上线,在笔者访谈课程主持人Y老师之时,其在学堂在线的人数已突破13万人。课程在开始之前根据学生的需求,调整教学校历,增加了self-reflection环节。课程设计了8个主题、34个场景和150组对话,通过模仿这些地道的表达,学生可以学会用英语谈论日常生活和学习的方方面面。每个主题有十余组对话和小组讨论,包括外籍教师的中西方文化差异介绍,中国教师的重点词汇、句型讲解,听力理解练习和口语测试。通过学习和练习,学生将可以和讲英语的朋友们自如地交谈、讨论与主题相关的任何问题。学生课前任务是:① 按时完成慕课的课程作业(包括各单元的测验和练习,以及期中和期末考试),占课程的70%;② 分组完成5个视频作业(可以是创作微电影、电影或绘本书配音、校园情景剧等),采用"学过了,写出来"及"学会了,就演出来"等手段,鼓励学生自制视频,分享小组和视频以及边读边写剧本,边讨论,激发学生的学习兴趣和动机。

5.3.2.2　教师课前管理

基于慕课理念的大学英语翻转课堂是动态和创生的课堂,即时交互也是重要的慕课理念之一。教师不但要精准了解学生课前学习情况,以此调整和创生课堂教学内容,而且还要与学生开展基于在线学习共同体的双向互动交流。因此,教师课前管理是大学英语翻转课堂教学的重要环节。本研究中教师翻转课堂课前管理主要包括对学生课前学习情况的管理、参与及管理学习共同体以及根据学生课前学情动态生成课内教学内容和资源。翻转课堂教师课前管理情况如表 5-9 所示。

表 5-9　教师课前管理情况表

题项	30. 我会通过系统及时跟踪学生课前自主学习情况					总分		不同高校均值			
选项	1	2	3	4	5	均值	标准差	A	B	C	D
比例	10.0	30.0	50.0	10.0	0.0	2.500	1.080 1	2.0	3.0	3.0	3.0
题项	29. 我会使用系统中的数据发现学生课前自主学习中的困难					总分		不同高校均值			
选项	1	2	3	4	5	均值	标准差	A	B	C	D
比例	0	20.0	50.0	30.0	0.0	3.100	0.737 9	2.8	3.0	4.0	3.0
题项	24. 我会利用系统对学生课前学习中的问题提供针对性的指导					总分		不同高校均值			
选项	1	2	3	4	5	均值	标准差	A	B	C	D
比例	0.0	10.0	80.0	10.0	0.0	3.000	0.471 4	2.8	3.5	3.0	3.0
题项	26. 我会利用系统及时参与学生在线学习共同体的讨论					总分		不同高校均值			
选项	1	2	3	4	5	均值	标准差	A	B	C	D
比例	0.0	20.0	40.0	40.0	0.0	3.200	0.788 8	3.0	3.5	3.5	3.0
题项	17. 我能熟练使用社交软件(微信、QQ 等)与学生交流					总分		不同高校均值			
选项	1	2	3	4	5	均值	标准差	A	B	C	D
比例	0.0	0.0	10.0	20.0	70.0	4.600	0.699 2	4.4	5.0	4.5	5.0
题项	27. 我会使用移动设备(智能手机等)及相关软件进行翻转课堂教学					总分		不同高校均值			
选项	1	2	3	4	5	均值	标准差	A	B	C	D
比例	0.0	10.0	50.0	30.0	10.0	3.400	0.843 3	3.8	3.0	2.5	4.0
题项	32. 我会课前搜集学生自主学习问题,以此作为课内教学内容					总分		不同高校均值			
选项	1	2	3	4	5	均值	标准差	A	B	C	D
比例	10.0	30.0	10.0	20.0	30.0	3.300	1.494 4	3.6	4.5	2.5	1.0

从表中可获得如下信息:

第一，大学英语翻转课堂中教师不能及时了解和掌握学生课前学习情况，也未能提供即时反馈和辅导，使慕课理念在实施中出现偏差。

教师通过系统跟踪学生的学习情况这一题项的均值仅为2.5，方差为1.08，显示离散度较大，各校虽有差异，但均值都较低。而通过系统发现学生学习中的困难、提供针对性的辅导二个题项均值分别为3.1和3.0，处于较低的水平，未有均值超过4.0的学校。

从访谈中，笔者了解到产生这一问题的主要原因首先是平台功能的缺乏或不完善。其次是教师对翻转课堂课前学习观念陈旧，尤其是从语言学习的角度出发，认为学生课前微视频学习可有可无。其三则是教师个人的习惯使然，教师倾向用课堂检测的办法检查学生的课前学习情况，这些办法包括课前微视频学习的书面问题、课堂活动表现检测、微视频内置问题检测等。从以下的访谈中可知一二：

我们无法查看学生（课前学习）的记录，完全是凭老师的主观，可以说这是主观打分。老师根据学生平时表现打分的话，如果占的比例太大，差别就不太好把握。（A-T1-L）

我们平台还处于试用阶段，我们布置任务的课都是通过QQ群的，学习的情况在课堂上检查，就是我会要求学生每一次设置一个专门负责的小组，收集汇总各个分小组的学习情况和问题。学生的学习情况通过他们网上递交的视频后问题答案反映，也通过自己提出问题，然后通过小组讨论确定问题答案的形式反映。可能我们这里也存在课前监控有效性的问题。（B-T1-W）

如果课前不学的话，（翻转）课堂是没有办法开展的。（网上的微视频）他也可能看都没看懂，但这个我们现在基本上也就靠学生自觉吧，如果学生课前准备得不充分，课堂活动就会表现得不好，对学生的平时成绩就会有影响，我们现在只能通过这个手段，没有一个直接的手段。实际上我们没有强行要求学生必须看video，video实际上是一个辅助手段吧。像讲课文的那种video，上学期基础好的学生查字典就能解决，不见得会看video。这学期的学生，总的来说看video的频率比上学期要多，但是video只能起到辅助的作用，更多地还是要去读课文。如果只听别人讲，只看video，自己不读不思考的话，收获也不大。（C-T1-L）

我们在所有的clip里面，基本都加了reflective questions，很多问题不一定很难的,实际上是对前面的一些回忆呀,可能很少有拐几个弯的那种题目。这种 reflective questions 在课堂上经常要用,要用来 check 学生,实际上这种 check 是软 check。这种想法来源于我们翻转课堂的实践,我们的第一批实验时学生水平比较高,他们不看 Video Lecture,也能把文章看个八九不离十。我们调查发现只有 54% 的学生觉得视频讲座对他帮助很大。但他们是优秀学生,因此,为了保证结果的有效和准确,我在 clip 中间加入 quiz,学生不做 quiz,视频就不会继续播放。不管对错,学生的 quiz 成绩都会到我这儿来,当然这个成绩可以到老师手中,也可以不到,实际上可以假到,就是不一定真到,所以很多练习虚虚实实,只要学生做了练习,有反思和回忆,就可以了,(其他)对教学没什么大的影响。(C-T2-W)

第二,调查问卷结果也显示,教师利用系统参与学生学习共同体的讨论这一题项均值为 3.2,而熟练使用社交软件(如微信、QQ)与学生交流这一题项均值为 4.6。但使用移动设备(如智能手机)及相关软件进行翻转课堂教学这一题项的均值仅为 3.4,说明教师较少参与学生网上学习共同体的讨论,与学生在课外的交流主要通过手机及电脑客户端社交软件进行,但尽管教师能熟练使用移动设备客户端与学生交流,却不善于将其应用于翻转课堂教学之中。在访谈中,教师们也表达了相似的信息:

现在学生几乎 99% 都有手机,那么 QQ 上的即时联系是不可能没有的。我们在 QQ 里建立了班级群,讨论与学生学习有关的内容,比如一些通知,有关学习管理的消息,或者针对学生提的问题,然后给出的一些解答,或者学生的讨论。而学生如学到哪个单元碰到不会的问题,就会在上面吼一声,大家来讨论一下。但总体来说学生提问题的不多,因为课堂上他们会有时间问,而且学生一般只会在上课之前才会去读,去做,所以平时问题也不会太多。但是积极的总是那几个,不说话的永远不说话。因为我们平台这方面的设计不是很好,所以我们跟学生基本 QQ 群联系,而且与平台的论坛相比,QQ 群联系即时性会更强。平时不用上去看,每天集中一个时间,比如中午打开看一下,老师也不觉得麻烦。(C-T1-L)

访谈中也了解到,师生较少参与网络平台交互,纵然有平台功能不完善、论坛因为设计不够人性化等技术方面的原因,但更有学校大环境的种种限制使教师对信息技术平台的改革存在顾虑。有教师在访谈中指出:

> 现在中国大学某个 MOOC 要求与我们合作,它的平台功能比较全面,而且提供全面的技术,但是我现在很犹豫。因为现在学校的体制是僵硬的,这个体制若不调整,改革没办法进行。比如对老师工作以及学生学籍的认定要做调整,对人事的管理要调整。慕课交流平台 24 小时答疑,还有上传下达,然后还经常会有些技术上的故障,需要人员协助,并且还不能是外语类人才。所以改革起来非常难,我觉得这个问题比较大。(C-T2-W)

从问卷中也可获知,教师课前搜集学生自主学习问题,并以此作为课内教学内容这一题项的均值仅为 3.3,而且标准差达到 1.49,说明教师对翻转课堂通过学生课前自主学习创生课堂活动的观点不一致,部分教师的翻转课堂课内外缺乏联动。

5.3.2.3 学生课前学习情况分析

如前所述,学生课前有效自主学习是翻转课堂得以成功实施的基础和关键。慕课的信息技术给学生课前自主学习提供了多样化的手段。对学生课前学习情况的分析旨在了解学生完成课前学习情况及学生学习自主等情况。

从问卷调查结果看(见表 5-10),第一,学生按照教师要求,主动完成课前自主学习任务的均值为 3.38,有 44.6% 的学生选择"基本符合"或"完全符合",仅有 15.4% 的学生选择"基本不符合"或"完全不符合",说明大多数学生都能主动完成教师布置的课前自主学习任务,尤其是教师课前布置的与课内活动密切相关的显性小组学习任务等,如学生在访谈中指出:

> 课前学习主要是看视频,也没啥很大的压力,但如果有任务的话,还是要加点班的,因为要做的事情很多,比如做问卷、做 PPT 之类,但基本上是隔一周做一次的样子。(C-S2-L)

> 平时英语的作业量不是特别多,主要是自己小组的任务,但一般情况下一个学期一个小组只要完成两次任务,其实平摊到平均时间里还是能接受的。(C-S1-Z)

> 老师一般在课前会布置一些小任务,基本上是分组活动,她事先

会将每组的任务交代得很清楚,然后我们每次课前都要做好准备的,因为一则班级人数也不多,就二十来人,再者课堂上是要讲和表演给大家看的,没准备好会很尴尬的。(D-S1-C)

第二,学生课前通过练习刷分获得更高成绩这一题项的均值为 2.90,且标准差达到 1.017,表明学生对通过刷分的方式获得更高的成绩积极性不高,这主要是因为视频学习后的练习缺乏一定的挑战性,如学生在访谈中指出:

> 线上作业的话有针对听力的,有针对阅读的,还有针对课文理解方面的。它里面主要是选择题居多,学生如果靠猜,然后再提交的话,就会比较尴尬。所以到现在我看到有些改变,就是上个单元上完,题型发生了变化,老师会出些主观题,它没有标准答案,老师会自己来改的。(C-S1-Z)

第三,学生利用系统了解自己学习情况,并根据学习要求做出相应的调整这一题项的均值为 3.34,有 44.1% 的学生选择了"基本符合"或"完全符合",说明学生能够通过信息技术的手段了解自己的学习情况,并做适当的调整以促进学习,这也体现了慕课即时反馈的理念,如学生在访谈中指出:

> 作业提交了以后,客观题马上能看到成绩,知道自己哪道题错了,这样比较好,能让我知道哪些知识点学好了,哪些没学好,以后考试前复习的话在这些方面就抓紧注意点。(D-S1-H)

第四,学生课前自主制定学习计划并选择合适的英语学习方法这两个题项的均值分别为 3.11 和 3.43,说明学生尽管自主制定学习计划稍弱,但尚有一定的自主学习能力。

表 5-10　学生课前学习情况表

题项	31. 我会按教师要求,主动完成课前自主学习任务					总分		不同高校均值			
选项	1	2	3	4	5	均值	标准差	A	B	C	D
比例	1.7	13.7	39.9	34.5	10.1	3.38	0.903	3.34	3.57	3.27	3.65
题项	38. 为了获得更高的成绩,我会重复刷新课前练习成绩					总分		不同高校均值			

选项	1	2	3	4	5	均值	标准差	A	B	C	D
比例	6.3	30.9	36.4	19.1	7.3	2.90	1.017	2.85	2.71	3.05	3.21
题项	35. 我会利用系统了解自己学习情况，并根据学习要求做出相应的调整					总分		不同高校均值			
选项	1	2	3	4	5	均值	标准差	A	B	C	D
比例	1.9	13.2	40.8	37.2	6.9	3.34	0.860	3.32	3.36	3.29	3.69
题项	36. 我会根据自己英语学习情况,制订翻转课堂学习计划					总分		不同高校均值			
选项	1	2	3	4	5	均值	标准差	A	B	C	D
比例	3.8	22.3	39.1	28.2	6.5	3.11	0.952	3.16	2.95	2.97	3.65
题项	42. 我会选择适合自己的英语学习方法,配合翻转课堂学习					总分		不同高校均值			
选项	1	2	3	4	5	均值	标准差	A	B	C	D
比例	2.3	8.8	42.1	37.6	9.2	3.43	0.860	3.37	3.46	3.45	3.82

5.3.2.4　学生学习共同体参与情况

互联网的特点就是开放、协作和共享,慕课通过建立学习共同体的方式,弥补其大规模所带来的缺乏情感交流的缺憾。在基于慕课理念的大学英语翻转课堂中,学生课前通过与师生互动交流的方式融入学习共同体中,探讨和解决学习中所遇到的问题,排解在线学习的孤独感,并动态生成课堂学习内容。对于学生学习共同体参与情况的研究主要了解课前师生互动的方式及学生参与在线讨论的情况。学生参与学习共同体情况见表5-11。

表5-11　学生学习共同体参与情况表

题项	33. 我经常与老师和同学面对面讨论学习过程中遇到的问题					总分		不同高校均值			
选项	1	2	3	4	5	均值	标准差	A	B	C	D
比例	3.1	19.8	39.3	30.9	6.9	3.19	0.933	3.22	3.17	3.02	3.62
题项	37. 在翻转课堂学习过程中,我会通过社交软件,主动与老师和同学开展同步或异步互动交流					总分		不同高校均值			
选项	1	2	3	4	5	均值	标准差	A	B	C	D

续表

比例	4.0	27.5	38.8	23.9	5.9	3.00	0.955	2.99	2.84	3.06	3.24
题项	40. 我基本不在讨论区发帖提问,也不回答其他同学贴出的问题,长期处于潜水状态					总分		不同高校均值			
选项	1	2	3	4	5	均值	标准差	A	B	C	D
比例	11.6	26.7	37.4	20.2	4.0	2.78	1.025	2.77	2.95	2.75	2.62
题项	43. 我经常在讨论区发帖提问,并积极回答其他同学贴出的问题					总分		不同高校均值			
选项	1	2	3	4	5	均值	标准差	A	B	C	D
比例	13.2	38.0	28.5	15.1	5.3	2.61	1.060	2.73	2.32	2.45	2.92

从以上的问卷调查表可知:第一,学生面对面讨论学习过程中遇到的问题这一题项的均值为 3.19,通过社交软件与师生交流这一题项的均值为 3.00,而经过反向题处理后学生在网上讨论区发帖并回答其他同学的问题这一题项均值仅为 2.78,且该题项的标准差为 1.025,说明学生参与学习共同体交流的主要方式依次为面对面方式、社交软件方式及网上发帖方式。学生青睐面对面交流,而不喜在网上讨论区发帖交流。

第二,相应地,在讨论区发言提问并回答其他同学问题这一题项,其均值也仅为 2.61,且标准差为 1.060,但没有一所学校该题项的均值达到 3 及以上,说明学生翻转课堂网上论坛交流参与度较低,更倾向于使用社交软件交流,这与对教师的调查结果如出一辙,与网上论坛功能单一有关。访谈中也了解到,翻转课堂学生住校因素缩短了物理空间的距离,令他们更喜面对面交流的便捷方式。而网络交流缺乏情感等多种元素,因此,只有在必要时才使用 QQ、微信等社交软件。

网上交流实际效率不是很好,我们宿舍也经常会面对面地讨论或交流,而且当面交流也更方便些并且快一点。像 QQ 的话,你发过去,人家没来得及看,那就耽误你的工作了。而且面对面的话就比较有热情,可能你当面去问,人家就教你,看到你发的信息,人家可能就不想回答,因为比较难嘛,这样的话还是面对面的比较好。(A-S3-H)

和老师联系一般是 QQ 群的形式,尽管我们也有她的电话。对于学生在 QQ 上提的问题,老师能当天回复,但会迟几个小时吧。我发现老师都不太刷 QQ 的。在线学习的网上讨论板我们没有用过,它就是个讨论板,其他功能较少。我们在线学习部分就分为视频、课程、作业、讨论、老师信息等好几大模块,反正我都没用,我只用了课程内容部分。其实我觉得要多和老师熟悉一下,主要关系还是通过课堂上建立的,相对来说我们与老师还是比较陌生的。我那天课下晚点走是想和老师多交流一下,还是希望面对面地多交流。(C-S1-Z)

我们英语是实行选课制的,班上的同学都是来自各个院系的,平时主要的交流方式就是QQ群,在上课时也没什么互相交流,除非是一个小组的。(C-S2-L)

我们课前就是和同学约个时间聊一下,主要讨论如何做好老师布置的视频作业。网络论坛我还没怎么搞明白,所以也不怎么用。因为我们平时就是同学,住得挺近的,然后就一起以小组的形式做英语的作业,如果有问题也是面对面的商量,这样我觉得挺好的。我们没有用QQ,而是我们自建了微信群,平时都在群里面发言,但老师不在其中,否则我们发言会拘谨并有所限制的。(D-S1-M)

综上所述,通过对教师和学生的问卷调查,笔者发现基于慕课理念的大学英语翻转课堂中,首先教师能就学习目标和进度布置合理的课前自主学习任务,但课前学习以学生小组任务居多。其次,教师不能有效利用信息技术手段对学生课前学习情况获得准确了解并提出即时反馈,主要通过课堂检验等办法了解学生课堂学习情况,翻转课堂缺乏课内外的有机联系和实时创生。第三,学生能完成课前自主学习任务,并利用慕课即时反馈理念调整和促进学习,但是师生参与网上学习共同体论坛程度低,双向互动交流主要通过移动设备等的社交软件,学生参与学习共同体交流的方式主要为面对面交流及利用社交软件。

5.3.3　课堂教学实施

翻转课堂将课内知识传授环节前置,就是为课内腾出更多的时间开展交互活动,内化知识。因此,课内的教学环节是基于慕课理念的大学英语翻转课堂的核心和重要组成部分。本研究中课堂教学实施问卷调查部分主要包括教师课内任务设计、课堂活动开展以及学生课内活动情况等。

5.3.3.1　教师课堂与课前任务联动

翻转课堂课内知识的内化活动以课外知识的传授为基础,是对课外所学知识的升华与巩固,因此,两者是有机联系,互为一体的。课内外联动是翻转课堂实施的重要环节,有效的联动不但能促进知识的内化,而且能促进学生课前的自主学习。

　　翻转课堂课内活动的首要任务是检验和解决学生在课前学习中遇到的问题。如前所述,教师不能很好地利用系统挖掘学生课前学习的问题,因此,通过课堂检测的方式就显得尤为重要。从调查问卷和访谈的结果看(见表 5-12),教师对学生课前学习效果的检验主要采取小组活动和汇报的方式。对于学生课前自主学习所遇到的问题,教师在课堂上以讲授的方式解答这一题项均值为3.2,而通过学生讨论的方式解答这一题项均值为 3.8,说明教师倾向于通过组织学生讨论的方式解决课前学习中的问题。

表 5-12　教师课堂课前任务联动情况

题项	31. 对于学生课前学习中遇到的问题,我在课内主要以讲授的方式进行解答					总分		不同高校均值			
选项	1	2	3	4	5	均值	标准差	A	B	C	D
比例	0.0	20.0	40.0	40.0	0.0	3.200	0.788 8	3.4	3.0	3.5	2.0
题项	35. 对于学生课前学习中遇到的问题,我在课内主要通过组织学生讨论使其自行找到答案					总分		不同高校均值			
选项	1	2	3	4	5	均值	标准差	A	B	C	D
比例	0.0	0.0	40.0	40.0	20.0	3.800	0.788 8	4.2	4.0	3.0	3.0
题项	50. 无论学生课前学得怎么样,我都按照既定的教学进度进行课堂教学					总分		不同高校均值			
选项	1	2	3	4	5	均值	标准差	A	B	C	D
比例	0.0	30.0	30.0	30.0	10.0	3.200	1.032 8	3.0	3.0	3.0	5.0
题项	33. 我在课堂内反复提取学生课前的学习内容以便强化记忆					总分		不同高校均值			
选项	1	2	3	4	5	均值	标准差	A	B	C	D
比例	0.0	40.0	20.0	30.0	10.0	3.100	1.100 5	3.4	3.0	2.0	4.0
题项	46. 我按照学生课前自主学习情况适当调整课内教学进度					总分		不同高校均值			
选项	1	2	3	4	5	均值	标准差	A	B	C	D
比例	0.0	0.0	10.0	40.0	50.0	4.400	0.699 2	4.2	5.0	4.5	4.0

从教师访谈中了解到更为详细的情况:

有时我从学生收集到的问题中发现，有的问题是各个小组都提到的，但回答是不一样的，我就会把这些共性的问题，在课堂上专门抛出来，然后再让学生进行小组讨论。（B-T1-W）

我们课堂内活动是这样安排的，首先由负责的小组汇报全班课前学习所提到的问题以及解决的过程和结果。在汇报过程中，其他小组的成员有权打断他们。这些小组可以质疑别的小组的问题，对其他小组提问，或者与其他小组分享新的 idea。学生汇报完之后，如果有时间的话，有我来给他们提出来新的问题，或者别的同学有新的问题，也可以在课堂上提出来。（B-T1-S）

课堂上的活动和课前学习的结合要看具体的内容，学生课下网上的学习基本是语言输入方面的。课堂活动首先是问答环节，学生针对课下自主学习中所遇到的问题提问，这时我会请同学解答。当然，如果有些我觉得是重难点，而学生没有问到的，我就会反过来提问学生。（C-T1-L）

按照课前学生学习情况、调整教学进度两个题项的均值分别为3.2（第50题）和4.4（第46题），说明教师能有意识地根据学生翻转课堂课前学习情况调整教学进度。而对于在课内提取课前所学知识，增强知识内化这一题项的均值为3.1，且标准差为1.1，说明教师尚能使用翻课"重复提取优于细化编码"的原则，但总体意识不强，且各校实际操作存在差异性。C大学该题项均值最低，而D大学最高。

访谈中，笔者了解到有的学校翻转课堂课内外联动，使得课程精细化设计理念得到实现，如教师谈道：

我们一个单元上三周的课，这三周全是连环的。上一周我们有一个活动叫 From Video to Writing，讲鼓励学生在校园创业的事，很短的三四百字的一篇文章，我就在课外给学生 reading 的任务，找出 topic sentence。但这篇文章中的 topic sentence 不像平常把一个 idea 讲得清清楚楚，这些 topic sentence 是个问题，如 What about studying business? 然后分几个段落来 support 这个问题，最后是 conclusion。而且文章的 conclusion 也非常有意思的："Just do it！"，然后说明为什么 just do it。这是课程设计中的 reading 部分，学生 reading 任务完成后马上就是 writing，也就是今天的 debate。我给了学生一个题目了，学生就根据这个题目,写上三个方面的 topic sentence、supporting、conclusion。所以我今天的 debate 是三个方面,第一个方面就是 state your point of view,第二个就是 support your point of view,第三个,因为是 debate,我就改了 attack the point of view of opponent。今天下午之后就连到下节课了,我要他们描述一个 chart,就列了创业的 20 个失败原因。我让小组来准备这个 chart,比如前面说创业,也读了这么多成功人物,实际上创业成功的是少的,所以教师的备课要急转直下。下一次课以小组为单位做一个 presentation,介绍一下 product 或者介绍一个 service that you are going to create,然后问三个问题,第一个问题是 What it is? 第二个问题就是 Why it should be successful? 学生就要讲为什么会成功。第三个问题则要跟班上其他同学做一个 discussion,底下的学生要动起来,比如你这个产品卖不出去怎么办。我布置的作业一般均超过 5 分钟,还不止这个,我在 QQ 群上还要写上具体的,形成文字的具体要求,这样才能保证学生在课堂上才能做。(C-T2-W)

精细化的课程设计既贴合学生的需求,又有一定的创意。但在访谈中也发现,教师的课程设计能力不同,仅部分能力强的教师才能胜任,如本研究中仅 C 大学和 D 大学各一位教师的大学英语翻转课堂体现了这种精细化设计理念。

5.3.3.2 课堂教学活动开展

1)教师课堂教学活动的开展。

基于慕课理念的大学英语翻转课堂的课堂活动开展主要研究教师课堂活动形式、组织以及活动设计等情况。

从问卷调查来看(见表 5-13),课堂的主要教学活动是知识传授这一题项均值为 4.3,但标准差达到 1.25。而主要教学活动是小组讨论、辩论及汇报展示这一题项的均值为 4.3,说明教师均认可课内主要是多种形式的知识内化活动,而不是传统课堂以教师知识教授为主。

表 5-13 教师课堂教学活动开展情况

题项	36. 翻转课堂课内的主要教学活动是教师的知识传授					总分		不同高校均值			
选项	1	2	3	4	5	均值	标准差	A	B	C	D
比例	10.0	0.0	0.0	30.0	60.0	4.300	1.251 7	3.8	5.0	5.0	4.0

题项	22. 翻转课堂课内的主要教学活动是小组讨论、辩论、汇报展示等					总分		不同高校均值			
选项	1	2	3	4	5	均值	标准差	A	B	C	D
比例	0	0.0	20.0	30.0	50.0	4.300	0.823 3	4.2	3.5	5.0	5.0
题项	37. 我会根据学生的水平和兴趣设计多样化的课堂活动					总分		不同高校均值			
选项	1	2	3	4	5	均值	标准差	A	B	C	D
比例	0	20.0	10.0	40.0	30.0	3.800	1.135 3	3.2	4.0	4.5	5.0
题项	52. 小组活动前，我会明确任务和分配学生角色					总分		不同高校均值			
选项	1	2	3	4	5	均值	标准差	A	B	C	D
比例	0.0	0.0	40.0	30.0	30.0	3.900	0.875 6	4.0	4.0	3.5	4.0
题项	34. 我在课内以协调者的身份参与学生的互动和讨论					总分		不同高校均值			
选项	1	2	3	4	5	均值	标准差	A	B	C	D
比例	0.0	0.0	20.0	30.0	50.0	4.300	0.823 3	4.2	4.0	4.5	5.0
题项	28. 我及时回答学生所遇到的任何问题，努力营造和谐的课堂氛围					总分		不同高校均值			
选项	1	2	3	4	5	均值	标准差	A	B	C	D
比例	0	0.0	30.0	10.0	60.0	4.300	0.948 7	4.2	5.0	3.5	5.0
题项	43. 课内活动时，我会在学生之间巡回，随时提供帮助					总分		不同高校均值			
选项	1	2	3	4	5	均值	标准差	A	B	C	D
比例	0	0.0	10.0	20.0	70.0	4.600	0.699 2	4.2	5.0	5.0	5.0
题项	61. 我尝试新技术，并将其应用于翻转课堂教学中,营造信息化的教学环境					总分		不同高校均值			
选项	1	2	3	4	5	均值	标准差	A	B	C	D
比例	0.0	0.0	10.0	20.0	70.0	4.600	0.699 2	4.2	5.0	5.0	5.0
题项	51. 我指导学生利用信息技术开展翻转课堂自主探究合作的学习活动					总分		不同高校均值			
选项	1	2	3	4	5	均值	标准差	A	B	C	D
比例	0.0	20.0	30.0	40.0	10.0	3.400	0.966 1	3.4	3.5	4.0	2.0

教师根据学生水平及兴趣设计课堂活动这一题项均值为3.8,标准差为1.14。而教师在小组活动前安排任务和分配角色这一题项均值为3.9,说明教师倾向于给学生布置小组任务。而对于设计多样化的课堂教学活动,各学校有差异,A大学均值最低,D大学最高,显示D大学课堂内活动更能符合学生的兴趣与爱好。

对于翻转课堂中教师的课堂角色,调查问卷显示,第28题、34题及43题的均值均超过了4,分别达到4.3(28题)、4.3(34题)及4.6(43题),说明教师较为认可翻转课堂内角色的转变。教师在课堂内主要作为课堂协调者、和谐环境创造者以及帮助者。

教师对于利用信息技术营造翻转课堂教学环境的意识较强烈($M=4.6$),但仍存在环境差异性,部分学校网络信息环境不够理想,影响了翻转课堂的有效实施,而且由于教学平台或学生交流喜好等原因,在实践中未能较好实施学生利用信息技术开展自主探究及合作学习($M=3.4$)。

对于基于慕课理念的大学英语翻转课堂课内教学活动的开展,笔者将在下节(见5.4)详细论述。

2)学生课堂学习活动的开展。

对学生课堂学习活动开展情况的问卷调查结果如下(见表5-14)。

表5-14 学生课堂学习活动情况

题项	41. 翻转课堂上的活动主要是和同学的合作、探究、问题解决,借此我的英语语言能力得到锻炼					总分		不同高校均值			
选项	1	2	3	4	5	均值	标准差	A	B	C	D
比例	3.2	10.9	43.9	34.2	7.8	3.33	0.888	3.28	3.15	3.48	2.47
题项	48. 在翻转课堂上,我一般不积极主动发言					总分		不同高校均值			
选项	1	2	3	4	5	均值	标准差	A	B	C	D
比例	7.6	24.2	42.7	21.8	3.6	2.90	0.949	2.88	2.92	2.94	2.82
题项	49. 我积极参与了翻转课堂活动,完成教师布置的任务和小组中的角色分工					总分		不同高校均值			
选项	1	2	3	4	5	均值	标准差	A	B	C	D
比例	1.7	10.5	32.8	42.0	13.0	3.54	0.906	3.49	3.65	3.54	3.68
题项	51. 翻转课堂上,我和教师、同学合作,共同完成英语学习任务					总分		不同高校均值			

选项	1	2	3	4	5	均值	标准差	A	B	C	D
比例	0.4	9.4	35.7	41.8	12.8	3.57	0.843	3.50	3.50	3.67	3.93
题项	52. 翻转课堂气氛活跃,我主动参与讨论和互动					总分		不同高校均值			
选项	1	2	3	4	5	均值	标准差	A	B	C	D
比例	1.9	19.3	40.2	27.7	10.9	3.27	0.955	3.23	3.23	3.30	3.54

从表中可知,学生通过合作学习、探究学习及基于问题的学习,提高英语语言能力这一题项的均值为3.33,说明学生基本认可翻转课堂在提高英语能力上的作用。在访谈中,学生认为大学英语翻转课堂使自己的阅读、听力、写作尤其口语能力得到了提高,也有学生认为自己的英语应用能力有了一定的提高:

因为我们的课是读写嘛,写的方面比较少,但阅读能力有所提高,老师平时会指导我们去理解课文,课前预习的时候也会带着问题阅读,课上时候也会用来提问,英语阅读理解是提高了。(C-S1-W)

我觉得自己英语的口语能力有所提高,而且上台更有底气了,也更勇敢了,不像以前非常害怕上台去讲。(C-S2-L)

翻译能力吧,因为之前上课是不看课文的,积极性也不可能很高。现在让我们自己做翻译,就要看课文,因此提高了我们翻译的能力吧。(A-S1-H)

翻转课堂中,尤其是 speaker 的话,口语能力和临场发挥和应变能力提高很快!(A-S1-L)

也就是语言的运用能力吧,像上个学期还没有实施翻转课堂的时间,就单纯地在下面听老师讲啊,然后也是单纯地学一下课本上的内容,像背单词啊,或者学一学重要的语法那种。然后我现在的话就像上台做演讲,英语口语能力有很大的提高。因为我们准备之前,我们会考虑很多,像怎样过渡啊,用英语讲出来,因此英语运用能力提高显著。(A-S3-Y)

我觉得首先是英语口语能力能得到很大的提高,因为在平时吧,许多同学都不敢站在讲台上面讲。翻转课堂呢,有个动力驱使你准备好资料后,把它看熟悉,然后就又有一个动力驱使你上台讲。其次是英语的实践方面能力也增强了,如口语、阅读、听力(video)能力都增强了。说到底就是全方位的,自己的能力得到了全面的增强。(A-S2-Z)

　　我觉得是英语口语能力有很大提高,变得自由(流利)很多,而且英语听力也有很大的提高,因为老师课上放了很多视频材料,就听了好多。(D-S1-Z)

翻转课堂上学生积极主动发言这一题项均值仅为 2.9,而且 4 所大学的均值均未超过 3,说明本研究中,学生在翻转课堂中的主动性仍有待提高。访谈中了解到了其中的一些原因,首先,学生在翻转课堂主动参与的缺乏与课堂讨论的话题以及课程评估体系有关,缺乏对学生的有效激励,如有学生指出:

　　老师确实是希望大家主动地参与课堂,但一方面反正大家也懒得说,另一方面有时话题太简单了点,或者直接不感兴趣。再说了,老师应该直接把平时分比重再增高一点,把课堂回答问题及参与的积极性与平时分直接挂钩,这样的话大家可能会更积极一点。就是要以分数再激励一下,那才是最有效的,你说提高能力什么的,大家感觉太虚了,分数才是看得见、摸得着的最实在的东西。(C-S1-L)

其次,学生在翻转课堂主动参与的缺乏与学生的性格及与同学熟悉的程度有关。多年的应试教育使学生不能马上转变内敛含蓄的性格,和不熟悉的同学在一起,也制约了学生的课堂参与度。

　　我觉得大学经常会造成冷场的现象,学生们都不是很乐意去发言,只有老师提些问题,我们才会回答。如果让我们主动讨论的话,可能就会讨论不起来。我觉得主要原因在学生方面,因为现在学生都比较内向嘛,我觉得这是普遍现象,大学生不乐意去发表自己的意见,会感到很害羞吧。中学的时候,相对来说,这个班级的人基本上都认识。进大学的话,像我们一个专业也就三个人,大部分都是不认识的。所以讨论不起来,最多一个小组内讨论。(D-S1-W)

从教师访谈中也了解到了相似的信息:

　　我班就有学生,可能是性格原因吧,就不愿和别人合作,也不愿意发言。反正碰到这种学生也挺麻烦的,别人的小组活动搞得如火如荼的,讨论得热火朝天,他就在旁边坐着,不说话。让他上台去说,他忸恓恓恓的,吭哧了半天也说不了一句完整的话,或者干脆在台上一句话也不说,等到大家都没耐心了,就一声不吭地又下去了,搞得全班的气氛都受到了影响。遇到这种学生的话,我真的是没想到什么比较好的办法去解决。(C-T1-L)

最后,学生英语学习动机缺乏,翻转课堂教师理念错位,课堂讲授过多内容,压缩学生课上主动发言的时间,也是学生在翻转课堂缺乏主动参与的原因,如学生在访谈中指出:

> 因为在我们这样的学校,大家的精力主要还是放在那些专业课上,英语课也不想投入太多。平时上课的话,老师会讲60%～70%的时间,其余是我们自由讨论或回答问题的时间。老师讲的时间还是比我们讨论的时间要多一点。第一,他要讲课文,第二他也会给我们讲一些拓展的内容,比如讲西方饮食的话,他就会有拓展。还有就是讲六级的应试技巧,大家一般这个听得最认真。(C-S2-L)

学生在翻转课堂中完成教师任务和小组分工角色这一题项的均值为3.54,与教师与同学合作完成任务这一题项的均值为3.57,参与讨论及互动这一题项的均值为3.27,说明学生在翻转课堂中乐于发挥自己的角色作用,合作完成教师布置的小组任务。

通过对学生及教师的访谈,笔者了解到了更为详尽的信息。

> 我们每个专业的人差不多就是三四个,所以按专业分小组,做活动时也是按小组来分,组与组之间也可以相互合作一下。因为我们是小班教学。每个小组在讲的时候,其他小组要借鉴这个小组讲的内容的,会参考到你下一个要做的活动中去的。(C-S1-W)

> 老师把我们班分成很多小组,三四个人为一个小组,每个单元上课之前都要提前给我们布置任务,根据这个单元的主题,我们准备相应主题的资料,比如找一些名人名言和一些故事,在课堂上要进行口头报告,做PPT展示,并交一份书面的报告。上课时候,每个问题老师提出后都交给大家进行讨论。讨论之后回答,课后做相应的作业,并看本单元的视频。最后写一篇本主题的感想作文。我是负责小组PPT的,上上个星期就是做国民对中国现状看法的调查。首先我们课后自己利用问卷网去设计一份问卷,发给身边的一些同学和朋友,通过线

上让他们填写问卷,最后差不多有一周的时间收集数据,最后进行汇总。我们小组三个人,一个是负责收集和分发问卷的,收集数据,另外一个负责统计数据,形成一份书面报告,最后我来负责根据书面报告做 PPT。PPT 包括前言、现状、调查结果和根据调查结果做的总结,然后我去课堂上做口头报告,展示 PPT。我们没有组长,我们的小组都是平均分配任务。(C-S2-L)

小组成员全部了解了文章,并和小组成员一起讨论,如翻译、分段。如果出现难句,我们就把所有的学员召集过来,大家一起讨论一下。如果解决得比较好的话,各个小组就用这个版本。因为每个小组可能会有不同的问题,我们也会和其他小组一起讨论交流一下。(A-T2-LW)

我比较喜欢分组学习这一块,每个小组从组长分任务下来,大家都可以互相学习,每个人负责每一块,然后把学到的东西讨论一下,缺少的东西加到里面去。学生知道的东西毕竟是有限的,需要改进的地方还需要老师的指导,我们班学生上去讲以后,任课老师再做些补充,然后整篇文章及结构等各方面的问题进行梳理,我觉得这样的话是比较好的。(A-S2-H)

这种教学方式占用课外时间比较多,其实如果积极性不高的话,这些对他们没有什么帮助。当然,这种模式能够提高口语,但是如果这个小组里这个学生没有上去讲,那么对他也没有什么帮助的,很难调动全体的积极性。(A-S2-ZX)

因为我们平时就是同学住得挺近的,然后一起在做英语的作业就挺好的。就是小组这个形式挺好的。我觉得这个课它的趣味性比较强,没有传统的那么枯燥,就让自己爱学英语,不会是逼着学的。这点是比较好的。困难主要是小组活动中,有几个跟我们比较熟,有的同学不认识,不在一起,但经常要在一起做视频,团队合作时觉得这方面比较麻烦。(D-S1-H)

综上所述,基于慕课理念的大学英语翻转课堂教师在课堂内主要以小组活动及汇报的形式检查学生课外学习情况;尽管教师均能认识到课内知识内化活动的重要性,但在课堂活动设计能力上存在差异,部分教师的活动设计体现了慕课精细化课程设计的原则;教师运用信息技术营造课堂氛围及转变自身角色的意识较强;学生认可课堂活动提高英语语言能力的作用,但课堂内主动性和积极性仍有待提高;学生乐于发挥自己的角色作用,合作完成小组任务。

5.3.4 评价情况

学生自评、互评及基于系统的自动评价是基于慕课理念的大学英语翻转课堂区别于传统课堂的显著特征,也是慕课即时交互理念的重要组成部分。本研究中评价情况的调查主要包括学生互评情况及教师开展课堂评价的情况。

5.3.4.1 学生评价实施情况

学生问卷调查(见表5-15)显示了学生课堂评价情况,学生在翻转课堂开展同伴互评这一题项的均值为3.41,但有两所大学的均值小于3,说明同伴互评在翻转课堂中开展情况各校不尽相同,有的学校并未实施。

从学生访谈中,笔者也了解到了相似及更为详细的信息,评价多以教师评价为主,可能囿于操作及分值统计上的不易,仅部分学校实施学生互评。

表5-15 学生评价情况

题项	44. 翻转课堂上,我会对同伴的任务汇报进行评价					总分		不同高校均值			
选项	1	2	3	4	5	均值	标准差	A	B	C	D
比例	5.7	28.8	37.8	22.3	5.3	3.41	0.862	2.92	2.63	3.10	3.03

每次上完课后老师都会让小组长说一下本小组在任务完成过程中存在哪些缺陷和不足。然后老师也会给我们指明不足及改进之处,我们回去后就反思和改进,下次就做得更好,层层推进。因此,我觉得我每次都会比上一次做得好,有很大的提高。(A-S1-H)

他(教师)反正那堂课不会说评分的,每个学生展示完后他会简单地说一下你的优缺点,PPT呀,或者你的内容啊,台风啊,简单评论一下,也不会说给打多少分,应该是打的分直接记入成绩的,只能直接看期末成绩。以小组为评分单位,整个小组的分是一样的。(C-S2-L)

学生讲完presentation后,我们没有由其他学生给演讲者进行评价的过程,也没有学生自评的形式,感觉做起来比较麻烦嘛!(D-S1-C)

5.3.4.2　教师评价实施情况

教师问卷调查表(见表 5-16)显示了教师翻转课堂评价实施情况。

表 5-16　教师评价情况

题项	47. 我在课后及时综合评价学生翻转课堂学习情况					总分		不同高校均值			
选项	1	2	3	4	5	均值	标准差	A	B	C	D
比例	0.0	0.0	30.0	40.0	30.0	4.000	0.816 5	4.2	4.0	4.0	3.0
题项	44. 我在翻转课堂中开展学生自评					总分		不同高校均值			
选项	1	2	3	4	5	均值	标准差	A	B	C	D
比例	0	40.0	10.0	20.0	30.0	3.400	1.349 9	2.8	4.0	3.5	5.0
题项	54. 我在翻转课堂中开展同伴互评					总分		不同高校均值			
选项	1	2	3	4	5	均值	标准差	A	B	C	D
比例	0.0	20.0	20.0	20.0	40.0	3.800	1.229 3	3.2	4.0	5.0	4.0
题项	45. 我在翻转课堂中开展小组互评					总分		不同高校均值			
选项	1	2	3	4	5	均值	标准差	A	B	C	D
比例	0.0	30.0	20.0	10.0	40.0	3.600	1.349 9	2.6	4.0	5.0	5.0
题项	40. 我在翻转课堂中对英语水平不同的学生实行不同的评价标准					总分		不同高校均值			
选项	1	2	3	4	5	均值	标准差	A	B	C	D
比例	10.0	40.0	20.0	30.0	10.0	2.700	1.059 3	3.6	2.0	1.5	2.0
题项	48. 课后我邀请学生共同评价翻转课堂教学效果					总分		不同高校均值			
选项	1	2	3	4	5	均值	标准差	A	B	C	D
比例	0.0	40.0	30.0	20.0	10.0	3.000	1.054 1	2.8	3.0	3.0	4.0
题项	49. 我会根据学生评价调整翻转课堂教学内容与方式					总分		不同高校均值			
选项	1	2	3	4	5	均值	标准差	A	B	C	D
比例	0.0	10.0	60.0	20.0	10.0	3.300	0.823 3	3.6	3.0	3.0	3.0

从问卷结果看,教师及时综合评价翻转课堂学习情况这一题项均值为 4.0,说明教师很注重评价学生课上的表现。而在翻转课堂上开展学生自评、互评和小组评价这三个题项的均值分别为 3.4、3.8 和 3.6,说明教师虽总体上比较注

重翻转课堂学生互评和小组评价，但对学生的自评重视度稍差。对不同的学生实施不同的评价标准这一题项均值是 2.7，说明教师这种个性化的评价手段实施起来尚存困难。而与学生共同评价翻转课堂效果和根据评价结果调整教学内容和方式这两个题项均值分别为 3.0 和 3.3，说明教师赞成这种互评和创生的理念，但实施愿望并不强烈。

从教师访谈中，笔者也获得了上述结果的印证。

> 我们目前还没有同伴互评和自评，正想做这一块，因为有互评的内容，所以就有监督的作用，每个学生都可以保证积极地参与其中。（B-T1-W）

> 对翻转课堂学生活动的评估基本都是基于团队合作的，比如说做 presentation，分值占得很高的。但如果这个学生不善于和团队合作的话，评估起来还是蛮麻烦的。因为我现在班上就有一个学生，其实他笔头写得蛮不错的，他就是不喜欢说，然后和他人合作也是那种冷眼旁观。不是觉得其他人的水平不够，而是性格问题，就不喜欢。让他做个人的观点陈述，他能说，但是你能感觉他站在上面非常 uncomfortable，弄得全班都是那种感觉，所以好不情愿的。那么这种人就很难评分了？你说他能力不好吧，不行，只是 unsociable。（C-T2-L）

> 每次都有一个小组评估，每个小组发张评估表，学生不能评自己小组，只能评其他小组。我每个班八个小组，然后大家从三个方面去评他的 debate，每项打分并签名。这三个评分维度分为 state your point of view，support 以及 attack。我把所有的评分表收起来，弄一个平均值，如果平均不太好看我就用众数，然后弄成就是他们自己的分，所以学生知道他们的每一分都是自己赚的，不是老师给的。（C-T2-W）

> 课堂评估的特点是我们最大限度地利用网络及时及自动反馈功能，就是学生可以自己做题，然后系统自己批阅，这样学生就可掌握自己的学习进度，就是说学生可能完全是自主性地学习。课堂上并没有开展学生互评及自评等活动。（D-T1-Y）

综上所述，慕课的多元评价理念在大学英语翻转课堂中得到部分实施，目前评价多以教师评价为主，教师较为重视对学生的及时评价，但仅部分学校实施了学生互评，对学生自评稍欠重视。

5.3.5　学生课后学习情况分析

从学生课后学习问卷调查结果可知(见表 5-17),学生自我评价翻转课堂学习效果这一题项均值为 3.6,说明学生能自我反思翻转课堂学习效果,但各所学校均值不尽相同,仅有 C 大学和 D 大学的均值超过 3,说明这两所学校的学生善于反思学习效果。课后及时复习课堂所学的内容并重复学习课前内容,以加强学习效果这一题项均值为 2.89。与之相关的反向题为第 58 题,经过反向值赋分后,学生课后复习这一题项的均值为 2.95,说明翻转课堂课后学生不会及时复习,除非在考试之前。蒋玉龙(2014)从基于慕课的翻转课堂教学实践中也发现,学生的翻转课堂学习有试前集中复习性,并提出需改为周期性分散复习,这样才有利于知识的巩固与提高。

表 5-17　学生课后学习情况

题项	55. 我经常会对翻转课堂学习的效果进行自我评价					总分		不同高校均值			
选项	1	2	3	4	5	均值	标准差	A	B	C	D
比例	3.1	27.9	43.5	20.8	4.8	3.60	0.894	2.99	2.66	3.02	3.26
题项	56. 课后我会及时复习课堂所学的内容,并重复学习课前内容,以加强学习效果					总分		不同高校均值			
选项	1	2	3	4	5	均值	标准差	A	B	C	D
比例	4.0	28.6	40.9	21.2	5.3	2.89	0.992	2.92	2.86	2.97	3.35
题项	58. 课后我基本不复习课堂所学内容,除非在考试前					总分		不同高校均值			
选项	1	2	3	4	5	均值	标准差	A	B	C	D
比例	7.4	30.7	39.1	18.3	4.4	2.95	0.929	2.75	2.80	2.92	2.97

从学生的访谈来看,学生不愿课后立即复习,一方面是受制于其他学科的压力及其为读研等长远目标做准备,英语课程的时间被严重挤压,尤其对于理工科的学生;另一方面则对自己过于自信,习惯使然,或者缺乏自律意识。例如:

有这种想法的人还是蛮多的,其实想想,英语课程时间受其他课程的挤压,尤其受到专业课的挤压! 如果你是人文类的还可以,人文类专业的空闲时间还多一点,就是很多同学都是很想学习英语,但没有时间。(A-S2-ZY)

任务重在于理科方面,作业难,又多,就是说英语课程的时间受到其他课程的挤压。我觉得肯定是会有的,因为毕竟如果要挤时间的话,还是能挤得出来的。其实我觉得任务重的话,有时也是一件好事,因为你付出的越多得到的越多。(C-S1-W)

我自己平时课业太重了,也不能说要增加英语学习时间。我校的学生大部分都比较累,大家都想着以后去读研,找一个更好的工作。(C-S2-L)

有可能是高中的时候老师是压着学,到了大学就自由了。自主性余地大了,如果学生自主性不强的话,就不知道怎么学,或者干脆没人压着我,我就不学了,就是临时抱佛脚比较多一点。(A-S2-Y)

一般情况下,上完的话,有的时候星期一晚上会晚自习一下,因为下午的话都有课的。(C-S1-Z)

我的话一般是做线上作业的时候才会去复习一下,因为做线上作业的时候,很多预习的内容都已经模糊了,再看一下,知识点就会很清晰,能准确地答题。(C-S1-W)

我对英语都没抱过佛脚,因为我是直接裸考!然后像我这样准备考六级嘛,六级也是裸考,就是吃老本,吃老本过四级(得意地)。(A-S2-ZY)

根据我的观察,上完英语课后马上复习的同学应该没有,都去做其他事情去了。课后做作业的时候要看的,但除了课后作业之外,就不看了。而且这个课后的作业就是网上的作业,客观题比较多,如果当天不复习,照样能做对,况且网上作业题目大同小异,对学习构不成什么压力的。课后作业我们都挺抓紧的,因为你得在每个单元的截止日期前做完,所以大家相当于每周都会有任务。若截止时间过了,提交无效的。(C-S2-L)

5.4 课堂观察分析与讨论

笔者于2015年5月至6月期间观察了研究对象中7位教师总计16节翻转课堂,并用录音笔录制了课堂教学内容的全过程,以备后继分析之用。为了分析教师们开展基于慕课理念的大学英语翻转课堂情况,笔者采用了课堂教学流程与教学环节分析以及课堂活动编码分析的办法。整理课堂录音或录像计算时间分配时,采用四舍五入的原则。教学流程中,教师主导的活动是指教师的课堂讲授、提问、任务分配、教师评价、作业布置等教学活动。学生主导的活动是指学生陈述、汇报、讨论及自我评价等教学活动。在本研究课堂观察分析中,笔者发现教师 LY 的课堂教学流程与其他教师大致雷同,而教师 LZ 的教学过程不够完整,因此,笔者未将这两位教师的课程列入分析之列。对于教师 YF,笔者仅选取了她 4 节课中前 2 节课作为分析对象。因此,本研究共分析 5 位教师 10 节翻转课堂。

5.4.1　课堂教学流程与教学环节分析

教师 LW 的翻转课堂上课时间是下午第 1 节及第 2 节,共 90 分钟,含课间休息 10 分钟,因此,课内总时间应为 80 分钟。上课地点在 4 楼语音实验室,班上学生共 45 人,教室座位布局是传统秧田式,学生每人面前均有一台显示器,显示教师主控台上的任何内容,未发现学生自带笔记本电脑等便捷设备,学生不能对客户端电脑做任何操作,也不能向控制台上的教师发送任何消息。教师 LW 翻转课堂教学流程包括 A～H 共 8 个环节(见表 5-18),各环节时间分配如表 5-19 所示,其中 G 环节"教师作业点评和讲解"时间最长,共计 25 分钟,而 C 和 D 环节,即学生"演讲"和"讨论加问答"环节时间最短,各为 3 分钟。

表 5-18 教师 LW 翻转课堂流程设计表

教师 / 单元	教学环节	教学目标	主要内容	起始时间点	时间分配
教师 LW/ Unit 7 Autism and Alzheimer's Disease	A-1 学生导入	训练学生英语思维能力、阅读能力、听说能力	学生以视频形式导入课文背景知识	00:00:00— 00:08:02	8 分 2 秒
	A-2 学生讲解		学生讲解课文结构	00:08:02— 00:10:00	1 分 58 秒
	B-1 学生讨论	训练学生英语思维能力、听说能力和团队合作能力	各组学生(4 人/组)就"引起自闭症的原因"展开讨论;教师巡回给予个别指导	00:10:00— 00:15:00	5 分
	B-2 学生提问并回答		主讲学生就刚才讨论的问题提问同学	00:15:00— 00:19:14	4 分 14 秒

教师／单元	教学环节	教学目标	主要内容	起始时间点	时间分配
教师 LW／Unit 7 Autism and Alzheimer's Disease	C-1 学生难句讲解	训练学生英语思维能力、阅读能力、听说能力	主讲学生就课文难句讲解	00:19:14—00:22:05	2分45秒
	D-1 学生讨论	训练学生英语思维能力、听说能力和团队合作能力	学生就教师的提问分组讨论	00:22:05—00:24:14	2分9秒
	D-2 学生回答		学生就讨论结果回答教师问题	00:24:14—00:25:14	1分
	E-1 学生讲解	训练学生英语思维能力、阅读能力、听说能力	学生讲解核心词；教师补充	00:25:14—00:39:13	10分59秒
	F-1 学生互评	训练学生英语批判性思维能力及听说能力	教师请个别学生口头对主讲学生组评价	00:40:00—00:43:41	3分41秒
	F-2 教师点评		教师对主讲学生组的优缺点和注意事项进行点评	00:43:41—00:45:45	2分4秒
	G-1 教师作业点评	提高学生课外自主学习能力及阅读能力	教师对学生课文的难句翻译作业进行点评	00:45:45—01:04:38	19分53秒
	G-2 教师单词复习讲解		教师对课文中易混淆的单词进行讲解	01:04:38—01:10:02	5分24秒
	H-1 教师课文主题补充背景介绍	扩大学生知识面	教师对"自闭症"主题做更深背景扩展	01:10:02—01:17:03	7分1秒

表 5-19　教师 LW 课堂教学各环节时间分配表

教学环节	主要内容	时间分配（分钟）
A	学生：导入＋演讲	10
B	学生：讨论＋回答	9
C	学生：演讲	3
D	学生：讨论＋回答	3
E	学生：演讲	11

教学环节	主要内容	时间分配（分钟）
F	教师:学生互评 + 教师评价	6
G	教师:作业点评 + 讲解	25
H	教师:背景介绍	7
合计	教师主导:38 分钟;学生主导:36 分钟	74

从教学方法上看,教师 LW 的教学更接近于"以教师为主导,以学生为主体"的教学理念开展的教学;从活动的设计上来看,教师主要采用了小组讨论和分组汇报演讲的方式进行活动,以此检查学生翻转课堂课前学习效果。而且在学生演讲前还播放了一段与主题相关的视频,在提供多模态学习资源的同时,也引起了学生的学习兴趣;从师生互动关系上分析,师生关系非常融洽。教师在课堂上两次安排学生讨论相关问题,由于是学生课前学习中遇到的问题,所以学生讨论气氛热烈,部分学生起身离开了座位,与其他组学生就不同的观点展开交流,而教师则不时出现在学生中间,给予学生及时的指导和帮助。每次讨论结束时,学生和教师都有意犹未尽的感觉。在学生汇报演讲过程中,教师会随时介入,纠正学生的错误,并适时地抛出相关问题供学生思考。由于教师的问题具有一定的挑战性,所以学生跃跃欲试,课堂气氛活跃。学生演讲结束教师即时评价,先邀请几位学生互评,然后再点评。尤其是 G 环节中教师的课前作业点评,针对学生翻译作业中问题的点评,学生听得比较认真。但在学生分组汇报时,坐在后排的同学显得不够专心。从课堂总体时间分配上看,教师主导时间总计 38 分钟,而学生主导时间总计为 36 分钟。

教师 LC 的翻转课堂上课时间是上午第 3 节及第 4 节,共 90 分钟,其中课间休息 10 分钟,因此,上课总时间为 80 分钟。教师 LC 上课地点在语音实验室,班上学生共 40 人。教室座位布局是传统秧田式,学生每人面前均有一台显示器,显示教师主控台上的任何内容,且学生不能对客户端电脑做任何操作,也不能向控制台上的教师发送任何消息,未发现有学生自带笔记本电脑进课堂。教师 LC 的教学流程包括 A 至 I 共 9 个环节(见表 5-20),各环节时间分配如表 5-21。其中,学生讲解和问答环节所用时间最长,计 15 分钟,而学生总结环节用时最短,仅 2 分钟。

147

表 5-20　教师 LC 翻转课堂流程设计表

教师／单元	教学环节	教学目标	主要内容	起始时间点	时间分配
教师 LC/ Unit 6 Disease	A-1 教师视频导入	扩大学生知识面，训练学生英语思维能力、听说能力	教师播放视频"The War on Cancer"	00:00:00— 00:04:16	4 分 16 秒
	A-2 教师提问		教师以问答形式概括视频大意	00:04:16— 00:05:30	1 分 14 秒
	A-3 学生回答				
	B-1 教师指示	训练学生英语阅读、信息搜索能力及表达能力	说明教学目标和活动要求	00:05:30— 00:06:35	1 分 5 秒
	B-2 学生讲解		第七组展示网络收集 的 Online Quest for definition 资源	00:06:35— 00:18:01	11 分 26 秒
	B-3 教师点评及补充		教师就学生讲解的内容提问并补充	00:18:01— 00:20:17	2 分 16 秒
	C-1 学生难句讲解	训练学生英语阅读能力及表达能力	主讲学生就课文难句汇报讲解	00:20:17— 00:26:29	6 分 12 秒
	C-2 教师点评		教师就学生汇报讲解的内容提问并补充	00:26:29— 00:33:45	7 分 16 秒
	D-1 学生讲解背景知识	拓宽学生知识面，训练学生英语阅读能力和表达能力	学生就网络来源汇报课文背景	00:33:45— 00:37:04	3 分 19 秒
	D-2 教师点评和补充讲解		教师就学生讲解的背景知识点评并补充相关内容	00:37:04— 00:38:13	1 分 9 秒
	E-1 学生讲解	训练学生英语阅读分析能力、加深对语法理解和表达能力	学生就课文结构预习情况汇报讲解	00:38:13— 00:43:09	4 分 56 秒
	E-2 学生讲解		学生就语法和词组预习情况汇报讲解	00:43:09— 00:47:04	3 分 55 秒
	E-3 教师介入点评		教师对学生汇报情况点评	00:47:04— 00:48:44	1 分 40 秒

续表

教师／单元	教学环节	教学目标	主要内容	起始时间点	时间分配
教师 LC／Unit 6 Disease	F-1 学生讲解		学生就第七和十一段预习情况汇报讲解	00:48:44—00:52:14	3分30秒
	F-2 学生提问，教师介入讲解	训练学生英语阅读分析能力、加深对语法理解和表达能力	学生就课文中相关段落问题提问学生，并要求用词组"the good news is that…, the bad news is that…"造句；教师介入讲解补充	00:52:14—00:55:09	2分55秒
	G-1 学生讲解	训练学生英语阅读分析能力、加深对语法理解和表达能力	学生就课文中在写作时可用的 sentence pattern 汇报讲解	00:55:09—01:06:49	11分40秒
	G-2 教师补充介入讲解		教师纠正学生汇报中的问题，如"Wait, what is the verb here?"并补充讲解	01:06:49—01:10:11	3分22秒
	H-1 学生总结	训练学生英语归纳总结和表达能力	学生总结本组的汇报内容	01:10:11—01:12:22	2分11秒
	I-1 教师点评	训练学生深入分析和批判性思维能力	教师对本次课堂学生汇报演讲表现点评	01:14:22—01:15:59	3分37秒
	I-2 教师布置作业	训练学生自主学习能力	教师布置下次作业任务	01:15:59—01:19:35	3分36秒

表 5-21 教师 LC 课堂教学各环节时间分配表

教学环节	主要内容	时间分配（分钟）
A	教师：导入 + 提问	6
B	学生：讲解 + 问答	15
C	学生：讲解	14
D	学生：讲解 + 问答	5

教学环节	主要内容	时间分配（分钟）
E	学生:讲解	10
F	学生:讲解 + 问答	6
G	学生:讲解 + 问答	15
H	学生:总结	2
I	教师:点评 + 作业布置	7
合计	教师主导:13 分钟；学生主导:67 分钟	80

从教学方法上分析，教师 LC 的教学更接近于"以学生活动为主,教师讲授为辅"的理念开展的教学；从教学活动设计分析,教师 LC 主要采用了学生演讲加问答的活动方式；从师生互动关系分析,师生关系融洽,但交互性不够强。教师首先播放一段与课文主体相关的视频,引起学生的关注与兴趣。视频一共播放两遍,教师 LC 采用问答的形式,概括了视频的大意。分配到任务的小组随后就各自负责的部分分别上台演讲汇报。在学生演讲及问答过程中,教师 LC 对每一位学生的演讲均进行了及时的评价和内容的纠错和补充,并不时抛出一些问题启发学生思考,但没有演讲任务的其他小组学生课前准备不充分,对演讲不够关注,对教师的问题也反应不够积极。教师对课文及练习题均做了充分准备,显示出教师认真严谨的教学态度。从课堂总体时间分配上看,教师主导的时间总计 13 分钟,而学生主导的时间为 67 分钟。

教师 XX 的翻转课堂是上午第 3 节及第 4 节的课,每节课 45 分钟,另外课间休息 5 分钟,因此,课堂总时间为 90 分钟。上课地点在普通教室,班上共有学生 21 人,其中女生 2 人,教室座位是传统秧田式布局,课上没有学生使用笔记本电脑。尽管是小班教学,但据笔者观察,上课过程中坐在后排的学生不够专心,一直在玩手机。教师 XX 的教学流程共包括 A 至 G 共 6 个环节(见表 5-22),各环节时间分配如表 5-23。从各环节时间分配看,A 环节"教师讲解加提问"所用时间最长,为 25 分钟,而 B 环节"教师布置任务"所用时间最短,仅 4 分钟。

表 5-22　教师 XX 翻转课堂流程设计表

教师 / 单元	教学环节	教学目标	主要内容	起始时间点	时间分配
教师 XX/ Unit 6 Marketing Your Innovation	A-1 教师提问、讲解	扩大学生知识面，训练学生英语思维能力、听说能力	教师以学生自己的网站 www.5ibuybuy.com 为例，提问引出"创新"这一主题	00:00:00—00:06:51	6 分 51 秒
	A-2 学生回答			00:06:51—00:13:57	7 分 6 秒
	A-3 教师提问		教师就网站的改进建议提问学生	00:13:57—00:15:57	2 分
	A-4 学生回答			00:15:57—00:19:42	3 分 45 秒
	A-5 教师提问		教师就网站如何营利提问学生	00:19:42—00:21:30	1 分 48 秒
	A-6 学生回答			00:21:30—00:24:44	3 分 14 秒
	B-1 教师布置作业	训练学生自主学习能力	教师布置项目：Business Plan Competition，并详细讲解要求	00:24:44—00:28:43	3 分 59 秒
	C-1 教师讲解	训练学生英语阅读、篇章分析能力	教师讲解第一篇文章段落大意	00:28:43—00:32:27	3 分 44 秒
	C-2 教师讲解		教师讲解第一篇文章核心词汇	00:32:27—00:40:00	7 分 33 秒
	D-1 学生讨论	训练学生英语表达能力与团队合作能力	学生分组讨论文章信息	00:40:00—00:48:13	7 分 47 秒
	E-1 教师提问、讲解		教师就文中及文后问题逐条提问学生并讲解	00:48:13—01:01:32	13 分 19 秒
	E-2 教师布置作业	训练学生英语阅读能力及表达能力	教师提醒学生课前预习，并布置 Passage 2 的阅读任务、问卷调查任务，同时选出小组进行词汇表整理	01:01:32—01:06:55	5 分 23 秒

续表

教师/单元	教学环节	教学目标	主要内容	起始时间点	时间分配
教师 XX/ Unit 6 Marketing Your Innovation	F-1 学生讨论	训练学生英语表达能力、篇章分析能力与团队合作能力	学生从写作技巧上分组讨论分析课文的结构	01:06:55— 01:15:03	8 分 8 秒
	G-1 教师提问讲解	拓宽学生知识面，训练学生英语阅读能力和表达能力	教师就写作技巧与文章结构提问学生并讲解	01:15:03— 01:28:59	13 分 56 秒
	G-2 教师再次强调作业要求	训练学生课外自主学习能力	教师再次强调本课作业要求	01:28:59— 01:31:30	2 分 31 秒

表 5-23 教师 XX 课堂教学各环节时间分配表

教学环节	主要内容	时间分配（分钟）
A	教师：讲解 + 提问	25
B	教师：布置任务	4
C	教师：讲解	11
D	学生：讨论	8
E	教师：提问 + 讲解 + 布置任务	18
F	学生：讨论	8
G	教师：讲解 + 问答 + 任务强调	16
合计	教师主导：74 分钟；学生主导：16 分钟	90

从教学方法上看，教师 XX 所采用的教学法接近于"以教师讲授为主"的传统教学方法。从课堂活动设计分析，教师在课上两次采用了学生分组讨论的办法，每次时间均为 8 分钟，讨论的内容为教师课堂所提出的问题。教师随后采用提问的方式检查学生讨论的结果，但学生讨论不够热烈，课堂基本归于沉寂。多数学生未参与讨论，而是独立思考寻找问题的答案，个别学生将讨论视为难得的课堂休息时间，玩起了手机，教师也未能在课堂内巡回，以便给学生提供及时的帮助。教师用 PPT 介绍了学生自建的网站，并通过分析网站的特点和盈利模式，循循善诱，引出本单元"创新"这一中心思想。由于与学生生活密切相关，因此引起了学生强烈的兴趣，同时引入了主题，可谓一举两得，从中也显示教师充分备课，对待教学认真严谨。在课文讲解与问答环节，教师对课文讲解细致，

但可能由于学生课前学习不到位,对教师提出的问题未能积极响应,以至于教师在课堂上两次提醒学生课前预习及作业要求。从师生互动关系上分析,师生互动不强,教师对课文和练习的讲解占了课堂内的大部分时间,总计约 70 分钟,学生处于被动学习的状态;从课堂总时间分配上分析,教师主导的时间共计 74 分钟,而学生主导的时间仅为 16 分钟,教师主导时间是学生主导时间的 4 倍多,课堂是以"教师为中心"的方式展开。因此,如何使翻转课堂课内活动和课前自主学习联动、调动学生学习积极性及课堂参与度,是进一步考虑和改善课堂教学时需面对的实际问题。

教师 WZ 的翻转课堂上课时间是下午第 1 节及第 2 节,每节课 45 分钟,另外课间休息 5 分钟,因此,课堂总时间为 90 分钟。教师 WZ 的上课地点在普通教室,班上共有学生 29 人,其中女生 1 人,教室座位是传统秧田式布局,课上没有学生使用笔记本电脑。据笔者观察,学生上课过程中均认真听课,全程参与班级各项活动。教师 WZ 的教学流程包括 A 至 E 共 5 个环节(见表 5-24),各环节时间分配如表 5-25。教师教学各环节中用时最长的是 E 环节"教师点评 + 讲解",耗时 22 分钟,用时最短的是 F 环节"教师布置辩论和单元作业任务",耗时仅 3 分钟。除此之外,各主要环节时间分配总体较为均衡,尤其是学生的 3 场辩论和互评活动,时间控制精准,说明无论教师和学生,均已对此项教学活动的开展较为精熟。

表 5-24 教师 WZ 翻转课堂流程设计表

教师／单元	教学环节	教学目标	主要内容	起始时间点	时间分配
教师 WZ/Theme: Should a College Student Drop out to Start a Business?	A-1 教师讲解	训练学生英语思维能力、培养学生英语表达能力和听说能力	教师对辩论的主题及要求向学生讲解清楚,并讲解互评标准	00:00:00—00:11:23	11 分 23 秒
	A-2 学生讨论		学生讨论小组(3～4 人)分工合作和角色分配,辩论"大学生是否应辍学经商"的话题	00:11:23—00:14:35	3 分 12 秒
	A-3 教师提问		教师提问学生,确定辩论的正反方(各二组)	00:14:35—00:17:00	2 分 25 秒

续表

教师／单元	教学环节	教学目标	主要内容	起始时间点	时间分配
教师 WZ/ Theme: Should a College Student Drop out to Start a Business?	B-1 学生辩论（第一批）	训练学生英语思维能力、培养学生英语表达能力、听说能力及团队合作能力	第一组（正方）和第八组（反方）辩论	00:17:00—00:31:08	14分8秒
	B-2 学生互评		全体学生给第一批上台的辩手按教师给出的三方面评分标准打分，上台的辩手只允许给对手评分	00:31:08—00:32:55	1分47秒
	C-1 学生辩论（第二批）	训练学生英语思维能力、培养学生英语表达能力、听说能力及团队合作能力	第三组（正方）和第四组（反方）辩论	00:32:55—00:46:15	13分20秒
	C-2 学生互评		全体学生给第二批上台的辩手按教师给出的三方面评分标准打分，上台的辩手只允许给对手评分	00:46:15—00:47:07（中间休息2分钟）	2分48秒
	D-1 学生辩论（第三批）	训练学生英语思维能力、培养学生英语表达能力、听说能力及团队合作能力	第二组（正方）和第五组（反方）辩论	00:47:07—01:01:13	14分06秒
	D-2 学生互评		全体学生给第三批上台的辩手按教师给出的三方面评分标准打分，上台的辩手只允许给对手评分，教师收齐评分表	01:01:13—01:02:48	1分35秒
	E-1 教师点评和讲解	训练学生英语思维和语言表达能力	教师从state、support和attack三个角度点评学生的辩论并讲解如何辩论	01:02:48—01:23:17	20分29秒
	E-2 教师讲解	训练学生英语思维和听说能力	教师讲解下次课上data presentation的具体要求	01:23:17—01:24:17	1分

教师／单元	教学环节	教学目标	主要内容	起始时间点	时间分配
教师 WZ/ Theme: Should a College Student Drop out to Start a Business?	F-1 教师布置课后辩论作业	训练学生自主学习能力和团队合作能力	教师布置课下作业任务 "Failure is an option"	01:24:17— 01:26:16	1 分 59 秒
	F-2 教师布置单元整体作业	训练学生自主学习能力	教师布置本单元线上和线下作业的全部内容及提醒最后期限	01:26:16— 01:27:51	1 分 35 秒

表 5-25　教师 WZ 课堂教学各环节时间分配表

教学环节	主要内容	时间分配（分钟）
A	教师:讲解＋提问	17
B	学生:辩论＋互评	16
C	学生:辩论＋互评	16
D	学生:辩论＋互评	16
E	教师:点评＋讲解	22
F	教师:布置任务	3
合计	教师主导:42 分钟;学生主导:48 分钟	90

从教学方法上看,教师 WZ 所采用的教学方法更接近于"以教师为主导,以学生为主体"的理念;从课堂活动设计来看,教师主要采用辩论和学生互评的方式进行课堂活动设计;从师生互动关系看,师生关系非常融洽,互动积极有效。在活动开始前,教师对本次辩论活动的主题和要求详加说明,并要求学生讨论决定辩论的正方和反方,而非由教师指定。学生对辩论活动反响积极热烈,各组同学都自告奋勇要求上台。本次课上共有 3 轮 6 组同学上台辩论。辩论的顺序为首先正方 1 辩和反方 1 辩陈词、接着依次是正方 2 辩对反方 2 辩,正方 3 辩对反方 3 辩,正方 4 辩对反方 4 辩;然后是正方 2 辩、正方 3 辩和反方 2 辩、反方 3 辩分别发起主攻,由对方辩手正面回答问题,最后由正方 4 辩和反方 4 辩分别进行攻辩陈词;在学生进行辩论之时,教师不时给学生提出引导性的建议并提出一些问题供学生思考和讨论。每场辩论结束后,除辩手不能给本组评分,只能给对手评分外,其他同学按照辩手们在辩论中的观点陈述、观点支持和

辩驳对手观点 3 个方面的表现分别以 5 级形式（1 最弱，5 最强）加以评分。尽管辩论活动的语言充满着不可预见性，但由于学生课前准备充分，对所辩论的主题内容非常熟悉，因此活动进行得很顺利。辩论活动结束后，教师对如何有效开展辩论，从评分的 3 个方面逐条加以论述和点评，并布置下次任务。

笔者发现，教师 WZ 的课程设计体现了慕课精细化设计和多元评价的理念，课堂活动安排紧凑、内容完整、环环相扣，并为学生提供支架式帮助，使学生在参与活动后，语言综合应用能力不断提高，并且充分发挥学生互评的权利，调动了学生的主动性和积极性，且课堂上生生和师生的互动性强。从课堂总体时间分配上看，教师主导的时间共计 42 分钟，主要用于活动开展前的讲解和开展后的评价和解释，学生主导的时间共计 48 分钟。

教师 YF 的翻转课堂的上课时间是上午第 3 节及第 4 节，每节课为 45 分钟，课间休息 5 分钟。因此，课堂总时间为 90 分钟。上课地点在普通教室，教室座位是传统秧田式分布，班上共有学生 14 人，其中女生 3 人，其中约有 4 人按教师要求，在课堂上携带了笔记本电脑。这 4 人皆为每组的组长，携带电脑乃以备资料搜索之需。

笔者课堂观察发现，教师 YF 的课堂活动设计贴近生活，学生全程参与班级各项活动，积极性很高。教师 YF 的教学流程包括 A 至 G 共 7 个环节（见表 5-26），各教学环节分配时间如下（见表 5-27），其中 A 环节"学生自我展示和介绍"耗时最多，达 30 分钟，而 E 环节和 C 环节的"教师点评"耗时最少，为 4 分钟。

表 5-26　教师 YF 翻转课堂流程设计表

教师 / 单元	教学环节	教学目标	主要内容	起始时间点	时间分配
教师 YF/ Blind Date	A-1 学生自我介绍	检查学生课前学习情况及英语发音和语言表达能力	每个学生轮流自我介绍	00:00:00— 00:15:00	15 分
	A-2 学生展示		三组学生分别展示各自小组集体制作的英语配音视频	00:15:00— 00:30:20	15 分 20 秒
	B-1 教师指示	训练学生英语思维能力、培养学生英语表达能力和听说能力	教师讲解活动"Blind Date"的要点及注意事项，并选定主持人	00:30:20— 00:32:50	2 分 30 秒
	B-2 学生演讲		学生主持人说明活动规则，并主持活动	00:32:50— 00:34:36	1 分 46 秒

续表

教师／单元	教学环节	教学目标	主要内容	起始时间点	时间分配
教师 YF／Blind Date	B-3 学生演讲	训练学生英语思维能力、培养学生英语表达能力和听说能力	第一位女生上台演讲并展示才艺	00:34:36—00:36:12	1 分 36 秒
	B-4 学生问答		台下男生就感兴趣的问题提问	00:36:12—00:38:00	1 分 48 秒
	B-5 学生演讲		第二位女生上台演讲并展示才艺	00:38:00—00:39:00	1 分
	B-6 学生问答		台下男生就感兴趣的问题提问	00:39:00—00:40:44	1 分 44 秒
	B-7 学生演讲		第三位女生上台演讲并展示才艺	00:40:44—00:42:13	1 分 29 秒
	B-8 学生问答		台下男生就感兴趣的问题提问	00:42:13—00:46:43	4 分 30 秒
	C-1 教师点评	训练学生英语思维、语言表达能力和综合运用能力	教师点评主持人的表现及学生的演讲技巧，并选出第二位学生主持人	00:46:43—00:50:59	4 分 16 秒
	D-1 学生演讲	训练学生英语思维能力、培养学生英语表达能力、听说能力及合作能力	第一位女生再次上台演讲并展示才艺	00:50:59—00:52:21	1 分 22 秒
	D-2 学生问答		台下男生就感兴趣的问题提问	00:52:21—00:55:56	3 分 35 秒
	D-3 学生演讲		第二位女生再次上台演讲并展示才艺	00:55:56—00:58:14	2 分 18 秒
	D-4 学生问答		台下男生就感兴趣的问题提问	00:58:14—01:01:33	3 分 19 秒
	D-5 学生互动		男生上台与女生才艺互动	01:01:33—01:04:48	3 分 15 秒
	D-6 学生演讲		第三位女生再次上台演讲并展示才艺	01:04:48—01:05:15	27 秒
	D-7 学生问答		台下男生就感兴趣的问题提问	01:05:15—01:09:11	3 分 56 秒
	E-1 教师点评	训练学生英语思维和语言表达能力	教师点评学生的演讲技巧及台下学生的互动	01:09:11—01:13:11	4 分

教师／单元	教学环节	教学目标	主要内容	起始时间点	时间分配
教师 YF/ Blind Date	F-1 教师指示	训练学生英语思维和语言综合应用能力	教师讲解活动采访活动的要点及注意事项，并选定采访人	01:13:00— 01:15:34	2 分 34 秒
	F-2 学生采访		学生分组采访刚才发言的三位女生	01:15:34— 01:23:05	7 分 31 秒
	G-1 教师点评	训练学生英语思维、语言表达能力和综合运用能力	教师评价每组的表现，并评选最佳组	01:23:05— 01:27:59	4 分 54 秒

表 5-27　教师 YF 课堂教学各环节时间分配表

教学环节	主要内容	时间分配（分钟）
A	学生：自我介绍＋展示	30
B	学生：演讲＋问答	16
C	教师：点评	4
D	学生：演讲＋问答＋互动	18
E	教师：点评	4
F	学生：采访	10
G	教师点评	5
合计	教师主导：13 分钟；学生主导：74 分钟	87

从教学方法上看，教师 YF 的教学更符合"以教师为主导，以学生为主体"的理念。从课堂活动设计看，教师主要采用任务型教学法设计课堂活动，巧妙地将学生课前在慕课中所学到的自我介绍的知识点融入课堂教学活动中。活动内容新颖，贴合学生的生活实际，更符合年轻人的心理特征。因此，这不但激活了学生翻转课堂前所学得的知识，而且激发了学生参与课堂活动的主动性和积极性。从师生关系来看，整个课堂师生关系极为融洽，师生互动强。课堂开始时，学生展示课前制作的配音视频汇报课外学习情况。笔者观之，这些视频制作精良，均是学生从公映的电影中截取的部分片段，再加上自己的创意配音而成，部分还加上了字幕。这些片段长短适中，每个约为 3 分钟，学生配音发音标准清晰，说明学生对视频片段的制作投入了极大的兴趣和热情。学生还自设场景拍摄短片，但本次课上未及展示。后经了解得知，教师 YF 班中多为美术学

院的学生,课程任务的设计比较适合学生的特点。

　　活动开始时,教师说明活动的注意事项,并指定了主持人。随后,课堂由学生主持人主持,整个课堂活动气氛活跃,同学们时而为台上女生的表演喝彩,时而为台下男生"刁钻"的问题而窃笑,课堂中爆发出多次笑声。一个回合以后,教师 YF 点评了第一位学生主持人的表现,进一步说明如何做好这次活动的主持人。随后她又指定第二位主持人,将活动开展得更加深入和彻底。两轮活动结束后,教师适时点评并引入第三轮采访活动,至此,整个系列课堂活动达到了高潮。在结束本次课之前,教师 YF 进行了全面的总结,评价了每组学生的表现,并评选出最佳组。

　　笔者通过课堂观察发现,教师 YF 的课堂最贴合学生的实际需求,教师综合运用了多种课堂活动设计,层层递进,环环相扣,从多角度全方位培养了学生英语综合应用能力,让学生在用英语交流、完成课堂活动任务的同时,巩固和内化了课外所学知识,体现了翻转课堂"做中学"的理念;同时,充分发挥了教师课堂上的主导作用,对学生课堂活动中出现的问题及时纠正,并引导课堂活动继续良好顺利地进行;而在评价上也充分体现了互评的原则,学生的接纳就是对自己最好的认可,不但激发了英语学习的主动性,而且也提高了自信心。从课堂总时间分配上看,教师主导的时间仅占 13 分钟,而学生主导时间达到 74 分钟。

5.4.2　课堂活动质性分析

　　基于慕课理念的大学英语翻转课堂将信息化教学前置,翻转了教与学的时间和空间,使原本课堂内教师讲授时间被用于开展多种教学活动,以促使学生知识的内化。因此,课堂活动是翻转课堂的核心内容之所在,是实现教学目标的主要途径,并且这些活动以教师个性化的指导和交互活动为主,而非以教师讲授为主。

　　国内外学者依据不同的视角分类课堂活动。Harmer(1983)将课堂活动分为语言输入、练习和交流输出。Stern(2000)把课堂活动分为实质性交际活动和课堂练习活动。Littlewood(1984)从交流法角度将课堂活动分为前交际活动和交际活动;Richards & Rodgers(2000)把课堂活动分为呈现活动、练习活动、记忆活动、理解活动、应用活动、情感活动、反馈活动和评价活动等。

　　语言课堂活动是指与教学内容相关的、为语言学习提供服务的课堂活动。根据语言输入与输出理论及交际法,Littlewood(2004)在原来基础上,进一步提出了更为详尽的语言课堂活动分类表,认为"课堂活动从形式到意义的转变是连续的过程,而并非两分的"。所列表格的最左边第一列非交际学习仅关注形式,活动包括语法练习、替换练习以及发音练习等;第二列是类语言交际练习,虽关注形式,但已朝关注意义方向发展,活动包括问答练习等;第三列语言交际练习的课堂活动包括使用语言开展调查、补全表格或图片信息等;第四列结构化交际中关注点已从语言形式转为意义,但仍在教师设定的结构环境之下,这类活动包括复杂的信息交换活动或角色扮演;而最后的真实交际则完全关注语言信息的传递,而语言意义则是不可预见的,这类活动包括讨论、解决问题及基于内容的任务活动等。

　　根据文献研究(详见 2.5 和 2.8),大学英语翻转课堂课内主要活动为师生问答、讨论交流、作业练习、探究协作、角色扮演、问题解决、成果展示等,依据 Littlewood 的语言课堂活动分类,笔者提出了大学英语翻转课堂课内活动分类表(见表 5-28)。

表 5-28　大学英语翻转课堂课内活动分类表

活动类别	非交际活动(NL)	类语言交际活动(PL)	语言交际活动(CL)	结构化交际活动(SC)	真实语言交际活动(AC)
说明	关注语言结构	部分关注意义,但不向他人传递新信息	在设定情境下与他人交流新信息	使用语言交际,但仅有部分意义不可预测性	使用语言交际,意义不可预测
主要活动	语法练习(NL-1)	问答练习(PL-1)	调查研究(CL-1)	简单基于问题的活动(SC-1)	讨论(AC-1)
	词汇讲解(NL-2)	阅读理解(PL-2)	采访(CL-2)	结构化角色扮演(SC-2)	辩论(AC-2)
	句型练习(NL-3)	听力理解(PL-3)	补全信息(CL-3)		互评(AC-3)
	替换练习(NL-4)		背景知识讲解(CL-4)		游戏(AC-4)
	发音练习(NL-5)		介绍(CL-5)		创新角色扮演(AC-5)
	对话模仿(NL-6)		总结汇报(CL-6)		基于任务的活动(AC-6)
			成果展示(CL-7)		复杂基于问题的活动(AC-7)

　　笔者将本次研究课堂观察的相关音频文件导入 NVivo 10.0,并按照自建的分类表对课堂活动进行编码,得到如下编码矩阵(见表 5-29)。

表 5-29　课堂活动编码矩阵

	A:教师 LC	C:教师 LW	D:教师 WZ	E:教师 XX	F:教师 YF
1:AC-1	0	2	1	1	0
2:AC-2	0	0	3	0	0
3:AC-3	0	0	3	0	0
4:AC-4	0	0	0	0	0
5:AC-5	0	0	0	0	3
6:AC-6	0	0	0	0	2
7:AC-7	0	0	0	0	0
8:CL-1	0	0	0	0	0
9:CL-2	0	0	0	0	1
10:CL-3	0	0	0	0	0
11:CL-4	1	2	0	1	0
12:CL-5	0	0	0	0	7
13:CL-6	1	0	0	0	0
14:CL-7	0	0	0	0	1
15:NL-1	1	0	0	0	0
16:NL-2	3	1	0	1	0
17:NL-3	3	2	0	1	0
18:NL-4	0	0	0	0	0
19:NL-5	0	0	0	0	0
20:NL-6	0	0	0	0	0
21:NL-7	0	1	0	1	0
22:PL-1	6	3	1	8	3
23:PL-2	0	0	0	0	3
24:PL-3	2	1	0	0	0
25:SC-1	0	0	0	0	0
26:SC-2	0	0	0	0	0

从上表可知，5位教师在翻转课堂教学活动设计中存在较为显著的差异。教师LC的翻转课堂教学中非交际活动（NL）和类语言交际活动（PL）占课堂活动总量的88%，而语言交际活动（CL）仅占12%；而在教师LW的课堂教学中，前两项占了课堂活动总量的66%，语言交际活动（CL）占17%，真实语言交际活动（AC）占17%；教师XX课堂上大量使用师生问答练习的活动形式，因此仅类语言交际活动（PL）一项就占教学活动总量的62%，非交际活动（NL）占了23%，剩下的语言交际活动（CL）和真实语言交际活动（AC）各仅占8%；而对于教师WZ而言，课堂教学活动中88%是真实语言交际活动（AC），仅13%是类语言交际活动（PL）；教师YF也表现出相似的情况，课堂教学活动中真实语言交际活动（AC）和语言交际活动（CL）占总量的70%，类语言交际活动（PL）占30%。5位教师课堂活动编码堆积图更为直观地反映了这种差异（见图5-4）。

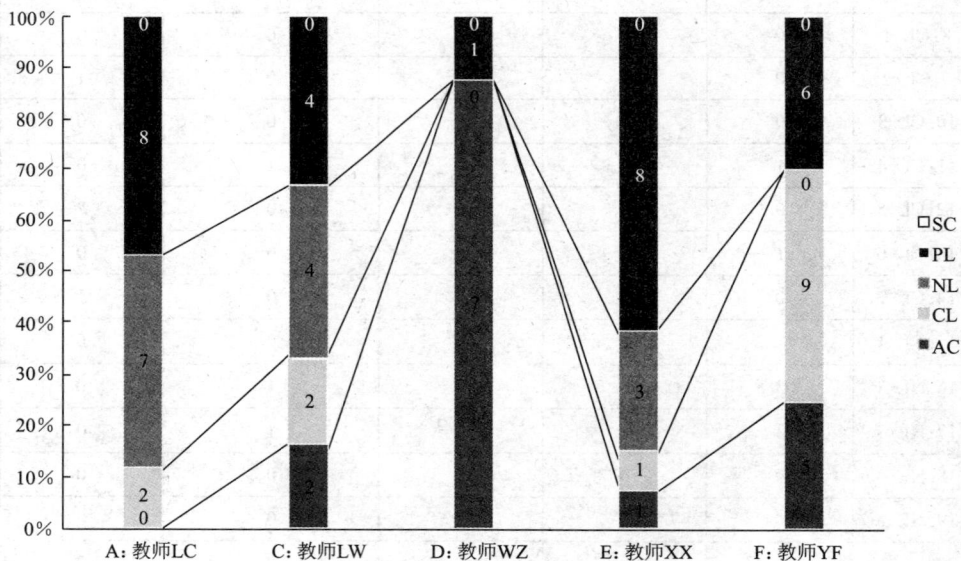

图5-4　5位教师课堂活动编码堆积图

综上所述，本次课堂观察中的5位教师翻转课堂教学环节设置合理，衔接紧凑，多数教师课堂上学生主导时间远超教师主导时间或相去不远，体现了"以学生为中心"的教学理念，仅有1位教师课堂上教师主导时间远远多于学生主导时间；有3位教师的教学基于"教师为主导，学生为主体"的理念，有1位教师教学基于"以学生活动为主，教师讲授为辅"的理念，仅有1名教师实施"以教师讲授为主"的传统理念下的教学。所有教师在课堂的第一个环节均能设计各种教学活动,以检查学生课前自主学习情况,并及时提出反馈和改进意见。课堂活动设计依各校学生水平和教学目标而有所不同,呈现多元化的趋势,有 3 位教师课堂活动较为强调语言的形式,课堂活动以理解、识记和简单应用为主;有 2 位教师设计了项目型和任务型活动,强调语言的意义及在真实语境中的使用,做到"做中学",提高学生的综合英语能力。在课堂活动评价上,5 位教师均能给学生提供即时评价和反馈,有 3 位教师实施了学生互评,尤其是教师 WZ 制订了详细的评分单,按照课堂活动内容的不同而改变,并详解评分标准,使之内化于学生的评分中。总的说来,教师 WZ 和教师 YF 的翻转课堂设计紧凑、内容完整,最能体现课堂活动与课外自主学习的有机结合。教师 YF 的课堂活动设计巧妙,最贴合学生实际生活,也是活跃程度最高和充满欢声笑语的课堂。

但笔者在课堂观察中也发现,第一,在翻转课堂实践中,仍有少数教师沿袭了传统的教学方式,整个课堂以"教师为中心"设计,与学生的期望相差较大,学生课上积极性不高,教学效果也大打折扣。教师对翻转课堂存在观念上的误区是一个重要的因素,有的教师对翻转课堂持怀疑和抵制态度,正如教师 LZ 在访谈中所说:

> 英语是文科,以文本阅读为主,看视频解决不了语言学习问题,尤其对于我所教授的读写课程,翻转课型不太适合,还是用传统的方法见效多点。

教师 WZ 也在访谈中表达了他的忧虑:

> 但是我发现这次没有挑选老师,就出现了这个问题,主要是理念上的问题。有听课的老师跟我反映,就是说有的教师课堂还是活动性不够。翻转课堂不是说老师不讲,老师还是要讲,但是绝对不是以前那种知识传授。有的教师喜欢传授,并觉得这种传授是有效果的,我觉得是无效的,因为你跟学生讲懂了,并不是学生就能做了。

教师是翻转课堂的设计者和执行者,只有教师改变观念,统一认识,并找到切实有效的办法,翻转课堂才能得以成功地实施。

第二,翻转课堂教学活动设计出现较大的差异。有的教师设计课堂活动时仅关注语言形式的准确,活动以理解、记忆及简单应用为主。因此,如何合理设计翻转课堂课内活动,营造真实语言情境,激活和内化学生课外学习的语言知识,是需要进一步探索的问题。

第三,慕课理念的精细化设计原则在实践中存在较大的差异,部分教师抑或出于自身业务水平所限,未能精细化设计课程,影响了翻转课堂的实际教学效果。

5.4.3　基于慕课理念的大学英语翻转课堂现状小结

综上所述,通过对基于慕课理念的大学英语翻转课堂学习资源、课前学习情况、课堂教学实施、教学评价、课后学习的分析以及课堂观察,笔者发现慕课理念融入大学英语翻转课堂,在多种层面上给翻转课堂带来了变化。

第一,体现了知识观、学习观和课程观的变化。笔者通过研究发现,大学英语翻转课堂中课外知识传授、课内知识内化的观念已为多数教师所接受。大多数教师在翻转课堂中均能做到转变传统的教师讲授为主、教师主导、学生主体的课堂,以帮助学生内化知识。教师在课前能依据学习需求分析,精心设计课前学习任务。教师检查学生课前学习情况的意识较强,主要通过课内小组活动或汇报的形式,了解学生课外学习情况,实行课堂内活动与课外自主学习联动。同时,教师能有意识地将学生课前学习中的问题融入课堂活动,设计多样化的课堂教学活动,创生课堂,并适当地依据学生课前自学情况,调整课程内容和进度。在笔者所观察的课堂中,除个别班级外,大多数学生均能转变角色,主动完成教师课前布置的学习任务,积极参与课堂活动,成为学习的主体,提高自己的语言综合应用能力。

第二,体现了课程设计的精细化。研究发现,精细化首先表现在微视频的使用上,大学英语翻转课堂将知识点"微视频化"和"碎片化",并给予学生清晰的导航,既符合学生的认知规律,又使知识更易于学习和掌握。其次,精细化还体现在课堂活动设计上。研究发现,课程设计水平高的教师通过课内外学习联动,整体化课程安排,为学习搭建"脚手架"。精细化课堂活动设计不但与课前学习紧密相关,而且活动环环相扣,逐步深入,使翻转课堂达到较好的效果。最后,精细化还体现在评估过程的精细化上。正如教师WZ所说,"学生的每一分都是自己挣的,不是教师给的。"笔者所调研的学校均设置了详细的评估标准,慕课平台也使学生对自己的学习情况一目了然,学生对自己所完成视频学习、作业的数量以及与所期望的评估目标之间的差异了然于胸,对学习有较大的促进作用。

第三,体现了学习的个性化。个性化首先体现在学习路径的个性化上,学生在学习方式和手段上有很大的自主性,可以选择合适的时间或地点以合适的方式学习。研究中发现,部分学校已开发了移动慕课平台,以方便学生的泛在学习。其次,个性化还体现在学习内容的个性化上。慕课开放的理念不但能使学生选择适合自己兴趣和需要的学习资源,还可开发或"二次"开发学习资源,尤其是微视频资源,以适应课程教学要求和满足学生的需求。本研究中发现教师和学生对学习资源主要采取借鉴和"二次"开发的办法。

第四,体现了交互的即时性。大学英语翻转课堂交互的即时性首先体现在评分反馈的即时性上。慕课平台大数据和即时评分机制可给予学生即时反馈,使学生能及时了解学习中的得失。其次,交互的即时性还体现在师生的双向互动上,这种双向互动可通过慕课或课堂而开展,师生通过相互交流获得及时反馈。

第五,体现了共同的学习体。研究发现,师生之间通过慕课平台或社交软件的双向交互而建立虚拟的学习共同体,而课堂是翻转课堂虚拟学习共同体的实体版。师生在线上和线下的学习共同体中不但分享信息、解决问题、开展同伴互助,而且还包括合作学习、小组活动及同伴互评等,使虚拟和实体的学共体联动,不但弥补了时空距离,而且增进了师生间的情感。

然而,研究中也发现慕课理念与大学英语翻转课堂深度融合还不够彻底,突出表现为以下几个问题。

第一,学习资源匮乏,个性化未及充分发挥,把国际慕课资源校本化仍是美好的愿望。研究发现,多数大学均采用了校本化慕课的办法,将本校开发的学习资源整合到慕课平台上,这样学校对资源及课程的设置有更大的话语权,唯一不同的是,国家重点高校可依靠自己雄厚的实力,与全国顶尖慕课平台联手,将课程国际化,扩大学校的影响力,而一般的学校,除非课程特别优秀,全国顶尖慕课平台向该课程主讲人抛出"橄榄枝",否则只能沦为其他学校的"陪练"。而国际慕课资源校本化,由于存在课程聚合和耦合的问题,目前实施的范围不大。从研究中看,语言学习资源仍显匮乏,尤其囿于条件等限制,微视频形式尚不够多样化,不能满足不同教学需求;信息环境和教学平台的不完善,影响了翻转课堂的实施和微视频在教学中的有效使用;学习资源的个性化不足。

第二,网络平台未及充分利用,影响慕课功能的发挥。教师并未有效利用信息技术手段对学生课前学习情况获得准确了解并提出即时反馈,教师倾向于通过课堂检验及设计课堂活动等办法了解学生课堂学习情况,翻转课堂课内外的有机联系和实时创生尚显不足。

第三,在线论坛活跃度低。教师和学生利用系统论坛参与学习共同体的交流较少,师生间双向互动交流主要通过移动设备等的社交软件;学生参与学习共同体的交流方式主要为面对面交流及利用社交软件,网上论坛参与度较低。

第四,教师教学活动设计能力与教师教学理念仍待提高和改进。教师课堂活动设计能力上存在差异,部分教师未能精细化设计课程;教师的理念有待更新,少数教师沿袭了传统的教学方式;学生翻转课堂内主动性和积极性仍有待提高。

第五,缺乏多元评价。评价多以教师评价为主,缺乏多元评价;教师较为重视对学生的及时评价,但仅部分学校实施了学生互评,对学生自评欠重视。

第六,学生课后复习不到位。学生翻转课堂试前集中复习性,需改为周期性分散复习,这样才有利于知识的巩固与提高。

第七,慕课的大数据学习分析功能尚未发挥其作用。慕课大数据可实时分析学生的学习行为,并推送个性化的学习资源,设定个性化的学习标准。但目前教师利用大数据定制学生个性化学习方面尚欠缺。

5.5 影响因素分析

5.5.1 学生问卷因子分析

笔者对学生问卷进行因子分析之前进行了 KMO 和巴特利特球形检验,其结果见表 5-30。Kaiser 提供的判断标准是:若 KMO 大于 0.9,则表明非常适合做因子分析;若介于 0.8 至 0.9 之间,则表明适合;若介于 0.7 和 0.8 之间,则表明一般;若介于 0.6 至 0.7 之间,则表明适合度较低;若小于 0.6,则表明适合度很低,不适于做因子分析。

表中可知,本研究中学生问卷 KMO 值为 0.958,接近 1.0,而且巴特利特检验球形检验值为 15 639,显著性为 0.000($p \leqslant 0.001$),达到极显著的水平,表明学生问卷非常适合做因子分析。

表 5-30　学生问卷 KMO 和球形检验结果

KMO 取样适切性量数		0.958
巴特利特球形检验	近似卡方	15 639
	自由度	1 431
	显著性	0.000

本研究采用主成分分析法和凯撒正态化等量最大法对学生问卷数据进行因子分析。主成分分析是常用的获取初始因子分析结果的办法,而等量最大法是简化对因子解释的最大方差法和简化对变量解释的最大正交法的结合,可使一个因子上有高载荷的变量数和变量中需要解释的因子数量最少。在提取因子时,遵循以下三项原则:① 将提取因子的特征值确定为大于 1 且包含 3 个以上题项;② 将各题项根据负荷值的大小进行排列,排除负荷值小于 0.3 的题项;③ 对于在 2 个或多个因子上的负荷都超过 0.3 的题项,则通过对比分析决定其归类。利用 SPSS 22.0 软件分析所获得的学生问卷数据,共提取 8 个因子,方差总解释率为 58.82%(见表 5-31)[①],旋转成分矩阵见表 5-32。

表 5-31 因子的负荷解释表

组件	起始特征值			提取平方和载入			循环平方和载入		
	总计	变异的%	累加%	总计	变异的%	累加%	总计	变异的%	累加%
1	18.630	34.499	34.499	18.630	34.499	34.499	9.849	18.238	18.238
2	3.364	6.230	40.729	3.364	6.230	40.729	4.899	9.071	27.310
3	2.773	5.136	45.865	2.773	5.136	45.865	4.124	7.636	34.946
4	1.985	3.677	49.542	1.985	3.677	49.542	3.551	6.576	41.522
5	1.580	2.925	52.467	1.580	2.925	52.467	3.500	6.481	48.003
6	1.212	2.245	54.712	1.212	2.245	54.712	3.092	5.725	53.728
7	1.142	2.115	56.827	1.142	2.115	56.827	1.462	2.708	56.435
8	1.078	1.996	58.823	1.078	1.996	58.823	1.289	2.387	58.823

表 5-32 旋转成分矩阵表

题项	元件							
	1	2	3	4	5	6	7	8
Q1	.709							
Q2	.629							
Q3								.601
Q4	.659							
Q5	.412						.359	

[①] 笔者对原表格进行了删减,仅列出了载荷大于 1 的 8 个因子。

题项	元件							
	1	2	3	4	5	6	7	8
Q6	.574				.311		.314	
Q7	.520							
Q8	.489						.350	
Q9	.459						.423	
Q10						.474	.408	
Q11	.324				.360	.453	.318	
Q12	.326				.329	.314	.408	
Q13			.304			.638		
Q15							−.677	
Q16	.440						.447	
Q17	.383					.334	.421	
Q18	.324						.411	
Q20					.530		.434	
Q21					.404		.454	
Q23								.683
Q24								.747
Q25					.455			
Q26					.449	.309	.332	
Q27					.488	.382		
Q28						.527		
Q29					.330	.526		
Q30								.662
Q31			.320	.348		.585		
Q32				.595		.345		
Q33			.325	.586				
Q34				.740				
Q35				.729				

题项	元件							
	1	2	3	4	5	6	7	8
Q36		.323		.632				
Q37		.469		.432				
Q38		.508						
Q39		−.402						.359
Q40					−.353			.557
Q41			.435		.349			
Q42			.379	.367	.344			
Q43		.725						
Q44		.679						
Q45		.351	.372		.432			
Q46						.355		
Q47			.403		.349	.417		
Q48					−.348			.604
Q49			.671					
Q50			.686					
Q51			.673					
Q52		.392	.561					
Q53			.412		.474	.330		
Q55		.658						
Q56		.650		.341				
Q58					−.362			.479
Q59					.460			

提取方法:主成分分析。

转轴方法:具有凯撒正态化等量最大法

a. 在 34 次迭代中收敛循环。

　　根据旋转成分矩阵结果及学生问卷设计时所提出的研究框架,笔者尝试命名影响基于慕课理念的大学英语翻转课堂的各类因子。由于各题负荷值阈值设定为 0.3,因此,对于在两个或多个因子上的负荷都超过 0.3 的题项,笔者一律按照因子负荷的大小,将该题项归入负荷量最大的因子。

经过主成分和凯撒正态化等量最大法分析后,笔者共提取了 8 个因子。根据旋转矩阵表和问卷设计框架,笔者分别对各因子提取并命名,因子分析具体情况如下。

因子 1 共含有 13 个题项,其中因子负荷最大的是第 1 题。本因子中共有 6 个题项在多个因子上负荷超过 0.3。经过因子负荷比对,共 8 个题项归入本因子中,这 8 个题项主要涉及学生学习动机,因此笔者将因子 1 命名为动机因子。

因子 2 包含 10 个题项,其中因子负荷最大的是第 43 题。本因子中共有 4 个题项在多个因子上负荷超过 0.3。经过因子负荷比对,共 7 个题项归入本因子中,这些题项主要涉及师生互动交流、课前网上资源及作业成绩刷新、讨论区发帖回答问题、课堂同伴评价、课后评价及复习等,因此,笔者将因子 2 命名为互动与评价因子。

因子 3 包含 12 个题项,其中因子负荷最大的是第 50 题。本因子中共有 8 个题项在多个因子上负荷超过 0.3。经过因子负荷比对与分析,共 6 个题项归入本因子中,这些题项主要涉及合作探究学习、完成小组任务、合作讨论学习问题、课堂讨论互动等,因此,笔者将因子 3 命名为合作学习因子。

因子 4 包含 9 个题项,其中因子负荷最大的是第 34 题。本因子中共有 3 个题项在多个因子上负荷超过 0.3。经过因子负荷比对与分析,共有 5 个题项归入本因子中,这些题项主要涉及自主复习及学习薄弱环节、与同学探讨学习问题、自主选择学习资源、根据系统信息调整学习、自主制订学习计划等,因此,笔者将因子 4 命名为自主学习因子。

因子 5 包含 18 个题项,其中因子负荷最大的是第 20 题。本因子中共有 12 个题项在多个因子上负荷超过 0.3。经过因子负荷比对与分析,共 7 个题项归入本因子中,此 7 个题项主要涉及对翻转课堂学习内容、个性化课程设计、教学视频、课前问题、互帮互助的学习环境、多维的学习环境的态度及总体满意度等,因此,笔者将因子 5 命名为学习资源与环境因子。

因子 6 包含 14 个题项,其中因子负荷最大的是第 13 题。本因子中共有 5 个题项在多个因子上负荷超过 0.3。经过因子负荷比对与分析,共 8 个题项归入本因子中,此 8 个题项主要涉及翻转课堂中教师课堂及时评价、教师课堂讲解、及时反馈、教师课前学习任务布置、教师与学生课堂关系以及对教师信息素养及信息技术能力的学习动机,因此,笔者将因子 6 命名为教师作用因子。

因子 7 包含 14 个题项,其中因子负荷最大的是第 15 题。本因子中共有 7

个题项在多个因子上负荷超过 0.3。经过因子负荷比对与分析,共 6 个题项归入本因子中,此 6 个题项主要涉及对翻转课堂激发学习兴趣、增强自信心、对教师讲解的态度、翻课课堂学习的态度以及翻课对英语学习的影响等,因此,笔者将因子 7 命名为学习态度因子。

因子 8 包含 8 个题项,其中因子负荷最大的是第 24 题。本因子中共有 4 个题项在多个因子上负荷超过 0.3。经过因子负荷比对与分析,共有 6 个题项归入本因子中,此 6 个题项主要涉及对翻课学习环境、学生中心、网上发言讨论、课堂内发言互动、课后复习的适应性,以及学校大环境要求及对传统课堂的态度等,因此,笔者将因子 8 命名为适应性因子。

由此,共分析得到 8 个因子,各因子所涉及的题项见表 5-33。

表 5-33 影响因子分类表

序号	因子名称	题项
1	学习动机因子	1、2、4、5、6、7、8、9
2	互动与评价因子	37、38、39、43、44、55、56
3	合作学习因子	41、42、49、50、51、52
4	自主学习因子	32、33、34、35、36
5	学习资源与环境因子	20、25、26、27、45、53、59
6	教师作用因子	10、11、13、28、29、31、46、47
7	学习态度因子	12、15、16、17、18、21
8	适应性因子	3、23、24、30、40、48、58

5.5.2 学生问卷路径模型

结构方程模型是一种通用的线性统计建模技术,不但可以对传统的因子分析的结果进行定量评价,还具有同时处理多个因变量、容许自变量和因变量含测量误差等优点,是结合验证性因子分析与路径分析的有力工具。常用的处理结构方程模型的软件有 AMOS、Lisreal、SmartPlus、mPlus 等。AMOS 作为社会学统计软件 SPSS 家族的重要成员,由于其具有绘图导向的特色,避免不允许的参数值出现,因此得到广泛的应用。本研究使用 AMOS 的特点及结构方程的优势,建立翻转课堂因子路径模型,从而更清晰地呈现各因素之间的关系和作用。

5.5.2.1　各因子信度检验

笔者将得到的 8 个因子进行了信度分析，得到如下结果（见表 5-34）。一般认为，可接受的 Cronbach's Alpha 信度系数不应低于 0.70，但有时人们也使用系数在 0.7 以下的变量。从结果看，8 个因子除因子 7 "学习态度因子"外，信度系数均较好。因子 7 略低于可接受的标准，但它属于情感因素，因此，"信度系统往往更低，主要原因是它们不及认知因素稳定"（秦晓晴，2009）。总体说来，问卷中各因子信度较好，笔者随后将每个因子的全部变量合并成一个新变量，供后继数据分析之用。

表 5-34　各因子 Cronbach's Alpha 信度系数表

序号	因子名称	题项数	Cronbach's Alpha
1	学习动机因子	8	.896
2	互动与评价因子	7	.705
3	合作学习因子	6	.854
4	自主学习因子	5	.845
5	学习资源与环境因子	7	.886
6	教师作用因子	8	.838
7	学习态度因子	6	.657
8	适应性因子	7	.755

5.5.2.2　因子描述性分析

表 5-35 为因子描述性分析。从平均数看，教师作用因子最高，而适应性和互动与评价因子最低，说明慕课理念中的互动与评价在大学英语翻转课堂中作用还未完全发挥，学生对翻转课堂的适应性还不是很理想。从各校学习动机比较看，D 大学最强，生源素质在本研究的这几所大学是最高的。D 大学的其他几个因子，除教师作用外，得分均为最高。自主学习方面 C 大学因子得分最低，说明学生课前学习不是很到位，B 大学教师作用得分最高，说明教师在翻转课堂中发挥的作用最大。

表 5-35　因子描述性分析

	平均数	标准偏差	A 大学	B 大学	C 大学	D 大学
学习动机	3.357 9	.714 56	3.315 6	3.185 8	3.476 5	3.659 5
互动与评价	2.963 6	.588 36	2.969 4	2.820 9	2.980 5	3.182 7

续表

	平均数	标准偏差	A 大学	B 大学	C 大学	D 大学
合作学习	3. 424 9	. 670 96	3. 373 7	3. 389 9	3. 495 6	3. 663 4
自主学习	3. 219 2	. 708 55	3. 244 1	3. 168 4	3. 072 7	3. 685 7
学习资源与环境	3. 478 2	. 698 54	3. 391 6	3. 348 5	3. 630 3	3. 921 2
教师作用	3. 544 9	. 618 55	3. 471 0	3. 714 9	3. 559 1	3. 709 6
学习态度	3. 364 2	. 565 28	3. 259 6	3. 267 6	3. 550 1	3. 751 3
适应性	3. 000 3	. 631 47	2. 955 4	2. 949 4	3. 096 3	3. 126 1

5.5.2.3 异常值的剔除

AMOS 以极大似然法和最小平方方法进行假设检验,要求观察变量必须满足正态分布的要求,违反多变量正态分布的条件会导致高估卡方值及低估参数估计值的标准误,因此,多变量正态检验是 SEM 最重要的基本操作(荣泰生,2010)。AMOS 提供了额外的正态性信息,即观测值远离群体重心的 Mahalanobis d-squared 的距离。当 $p2 < 0.05$ 时,表示该观察值可能为异常值。笔者依据提供的正态性信息表,对照 $p2$ 的值,逐个删除了共 61 个可能的异常值,得到 Mahalanobis 距离表(见附录 9)。

从表中可以看到,所有观测值中已无 $p2 < 0.05$ 的数据,即数据已达到 SEM 的正态分布的要求。

5.5.2.4 预设模型的建立与修正

根据文献研究及先导研究假设,学生的学习态度和动机均对基于慕课理念的大学英语翻转课堂中的主要因子,如学习资源与环境因子、互动与评价因子、合作学习因子、自主学习因子、适应性因子及教师作用因子产生作用,并且学习态度和学习动机互相作用与影响。反之,这些因子会也对学习态度和学习动机构成一定的影响。笔者将整理好的学生问卷数据导入结构方程,经过模型探索并参考模型修正指标,得到各因子之间的关联效应,建立的预设模型如图 5-5。

从图中各因子的关联效应可知,预设模型与实际数据尚有可修改之处。从表 5-36 预设模型回归权重中各因子的回归权重估计值和 Sig 的值可以看出,预设模型中学习动机因子和适应性因子,以及学习态度和互动与评价因子这两组因子之间 Sig 值较大,表明它们的关联效应与实际数据存在偏差,因此,需要对预设模型进行调整。

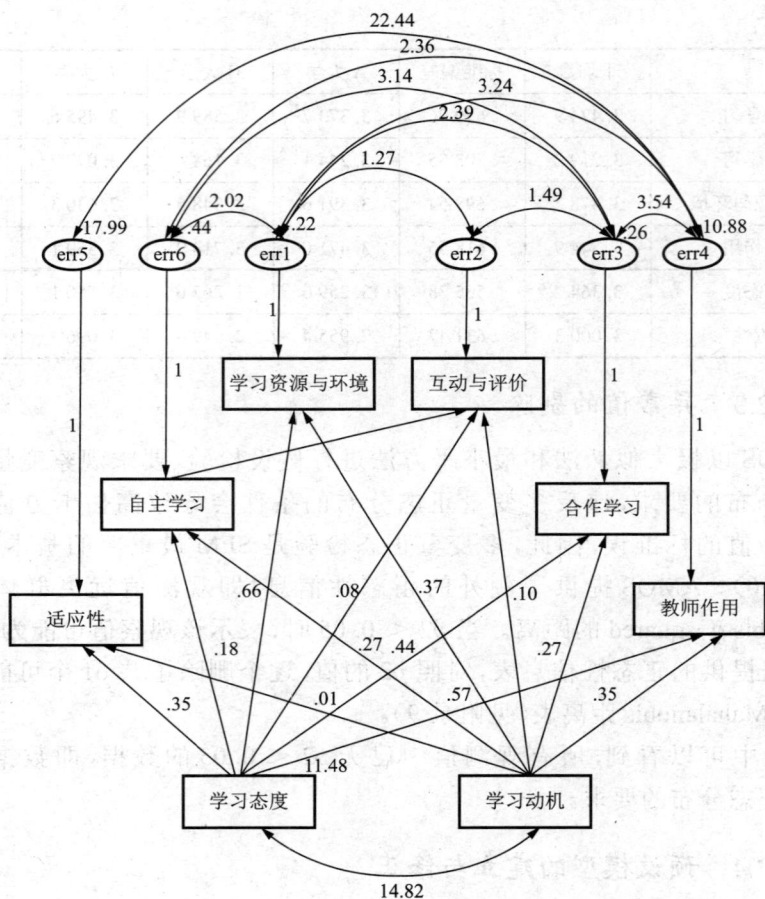

图 5-5　预设因子模型

表 5-36　预设因子模型回归权重表

	Estimate	S. E.	C. R.	P	Label
自主学习 <--- 学习态度	0.177	0.058	3.044	0.002	par_3
自主学习 <--- 学习动机	0.267	0.035	7.721	***	par_12
适应性 <--- 学习态度	0.349	0.085	4.104	***	par_2
学习资源与环境 <--- 学习态度	0.66	0.054	12.246	***	par_4
互动与评价 <--- 学习态度	0.084	0.062	1.366	0.172	par_5
合作学习 <--- 学习态度	0.437	0.058	7.575	***	par_6
教师作用 <--- 学习态度	0.567	0.066	8.568	***	par_7

续表

	Estimate	S. E.	C. R.	P	Label
教师作用 <--- 学习动机	0.349	0.039	8.898	***	par_8
合作学习 <--- 学习动机	0.267	0.034	7.801	***	par_9
互动与评价 <--- 学习动机	0.098	0.038	2.557	0.011	par_10
学习资源与环境 <--- 学习动机	0.37	0.032	11.565	***	par_11
适应性 <--- 学习动机	0.01	0.05	0.207	0.836	par_13
互动与评价 <--- 自主学习	0.633	0.046	13.839	***	par_14

对原模型的路径进行调整后,笔者重新建立了因子结构方程模型(见图 5-6)。

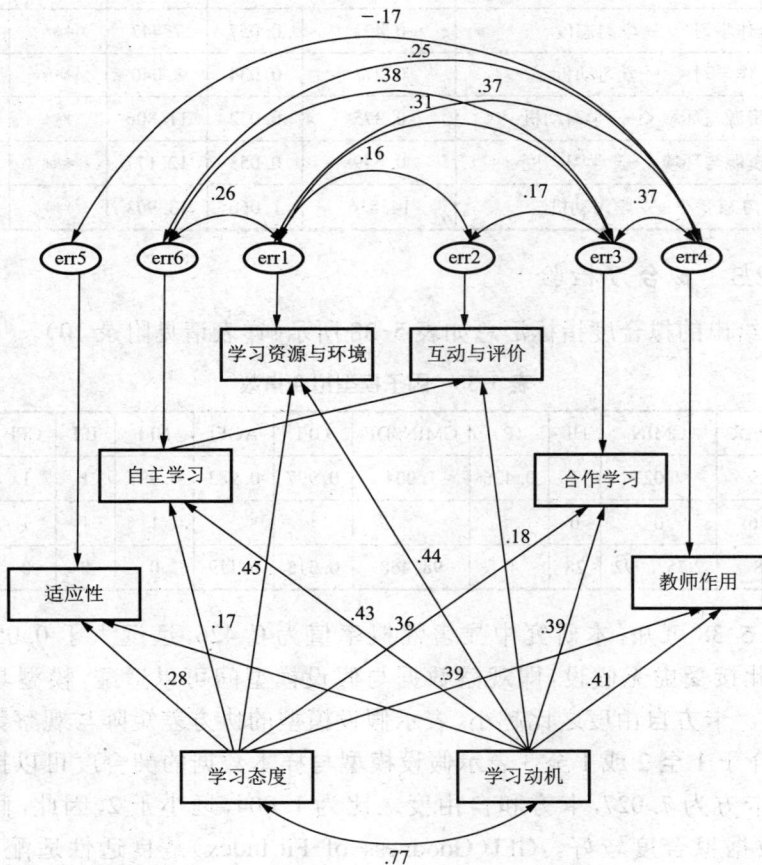

图 5-6 修正后因子标准化模型图

175

从修正模型回归权重表（见表 5-37）中可知，修正后模型鉴别度良好，除学习态度和自主学习这组因子较显著外，其他各因子 P 值均达到极显著。

表 5-37　修正后因子模型回归权重表

	Estimate	S. E.	C. R.	P	Label
自主学习 <--- 学习动机	0.267	0.035	7.721	***	par_13
自主学习 <--- 学习态度	0.177	0.058	3.044	0.002	par_21
互动与评价 <--- 学习动机	0.133	0.028	4.721	***	par_2
互动与评价 <--- 自主学习	0.641	0.045	14.118	***	par_11
适应性 <--- 学习态度	0.363	0.055	6.626	***	par_12
教师作用 <--- 学习动机	0.351	0.039	9.073	***	par_14
教师作用 <--- 学习态度	0.565	0.066	8.618	***	par_15
合作学习 <--- 学习态度	0.423	0.057	7.447	***	par_17
合作学习 <--- 学习动机	0.273	0.034	8.040	***	par_18
学习资源与环境 <--- 学习动机	0.375	0.032	11.806	***	par_19
学习资源与环境 <--- 学习态度	0.649	0.053	12.177	***	par_20
学习态度 <---> 学习动机	14.816	1.066	13.903	***	par_1

5.5.2.5　拟合度检验

模型给出的拟合度指标汇总如表 5-38 所示（详表请见附录 10）。

表 5-38　因子模型拟合指数

模型	NPAR	CMIN	DF	P	CMIN/DF	GFI	AGFI	NFI	IFI	CFI	RMSEA
预设	29	7.027	7	0.426	1.004	0.997	0.983	0.997	1	1	0.003
饱和	36	0	0			1		1	1	1	
独立	8	2 757.092	28	0	98.468	0.315	0.119	0	0	0	0.432

由表 5-38 可知，本研究中显著性概率值为 0.426，远远大于 0.05 的显著水平，因此接受虚无假设，即观察数据与假设模型间可以适配，模型具有较好的拟合度。卡方自由度之比越小，表示假设模型的协方差矩阵与观察数据越适配，此值介于 1 至 2 或 1 至 3 表示假设模型与样本数据的契合度可以接受。本研究中，卡方为 7.027，卡方和自由度之比为 1.004，远小于 2，因此，假设模型与样本数据拟合度较好。GFI（Goodness-of-Fit Index）是良适性适配指标，在

SEM 中，GFI 被认为是假设模型协方差可以解释观察数据协方差的程度，通常可接受的指标是大于 0.9，越接近 1，表示拟合度越好。本研究中 GFI 指标为 0.997，AGFI（Adjusted Goodness-of-Fit Index）调整良适性适配指标为 0.983，都非常接近 1，因此，模型拟合度较好。NFI（Normed Fit Index）、IFI（Incremental Fit Index）、TLI（Tucker-Lewis Index）及 CFI（Comparative Fit Index）均在 0.9 以上，按照判断标准，这些指标越接近 1，表示模型拟合度越好。RMSEA（Root Mean Square Error of Approximation）是渐进残差均方和平方根，其值越小表示模型的适配度愈佳，一般要求小于 0.1，若小于 0.08 则提示拟合合理，若小于 0.05 则表明拟合较好。本研究中 RMSEA 指标是 0.003，远小于 0.05，因此，模型的拟合较好。综合上述各数据指标，可知本研究模型的拟合度较好，符合接受模型的基本要求。

5.5.2.6 因子相关性分析

根据修正后翻转课堂因子模型（见图 5-6）可以看出，学习态度和学习动机相互作用，对翻转课堂学习适应性、自主学习、学习资源与环境、互动与评价、合作学习及教师作用产生影响。但学习态度不直接对互动与评价产生影响，而是通过自主学习产生间接的作用。学习动机对学习适应性不产生直接影响，而是通过学习态度对适应性产生影响。

表 5-39 为标准化的回归系数值（Beta 值），即路径分析中的路径系数。从表中可知，学习动机对自主学习有较强的直接相关，效应值为 0.431；对互动与评价直接相关，效应值为 0.184；对教师作用直接相关，效应值为 0.405；对合作学习直接相关，效应值为 0.387；对学习资源与环境直接相关，效应值为 0.439。而学习态度对自主学习直接相关，效应值为 0.17；对适应性直接相关，效应值为 0.278；对教师作用直接相关，效应值为 0.387；对合作学习直接相关，效应值为 0.357；对学习资源直接相关，效应值为 0.45。自主学习则对互动与评价直接相关，效应值为 0.552。学习动机和学习态度之间有相关性，协方差系数是 0.766。

此外，学习动机通过自主学习对互动与评价产生影响，其效应值是 0.431*0.552=0.238。学习态度也可通过自主学习对互动与评价产生影响，其效应值是 0.17*0.552=0.094。学习动机通过学习态度对学习适应性产生间接影响，其效应值是 0.766*0.278=0.21。

从影响效果看，学习动机对互动与评价的直接效应（0.184）小于通过自主学习产生的间接效应（0.238），因此，中介变量"自主学习"对互动与评价有重要影响力,是关键因素,其效应大于学习动机对互动与评价产生的直接影响,值得引起我们的注意。同时,学习动机通过学习态度对学习适应性的间接影响(0.21)小于学习态度对适应性的直接影响(0.28),因此,对学习适应性产生直接作用的是学习态度。

表5-39　因子模型标准化回归权重表

	Estimate
自主学习 <--- 学习动机	0.431
自主学习 <--- 学习态度	0.17
互动与评价 <--- 学习动机	0.184
互动与评价 <--- 自主学习	0.552
适应性 <--- 学习态度	0.278
教师作用 <--- 学习动机	0.405
教师作用 <--- 学习态度	0.387
合作学习 <--- 学习态度	0.357
合作学习 <--- 学习动机	0.387
学习资源与环境 <--- 学习动机	0.439
学习资源与环境 <--- 学习态度	0.45
学习态度 <---> 学习动机	0.766

在学习动机所直接影响的5个因子中,学习资源与环境的权重最大,其次是自主学习及教师作用,再次是合作学习,而互动与评价所占权重最小。可见,学习动机对自主学习因子、学习资源与学习环境因子及教师作用因子具有正面促进效应。也就是说,学生学习动机的提高能促使翻转课堂学生在课外更为主动地自主学习,不但能充分利用好现有的学习资源,而且还能积极主动地获取有用的英语学习资源,补充到自己的学习之中,并努力适应翻转课堂的学习环境。而对于教师而言,学生学习动机的提高也有利于教师顺利开展翻转课堂相关教学活动,提供及时评价和反馈,融洽师生关系,并兼具反拨效应,促进教师信息技术能力的提高。

但学习动机对合作学习正面促进效应稍弱,尤其对互动与评价因子的影响最弱,仅为0.17,即学习动机增加1个单位,互动与评价仅增加0.17个单位。或者说在翻转课堂中,学生学习动机和目标的实现并不能显著促进互动及评价的发生,而互动与评价,特别是基于同伴互评等多元评价体系是基于慕课理念的大学英语翻转课堂的核心要素。

学生的学习动机一般可分为内部动机和外部动机。内部动机强的学生学习勤奋,乐于思考,不满足于课本上知识和应付考试。外部动机强的学生则将学习动力归因于出国、获得好成绩或其他物质利益的获得。在访谈中,学生和教师也多次谈及学习目标和动机的问题。例如:

> 但是学生也会有失落感的,学生总会认为,我这么翻来翻去的,跟我考试的联系不够紧密。学生一边翻得很愉快,一边在担心着他们的考试,他就会有这种担忧。因此,在我的班里,前面我们在翻得开心的时候,当学生要参加四级考试的时候,学生就提出老师这两周能否给我们搞一下四级专题训练,然后你不弄的话,他心里总是不踏实。(A-T1-L)

> 我觉得比较关心四、六级吧,这个方面也是一个影响,就是有的学生说你这个课堂是否能够对我的四、六级带来帮助,或者说对我的四、六级有什么影响。(A-S3-Z)

> 高中教学理念就是应试教学,到了大学大家感觉还是应试的那种,尽管大学看起来有许多其他要求,但实际上评价一个学生还是看成绩的。(C-S1-L)

> 就是以分数再激励一下,那是最有效的。我觉得还是分数比较重要,你说能力提高什么的,大家感觉太虚了。(C-S2-L)

> 学生很看重成绩的,因为他们今后很多不光是(想拿)奖学金,而且要出国,那么如果分数中 BC 多了,对他拿奖学金太不利。有时不光是奖学金的问题,他还能申请到比较高档的学校,因为学校的不少学生心里面还是有很高的理想的。(C-T2-W)

> 我觉得这样的教学方法不利于学生过四、六级,希望学校能把重点放在学生的四、六级上面,这才是真正有利于学生的学习,毕竟我们不是专业英语学生,真切希望学校为学生考虑。(WJ)

从访谈中可以看出,大学英语学生外部学习动机较明显。合作学习、小组完成课外任务尚可与课堂活动的开展挂上钩并进而影响到他们的学业成绩。但与师生网上互动发帖或者完成同伴评价等任务一则不容易量化,尤其是网上互动质量的考评实属不易,目前都是以考察数量代替质量的办法,二则与学生的成绩也不存在紧密的联系,如完成线上同伴评价的质量好坏与否并不能对学生的成绩产生某种直接的影响,因此,从这个意义上说,学习动机的提高与否并不能对互动及评价产生积极促进作用。其次,从前一节(参见5.3.2)对翻转课堂互动交流与评价的现状分析来看,缺乏合适的互动交流平台与有效的评估手段和方法也是削弱学习动机对互动与评估影响的原因之一。有鉴于此,在翻转课堂教学中,对于如何有效开展合作学习及互动与评价应该给予足够的重视。

从另一方面看,自主学习是关键中介变量,学习动机通过自主学习对互动与评价的影响大于直接影响。因此,在翻转课堂教学中,更要注重自主学习中师生互动及多元评价的实践。一方面,自主学习是学生对自己的学习负责,监控、安排并且调整自己的学习过程,并对自己的学习行为自觉规范和约束,以达到学习目标。这是一个长期和动态的过程,需要学生不断地自我检查和反省自己的学习行为,并不断地做出调整。计划、实施和评估的能力是自主学习者所必须有的几个主要能力。同时,自主学习绝不是孤立学习,自主学习的能力也不是教师给予的,而是学生自己参悟的。在这个过程中,自主学习者不仅要善于与他人交流,获取帮助,更要善于倾听,共同讨论学习中的问题与体会,并在必要时提供帮助。通过互动交流,营造良好的师生关系和自主学习氛围,开展合作学习是自主学习得以顺利进行的必要条件。而评价是对学习的反思,是自主学习的重要手段,也是培养自主学习能力的重要途径,因此,自主学习对互动与评价有正面积极效应。另一方面,信息技术与翻转课堂的深度融合赋予了学生自主学习更多的互动合作与评价的内涵。学生不仅可以通过传统的方式,方便地在自主学习过程中通过网上论坛与师生发起同步或异步的互动交流,共同合作完成任务,而且可以利用时下移动终端,使互动合作与评价等活动的开展更为便捷。根据先前可以利用的调查,绝大多数学校学生与教师课下通过移动终端的实时通信工具随时保持沟通和联系。有的教师尝试使用微信课堂点名或将翻转课堂移至微信公众号,为学生的自主学习及师生的互动及评价开启了新的途径。综上所述,自主学习是关键中介变量,在翻转课堂实践中直接影响着互动与评价的实现。

在学习态度所直接影响的5个因子中,学习资源与环境的权重最大,其次是教师作用和合作学习,再次是适应性,而自主学习所占的权重最小。由此可见,与学习动机相似的是,学生在翻转课堂中学习态度的变化将对学生主动获取英语学习资源、适应翻转课堂学习环境以及翻转课堂各项教学活动顺利开展等起到积极的正面效应。

但从另一方面看,学习态度对学生适应翻转课堂和开展自主学习的积极效应有限,而且教师作用因子与适应性因子呈负相关(-0.17)。

　　学习态度是学习者对学习所抱有的较为持久的态度,这种倾向可以是积极的抑或是消极的,是学习者在学习活动中通过经验而习得,并受学习动机的影响(王爱平,车宏生,2005)。而学生在翻转课堂中的适应性则是指学生为了与改变的外部环境达成平衡而改变自己的一种学习能力。学习态度是影响学习者适应性的一个重要影响因素,因为如果学习者对翻转课堂持积极肯定的态度,即对翻转课堂感兴趣,相信能学有所获,就有动机参与翻转课堂的学习。当然,这种动机是内驱力动机。若学习者对翻转课堂抱着消极和怀疑的态度,没有欲望或动机参与翻转课堂的学习,那么学习者就无法熟悉翻转课堂教学,也就更谈不上适应了。

　　但是本次研究得到的结果令人略感意外,学生的学习态度对适应性正面效应影响力不足。通过仔细分析因子描述性分析结果(见 5.5.2.2),笔者发现对于翻转课堂有学习兴趣和热情、相信翻转课堂能使自己英语学习变得更自信等题项,各仅有 31.7% 和 37.1% 的学生选择基本符合或完全符合。特别是因为学习兴趣和热情而参与翻转课堂这一题项,有 31.2% 学生选择了基本不符合或者完全不符合。在问卷的开放题中学生对此也有所涉及,现选取两例:

　　　　学一门外语是个人的事,没必要搞那么多花样和交流学习,浪费精力。如果个人真想学,和谁交流,在哪里交流,以什么方式交流都OK,没必要弄个翻转课堂来拘束学生,浪费学习时间。(WJ)
　　　　在翻转课堂学习我的听力水平完全没有提高,而且我本人对英语没有多大的兴趣,感觉学习英语很被动,没有成就感。(WJ)

　　由此可知,学生由内驱力动机而形成的对翻转课堂积极的学习态度甚为匮乏,这势必大大削弱学习态度对学生适应性形成的积极影响。访谈及问卷中也反映出学生对于适应性的一些看法:

　　　　其实我觉得对这个模式还不是很适应,就是说,每个人的接受能力都是有限的,不一定是上完这课后,我就全部吸收完。可能在接受这方面我的进度比较慢,课后多给我点时间吸收和消化,这样整个的效果会好一点。(A-S2-Y)
　　　　虽然和老师有QQ群,但一周只能见一次面,对这种方式我还不是很适应。其实我觉得和老师的关系主要还是通过课堂上建立的,相对来说这段时间的课上下来,我与老师还是比较陌生的。(C-S1-W)

刚从高中进入大学的过渡时期,有点难以适应老师与学生角色的翻转,有时学习任务繁重,这种学习方法更加重了学生的压力。(WJ)

翻转课堂与传统课堂无论在教学流程、教学方式及评估体系上均存在着较大的差异。学生若无法适应翻转课堂的教学,必会对教学效果产生负面影响。因此,在翻转课堂教学中,要激发学生的内驱动机,通过创新的课程设计,唤醒学生在翻转课堂中英语学习的兴趣,并引导学生逐步适应翻转课堂的教学。

翻转课堂将课内知识传授移至课外后,学生课外的自主学习是翻转课堂得以成功实施的必要条件之一,但从回归权重表中可知,学习态度对自主学习的正面效应较弱(0.17)。其主要原因在于,外语自主学习是作为主体的学习者对自己的学习过程所采取的"态度、行为和能力的综合表现"(王万智,史万兵,2015)。学习态度之于自主学习就是学习者愿意自己承担学习责任,并付之于有效的计划、实施及评价的行动之中。因此,从这个意义上说,学习态度和自主学习行为密切相关(Hiemstra,1997)。但是,一方面,我国学生进入大学之前大都是以教师讲授为主要学习方式,学生只是被动地学。进入大学后,这种定势思维导致学生仍寄希望于教师,学生缺乏自主学习的态度和意识,没有认识到自身角色的转换,还不能迅速适应学习方式的改变,部分学生甚至对自主学习持消极的态度,这种学习态度影响了自主学习的实施。另一方面,从本章现状调查中可获知,在翻转课堂中,无论学校或教师对于课前自主管理上均有待加强。先不谈有的学校缺乏必要的平台,课前学生学习资源都通过 QQ 或微信等平台发布,以至于教师无从了解学生课前微视频观看的情况或学习资源的学习情况,单从平台较为完善的学校来看,由于教师人手不足,而通过平台检查学生课前学习情况既费时又费力,教师对学生课前学习情况了解不充分,无法实施课堂与课外的有效联动。久而久之,学生就疏于自主学习或采用投巧的方式学习。因此,要注意培养大学英语翻转课堂中学生的自主学习能力并有效管理学生的课前自主学习。

5.5.2.7 因子模型多群组分析

为了比较不同学校对因子模型中各变量是否产生调节作用,笔者采用了多群组结构模型分析的办法。笔者已在 5.5.2.5 中对因子模型拟合度进行了详尽的分析,论证了模型较好的适配度。在此前提下,笔者通过观察不同群组间路径系数差异的临界比值,判断不同群组路径系数是否具有显著差异性。若成对群组间的路径系数差异的临界比值的绝对值大于 1.96,则可解释为"在 0.05

的显著水平下,两组的系数值具有显著性差异"。当统计量的绝对值大于 2.58,则可解释为"在 0.01 的显著水平下,两组的系数值具有显著性差异"。当统计量的绝对值大于 3.29,则可解释为"在 0.001 的显著水平下,两组的系数值具有显著性差异"。

由于多群组分析需要一个公用同一概念模型,根据前面的研究,以分析标示图(见图 5-7)作为群组分析的基本模型,并设定模型中的协方差以 cc 标示,截距以 j 标示,均值以 m 标示,方差以 vv 标示,回归权重以 b 标示。

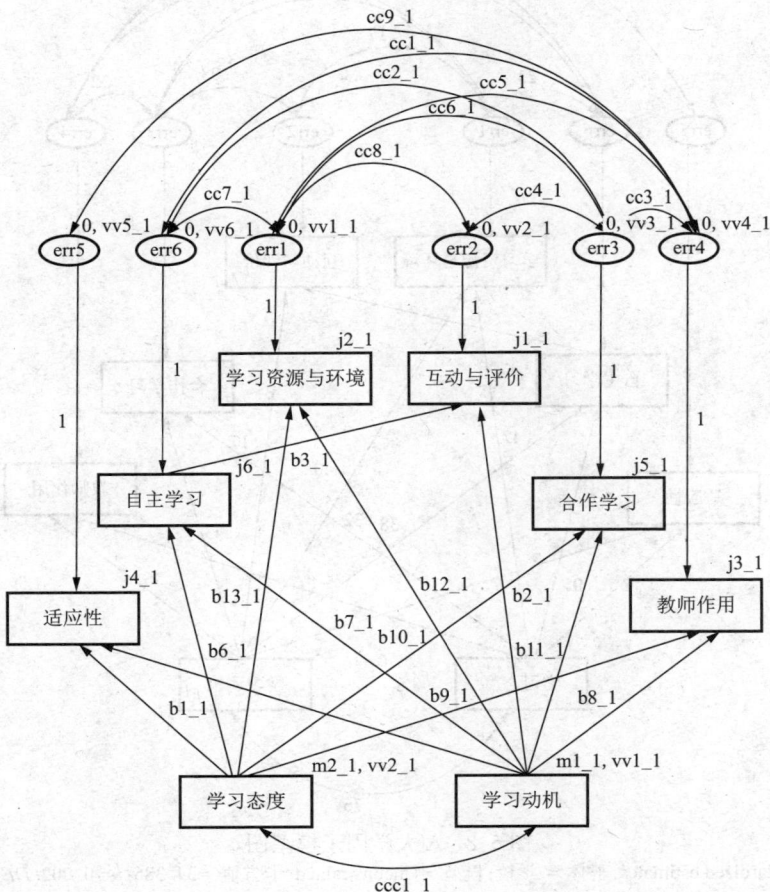

图 5-7 因子模型多群组分析标示图

　　因子结构多群组分析标准化结果如图 5-8、图 5-9、图 5-10、图 5-11 所示，模型 $p < 0.05$，达到显著水平，说明模型不相等，即模型各因素负荷量是不相同的，学校的影响因素具有调节作用。RMSEA 值略大于 0.05，但小于 0.08，说明模型的拟合度较好。

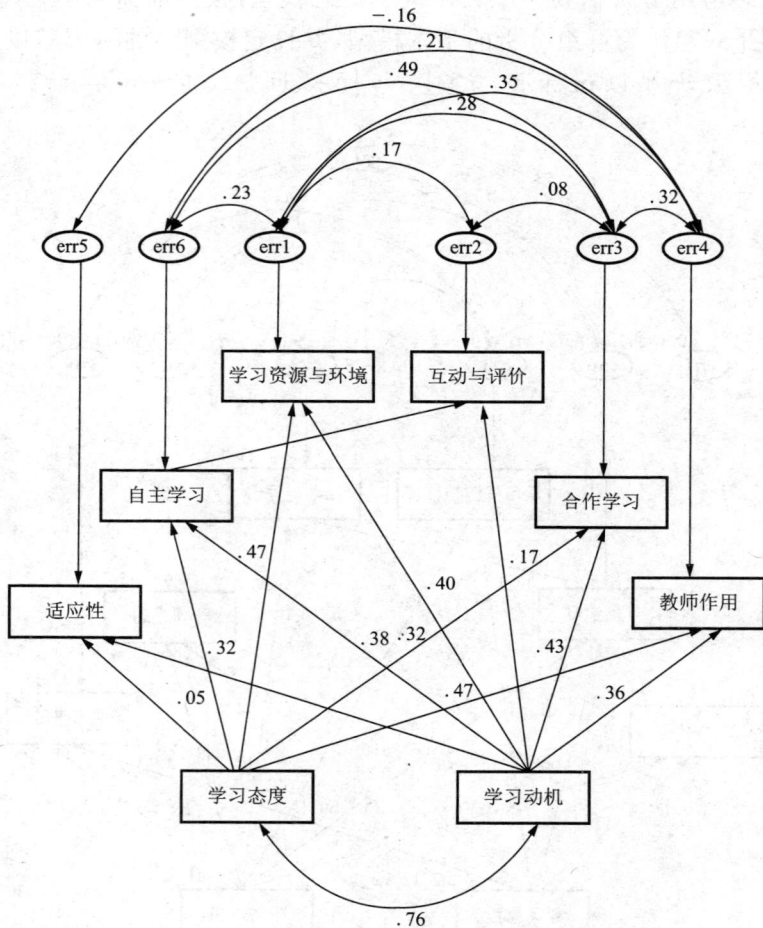

图 5-8　A 大学因子模型图

（Standardized estimates，群体 = 学校；模型 =Unconstrained；卡方值 =34.385；p=0.002；DF=14；

RMSEA=0.064）

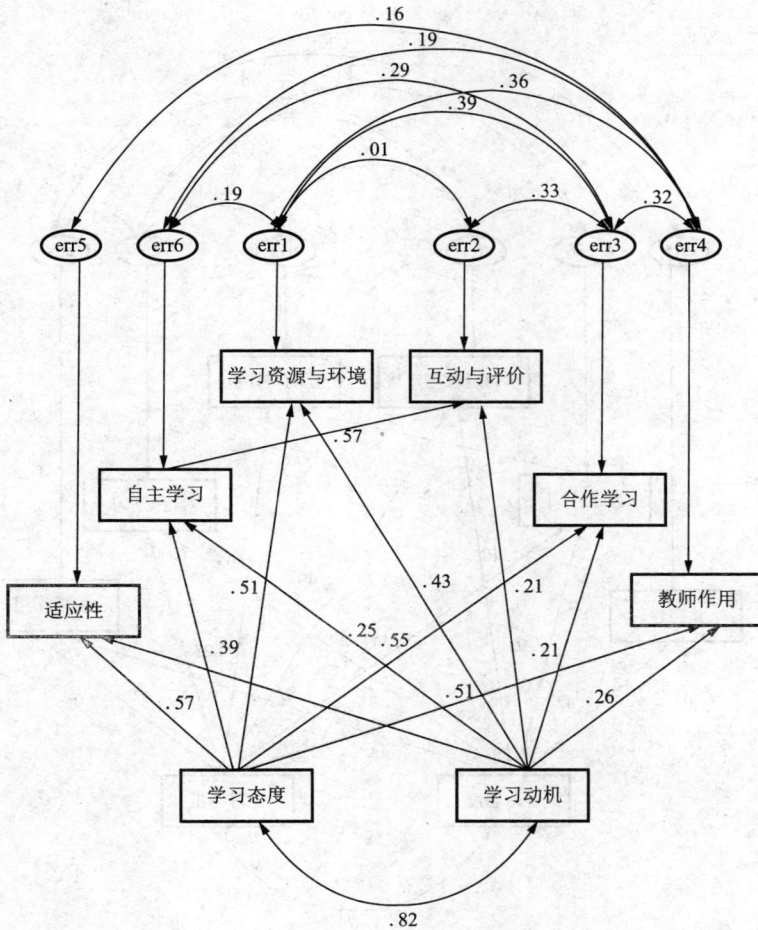

图 5-9　B 大学因子模型图

（Standardized estimates，群体 = 学校；模型 =Unconstrained；卡方值 =34. 385；p=0. 002；DF=14；
RMSEA=0. 064）

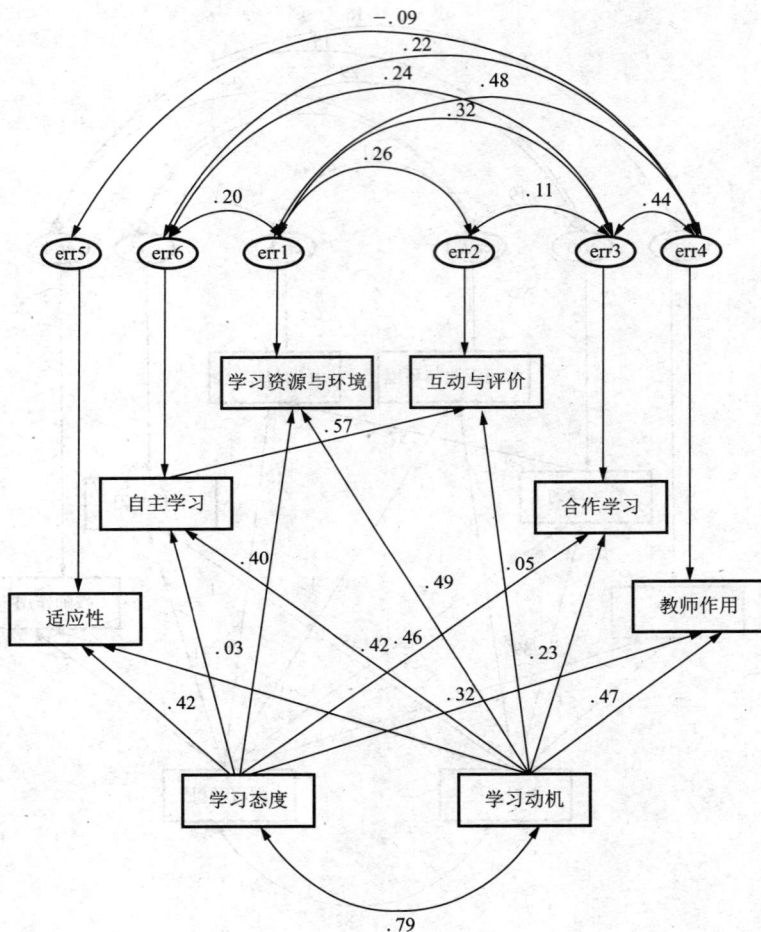

图 5-10 C 大学因子模型图

（Standardized estimates,群体 = 学校;模型 =Unconstrained;卡方值 =23. 973;p=0. 046;DF=14; RMSEA=0. 067）

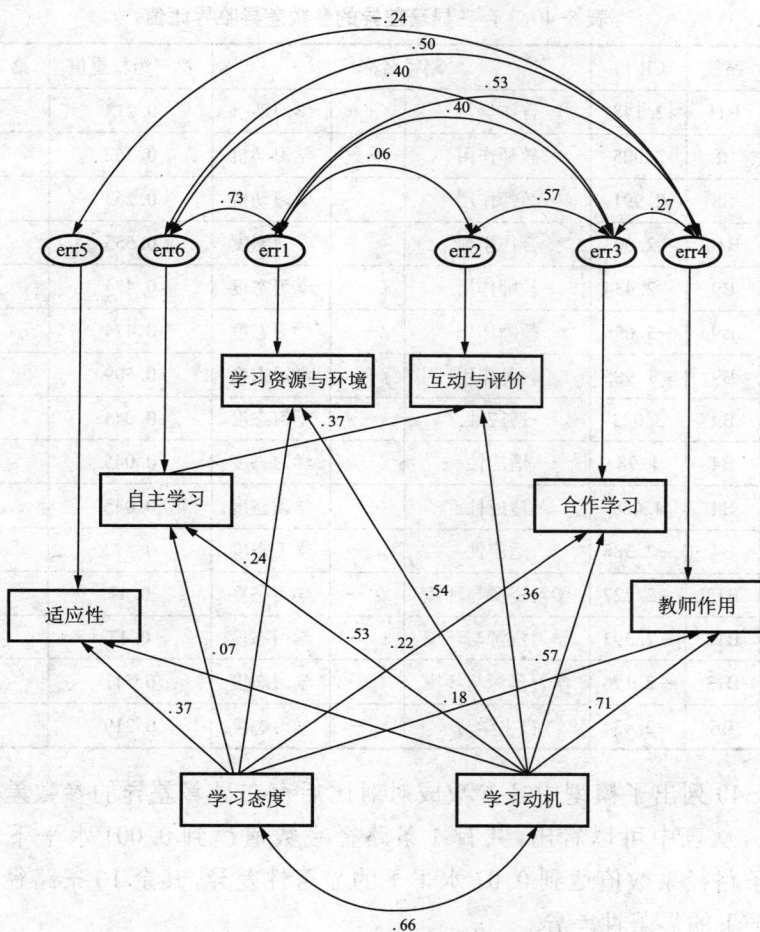

图 5-11 D 大学因子模型图

（Standardized estimates，群体 = 学校；模型 =Unconstrained；卡方值 =23.973；p=0.046；DF=14；RMSEA=0.067）

表 5-40   存在显著差异的参数差异临界比值

组别	路径	CR 值	路径名称			第一组权重值	第二组权重值
B 与 D	B11	2.148	合作学习	<---	学习动机	0.213	0.566
A 与 D	B8	3.005	教师作用	<---	学习动机	0.362	0.712
B 与 D	B8	2.991	教师作用	<---	学习动机	0.263	0.712
B 与 D	B10	−2.003	合作学习	<---	学习态度	0.555	0.222
A 与 C	B9	−2.434	教师作用	<---	学习态度	0.474	0.349
A 与 D	B9	−3.098	教师作用	<---	学习态度	0.474	0.181
B 与 D	B9	−1.985	教师作用	<---	学习态度	0.509	0.181
A 与 C	B4	3.022	适应性	<---	学习态度	0.045	0.422
A 与 D	B4	1.98	适应性	<---	学习态度	0.045	0.37
A 与 B	B4	4.666	适应性	<---	学习态度	0.045	0.572
B 与 C	B4	−2.388	适应性	<---	学习态度	0.572	0.422
A 与 C	B13	−2.227	学习资源与环境	<---	学习态度	0.47	0.398
A 与 D	B13	−2.393	学习资源与环境	<---	学习态度	0.47	0.238
B 与 D	B13	−2.196	学习资源与环境	<---	学习态度	0.511	0.238
A 与 C	B6	−2.434	自主学习	<---	学习态度	0.319	0.028

表 5-40 列出了模型中各参数成对对比后存在显著差异的参数差异临界比值（CR）。从表中可以看出，共有 1 条路径系数值达到 0.001 水平下的显著性差异，4 条路径系数值达到 0.01 水平下的显著性差异，其余 10 条路径系数达到 0.05 水平下的显著性差异。

从表中可知，①学校因素对于学习动机和学习态度的因子间联结均具有显著调节作用。②学习动机的因子间联结具有显著调节作用的有 3 对，包括学习动机对于合作学习，以及学习动机对于教师作用，而学习态度的因子间联结具有显著调节作用却有 12 对，包括学习态度对于合作学习、学习态度对于教师作用、学习态度对于适应性、学习态度对于学习资源与环境以及学习态度对于自主学习，说明翻转课堂中对因子效应的显著差异多由学习态度所产生。③学校因素对于互动与评价不产生任何显著调节作用，说明互动与评价在各校情况基本相同。④从学习动机因子的 3 对联结上看，说明相较于其他学校，D 大学对于学习动机对于教师作用和合作学习具有显著的调节作用。因子单因素方差（ANOVA）分析显示，D 大学学生动机水平较高，与其他大学对比均达到显著性水平，说明完善的慕课平台及创新的教学方法使学生处于高动机水平状态，促进了教师作用的发挥和合作学习的开展。⑤从学习态度因子的 12 对联结上看，学习态度对教师作用、适应性和学习资源与环境效应差异临界比值各校均较为显著，说明学习态度在这 3 个因素上效应差异显著，不同的学校对这 3 个因素所起到的调节作用也不尽相同，而学习态度对自主学习和合作学习的差异仅个别学校显著。

5.5.3　教师问卷描述性分析

笔者首先对教师问卷中的 2 道反向题（第 10 题和第 11 题）做了反向赋值处理，并对教学动机进行了描述性分析。

从教师教学动机表（见表 5-41）中可以看出，教师的专业兴趣和职业兴趣爱好均较强，对教学对象较喜爱，但对学生通过翻转课堂所获取的目标存在差异，多数大学是成绩驱动，而 D 大学则不同，这跟 D 大学翻转课堂与持贫计划相关，并且学生整体素质较好有关。对于社会期望与认可上，教师们从事翻转课堂教学主要是自己的内部驱动力，受其他外部因素的影响较小，D 大学教师出于社会期望和认可的程度较高。教师们从事翻转课堂教学也并非出于同事的竞争压力。翻转课堂中同事间协作程度各校不同，从表中看，B 和 C 大学团队合作较多，而在学校支持力度上，B 大学和 D 大学大于 A 大学和 C 大学。从学生认同的角度看，教师改进教学方法主要是为了获得学生的认同感和自我成就感。

表 5-41　教师教学动机分析表

序号	题目	平均值	标准差	A	B	C	D
1	承担翻转课堂教学工作能使我得到领导和同事的重视	3.200	1.032 8	3.000	2.500	3.500	5.000
2	翻转课堂使我能有机会经常和学生沟通，我很乐于了解他们的想法	4.600	0.516 4	4.600	4.500	5.000	4.000
3	我喜欢阅读与翻转课堂有关的书籍与资料	4.100	0.875 6	3.800	4.000	5.000	4.000
4	翻转课堂能够使我发挥自己的教学潜能	4.600	0.699 2	4.400	4.500	5.000	5.000
5	我很乐于看到翻转课堂的学生在考试中取得好成绩	4.500	0.707 1	4.800	4.500	4.500	3.000

序号	题目	平均值	标准差	A	B	C	D
6	我很乐于看到翻转课堂的每一个学生取得哪怕极其微小的进步	4.900	0.3162	5.000	4.500	5.000	5.000
7	如果不承担翻转课堂教学工作,就会面临被同事取代的危险	1.700	1.0593	2.200	1.000	1.500	1.000
8	翻转课堂目前是大势所趋,大学英语教师要顺应潮流	3.800	0.7888	3.600	3.500	3.000	5.000
9	在翻转课堂上,学生们积极思考,参与互动,这让我感到兴奋	4.400	0.8433	4.200	4.000	5.000	5.000
10	翻转课堂学校支持力度不大,因此实施有困难	3.300	1.0593	3.000	4.000	2.500	5.000
11	翻转课堂是学校要求,我本人是不太愿意参与的	4.800	0.4216	4.800	4.500	5.000	5.000
12	有的学生不太喜欢我的翻转课,我为此感到很苦恼	2.200	0.6325	2.400	2.500	1.500	2.000
13	从事翻转课堂教学能使我获得学生的认可	3.200	0.7888	3.000	3.000	3.500	4.000
14	在工作中我都很要强,在此次大学英语教学改革我希望能比其他同事做得更好	2.700	0.6749	2.400	3.000	3.000	3.000
15	在教学过程中,我经常与同事交流翻转课堂教学经验与心得	3.800	0.9189	3.600	4.000	4.500	3.000
16	我常改进大学英语教学方法,以便让学生喜欢听我的课	4.500	0.7071	4.200	5.000	4.500	5.000

在基于慕课理念的大学英语翻转课堂教学实践中,教师扮演着多重和重要的角色。一切教学改革,归根到底,都要由教师来实施。因此,教师是影响学生学习动机的重要因素。有研究表明,影响大学英语教师教学动机的主要因素是教师的内在动机,外在动机只起辅助作用(汤闻励,2011)。而大学英语教师的成就动机指教师乐于从事自己认为有价值的工作,并以此获取成功的动力,是促进教师出色完成教学和科研工作的主要内在驱动力(谢莉莉,2010)。本研究中教师较强的内在成就驱动是教师采取更有效的教学方法,激发学生学习动机,有效实施基于慕课理念的大学英语翻转课堂的有力保障。本研究也表明,

大学英语教学成绩导向因素显著,而关注考试及应试成绩会给教师带来巨大的教学压力,使教师出现职业倦怠和应试化倾向(肖佳,2011),不但对学生自主学习能力会造成一定的影响,也不利于培养学生的综合应用能力,更不符合当今社会对外语人才的需求,应该逐步予以改变。

5.6 本章小结

基于慕课理念的大学英语翻转课堂的现状主要包括学习资源的开发和利用、课前学习情况分析、课堂教学实施、评价情况和课后学习情况等,以及对翻转课堂教学流程与教学环节的分析;而在影响基于慕课理念的大学英语翻转课堂的因子中,学生方面包括了 8 个因子,教师方面的影响因素是教学动机。

对现状分析可知,翻转课堂体现了知识观、学习观和课程观的变化,课程设计的精细化,学习的个性化,交互的即时性以及共同的学习体。

然而,研究中也发现慕课理念与大学英语翻转课堂深度融合还不够彻底,主要存在以下几个问题:① 学习资源匮乏,个性化未及充分发挥,把国际慕课资源校本化仍是美好的愿望;② 平台功能未充分利用,慕课优势未及发挥;③ 师生在线论坛活跃度低;④ 教师教学活动设计能力与教学理念仍待提高和改进;⑤ 缺乏有效的多元评价;⑥ 学生课后试前集中复习,不利于知识的巩固和提高;⑦ 慕课的大数据学习分析功能尚未发挥其作用。

从学生方面而言,影响基于慕课理念的大学英语翻转课堂的因素包括 8 个因子,按照影响的大小排序分别是学习动机、教师作用、学习资源与环境、合作学习、学习态度、自主学习、适应性、互动与评价。各校在因子影响程度上存在着差异。通过结构方程建模,因子模型达到了良好的拟合度。在学习动机所直接影响的 5 个因子中,学习资源与环境的权重最大,其次是自主学习及教师作用,再次是合作学习,而互动与评价所占权重最小。可见,学习动机对自主学习因子、学习资源与学习环境因子及教师作用因子具有正面促进效应,但对合作学习和互动与评价因子影响最弱。自主学习是关键中介变量,学习动机通过自主学习对互动与评价的影响大于直接影响。因此,大学英语翻转课堂中要注重自主学习中师生互动及多元评价。学生在翻转课堂中学习态度的变化将对学生主动获取英语学习资源、适应翻转课堂学习环境以及教师翻转课堂各项教学活动顺利开展等起到积极的正面效应。但由于学生内驱力动机不足,削弱了学习态度对学生翻转课堂适应性和自主学习的积极影响。因此,要激发学生的内驱动机,唤醒学生在翻转课堂中英语学习的兴趣,培养学生自主学习能力并有效管理学生课前自主学习,从而引导学生逐步适应翻转课堂的教学。

由因子模型多群组分析可知,① 学校因素对于学习动机和学习态度的因子间联结均具有显著调节作用;② 对因子效应的显著差异多由学习态度所产生;③ 学校因素对于互动与评价不产生任何显著调节作用;④ D 大学对于学习动机对于教师作用和合作学习具有显著的调节作用;⑤ 学习态度在 3 个因素上效应差异显著,不同的学校对这 3 个因素所起到的调节作用也不尽相同,而学习态度对自主学习和合作学习的差异仅个别学校显著。

从教师的影响因素看,教师有较强的内在动机,受其他外部因素的影响较小,尤其受内在成就驱动,对教师在大学英语翻转课堂中采取更有效的教学方法,激发学生学习动机更为有利。但目前大学英语教学成绩导向因素显著,易对教师的教学动机及学生的自主学习产生不利影响,应该逐步予以改变。而教师在大学英语翻转课堂中同事间协作程度与学校支持上各校也不尽相同。

第6章

基于慕课理念的大学英语翻转课堂多元课程

鉴于上一章对基于慕课理念的大学英语翻转课堂现状和影响因素分析,本章中笔者将从翻转课堂内涵、慕课与大学英语翻转课堂深度融合的目标、内容和方式、翻转课堂与学生能力素养的培养为出发点,从目标定位、学习资源的融合、活动设计、平台融合及评价体系的多元化着手,探讨基于慕课理念的大学英语翻转课堂多元课程体系。

6.1　基于慕课理念的大学英语翻转课堂内涵

基于慕课理念的大学英语翻转课堂的内涵包括慕课理念与大学英语翻转课堂的深度融合、基于慕课理念的大学英语翻转课堂教学及学生能力的培养。其中深度融合是方式和手段,能力培养则是目标。慕课理念与大学英语翻转课堂的深度融合主要从融合的目标、融合的内容以及融合的途径三个方面进行论述;基于慕课理念的大学英语翻转课堂教学主要从后现代课程理论视角加以论述;基于慕课理念的大学英语翻转课堂对学生的能力培养主要从学生素质能力的发展加以论述。

6.1.1　慕课与大学英语翻转课堂深度融合

如前所述(见 3.4),国际上信息技术与课程的整合(ITCI)经历了三个发展阶段,即 WebQuest(基于网络的探究)阶段、TELS(运用技术加强理科学习)阶段和 TPACK(学科内容、教学法和技术整合的新知识)阶段(何克抗,2012a),体现了信息技术从课堂外到课堂内外、从网络学习到与传统教学优势互补的发展过程。

与前两个阶段相比,TPACK 革命性的变化是摒弃了传统整合长期以来为追求技术普适化,而忽视实际教学复杂性和情境性的弊端。无论 WebQuest 阶段,还是 TELS 阶段,人们希望信息技术能一站式解决教学中存在的问题,但实际上信息技术与教学在整合的深度和广度上都不足。TPACK 注重技术、内容和方法三者之间双向、动态的平衡,彻底改变了人们对技术的传统认识。因此,不同于传统整合仅停留于"如何运用技术改善教与学环境或教与学方式等"(何克抗,2012c),深度融合是对教育系统的结构性变革,尤其是课堂教学结构的根本变革(何克抗,2014b)。从这个意义上来说,深度融合是信息技术真正融入教学过程,与教学互相渗透、互相作用、一体化的过程,强调有机的结合、无缝的连接,以发挥信息技术的效益和潜能,而不是成为"摆设、负担或者装饰品"(王爱平,车宏生,2005)。

慕课以学生为中心并以社会属性为导向,注重使用灵活的学习材料和设计相关活动,学生通过社会交互活动,激发兴趣并获得鼓励(Ventura, Bárcena & Martín-Monje,2014)。慕课将在线学习、社会交互及移动学习融合在一起,提供个性化的学习支持服务,其全英语的课程倒逼了大学英语教学改革,促进了大学英语课程的重构(马武林,胡加圣,2014)。

但是慕课的语言学习环境也招来了多方质疑。其一是交互的有效性。卡内基梅隆大学的研究曾指出,提供更多的交互活动才能更好地提升学习效果(王俊,2015)。交互分为操作交互、信息交互和概念交互,但是慕课一对多的模式和所提供的自动及对错反馈并不能真正促进交互性。交互中有效的反馈是学生保持学习兴趣、促进学习动机的有效手段(张传思,2015)。教师如何在师生比如此失调的情况下提供有效反馈是慕课所面临的潜在挑战。慕课的自动简单反馈虽具一定的即时性,使学生能清晰认识自己学习中存在的长处及缺点,但削弱了信息交互的有效作用。

其次,慕课的学生来自世界各个角落,彼此可能语言不通。据统计,全球 60

多亿人口中,约有 10 亿人学英语,完全掌握英语的人口仅 5 亿余人(吾文泉,周文娟,2014)。语言水平的异质性对大规模学习共同体的有效支持和促进真实的合作提出了挑战。

第三,语言慕课的目标是语言专项技能,如基本语言技能、良好的交流沟通能力、高级思维能力及文化能力,而不是以评估为目的。因此,与其他慕课不同的是,语言慕课依赖主动性和即时的交流,交流不仅是课程的途径,更是课程的重要目标。面对面教学的优势就是深度互动与反馈、情感交流、心理安全、社会信任和社会临场感等,尽管语言慕课采用了 Google Hangout 及 Skype 等社交视频工具传输音频或视频文件,并实行同伴互评以提高学习者的参与度,但一则同伴互评效果信度及效度可能不尽可靠,二则缺乏教师的及时有效反馈,因此,仍存在一定的差距。

由此可知,即便语言慕课也并非适合所有类型的学习者,若使用不当,可使学生动机缺失并导致失败。理念是慕课生存之本、存在之基,正如本书 3.1.1 所述,从慕课的发展历程和特征来看,慕课蕴含多元开放、精细化课程设计、个性化、即时交互与学习共同体等理念。剖析慕课理念,褪下技术的面纱,提取慕课的精髓,并使之与大学英语翻转课堂融合,成为一个平衡、兼容与和谐的生态系统,是实施信息技术与课程深度融合而行之有效的"第三条"道路。下文将从慕课在理念上与大学英语翻转课堂深度融合的目标、内容、方法进行论述。

6.1.1.1　深度融合的目标

慕课理念与大学英语翻转课堂深度融合,就是指慕课的多元开放、精细化课程设计、个性化、即时交互与学习共同体等理念与大学英语翻转课堂有机融合,在宏观上重构大学英语翻转课堂生态系统,使各要素保持动态、兼容与良性的发展。微观上,变革传统大学英语翻转课堂教学结构,多元化课程设计,利用信息技术创设英语学习资源丰富、师生线上线下交互迅捷、学生泛在学习便利、评价体系多元高效、整合传统和在线学习优势、以学生为中心的个性化教学模式,提高学生学习动机,转变学习态度,培养学生外语和素质能力。

第一,大学英语翻转课堂生态系统的重构。生态学的观点认为没有一种有机体可以孤立地存在,必须依赖周围的环境,并进行物质能量和信息的交换才能生存(陈坚林,2010)。生态位(Niche)是生态学的新概念,意为单个生物体在特定的生态系统中与其他要素相互作用的关系。慕课理念作为一种"外来物种",融入大学英语翻转课堂,打破了传统高等教育的生态平衡,变革了教育系统中教学内容、技术、教师及学生等各要素之间的关系。研究发现，慕课理念的融入也导致了大学英语翻转课堂中许多失调现象，如学生要素中的学习动机与态度、教学模式中的交互合作与评价以及教师要素中的教学动机，都和预期存在差距。这说明教学中的要素，由于"外来物种"的入侵，还未能找到其合适的生态位，这就促进了大学英语翻转课堂生态体系的重构。因此，深度融合的目标从宏观上说，就是重构大学英语翻转课堂生态系统，使之达到动态、兼容与良性发展。

第二，多元化大学英语翻转课堂课程设计。放眼当今世界，政治多极化和文化多元化并存，全球化以及信息化汹涌而来，社会对大学毕业生的英语水平提出了更高和多样化的要求，课程设计的价值取向也正朝着多元化、融合化的方向发展。多元化大学英语翻转课堂课程设计首先体现在课程目标的多元化上，即既满足社会对大学英语学生的要求，也体现教学内容实用性和时代气息，更是使学生的特质和潜能得到充分发挥的个性化创生的课程。其次，多元化还体现在大学英语教学内容上。从历史上看，大学英语教学改革存在课程定位之争，笔者观之，实乃课程价值取向之争，即关注技能和关注内容何者占优的问题。然而目前大学英语教学以内容为依托业已成为学界的共识。王守仁（2012）认为，大学英语课程应该将"工具性、专业性、人文性分别落实到普通英语（English for General Purpose）、专门用途英语（English for Specific Purpose）和通识教育类英语（English for General Education）"。而蔡基刚（2013）则认为大学英语课程教学内容应该是专门用途英语和学术英语。但无论如何，大学英语课程教学内容的多元化几成定局，它包括通用英语、学术英语和专门用途英语。各校可开发适合本校特点、定位和条件的校本课程。最后，多元化还体现在大学英语翻转课堂教学模式的实施上。Herreid & Schiller（2013）认为，在教学实践中，设计和实施翻转课堂时，没有放之四海而皆准的定式，需根据学习者的特征、教师的专业背景、可获得的学习资源及所学习的科目而有所不同。翻转课堂翻转了教学流程和师生角色，扩展了学习资源和学习空间的内涵，在为学生和教师提供个性化、泛在化、交互性和精细化教学的同时，对学生和教师及信息技术条件提出了更高的要求。搞清楚大学英语翻转课堂的适用范围是成功开展教学实践的前提条件。比如，本书 2.3.1 指出，国外实施翻转课堂的科目多以理工科为主，主要是通常所说的 STEM 课程，即 Science、Technology、Engineering 和 Mathematics 课程。这些课程知识点集中，适合用微视频的形式表现，而人文类学科，尤其是外语类，不但知识点松散，且更注重师生情感的交流和沟通，因此，在实施翻转课堂时应似有所区别。再者,课程类型不同,大学英语翻转课堂模式也不尽相同,阅读课的翻转就不同于听说课,所以教师要审时度势,适当翻转大学英语课程,既可全部翻转,也可部分翻转、逐步翻转等,体现合适和多元的原则。

　　第三,学生能力素养的培养。近年来,我国大学英语教学大纲对学生语言能力的描述有所变化,不但注重学生语言知识能力、语言功能能力,还注重自主学习能力和终身学习,尤其是社会能力的发展,培养学习者面向 21 世纪的技能(赵雯,王海啸,余渭深,2014)。进入扁平化的信息时代,传统的"3Rs"能力教育已明显不足,21 世纪联盟(Partnership for 21st Century Learning,简称 P21)提出,21 世纪的学习者要想适应社会,必须具备 4Cs 能力,即批判性思维、沟通交流能力、合作能力及创新能力(见图 6-1)。图中拱形部分是学习者所需具备的能力,包括 3Rs 和 4Cs 能力、生活职业能力以及信息媒体和技术能力。这些能力基于诸如学习环境、专业发展、标准和评估以及课程和讲授等环境支持,但 4Cs 能力是核心部分(桑国元,2016),是学生将来的立足之本,也是未来人才培

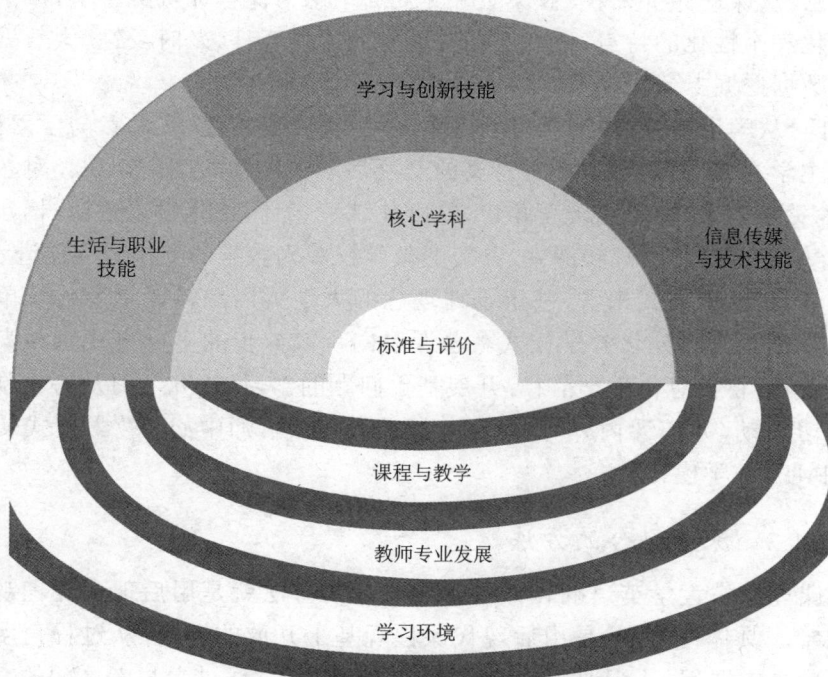

图 6-1　21 世纪学习框架图(P21,2009)

养的关键目标,教育部业已启动"学生核心素养总体框架研究"。下一节笔者将详细论述大学英语翻转课堂与学生 4Cs 能力培养的关系。

6.1.1.2 深度融合的内容

正如本书 3.6.1 概念界定中所述,慕课理念与大学英语翻转课堂深度融合的内容包括教师、学生、教学媒体、教学内容以及教学方式的融合。

第一,从教学内容来看,首先,慕课多元开放的理念与教学内容融合,使大学英语翻转课堂不仅拥有海量丰富及高质量的学习资源,而且师生均可对学习资源进行"二次"开发,满足了个性化教学的需求。其次,慕课精细化课程设计与教学内容融合,利用微视频碎片化课程知识点,减轻学生认知负荷并促进学生语言学习。

第二,从学习环境来看,慕课学习共同体的理念与教学环境融合后,生成两个高效的语言学习环境,即课堂学习社区和目的语社区,学生在社区中的社会交互增进情感交流,促进语言学习。

第三,从课程评价来看,慕课即时交互的理念与课程评价融合后,赋予了评估多元化和个性化的特点,体现在翻转课堂的同伴互评、及时反馈、大数据教育分析和数据挖掘上。

第四,从学生来看,作为学习的主体,学生需转变角色,主动参与学习活动,通过自主学习或协作学习,在有意义的交互活动中建构和应用知识。对教师而言,作为关键要素,教师需转变角色,精细化课程设计,优化学习资源,构建良好的语言学习环境,创生翻转课堂,并转变教学权威为教学的支持者和促进者。

第五,从教学方式来看,基于慕课理念的大学英语翻转课堂变传统单一的课堂教堂模式为多元化教学模式。慕课以同步或异步的多元方式融入大学英语翻转课堂,将信息化教学前移,开展基于问题的学习、探究学习及协作学习等主动学习活动,并使课内外有机联系,使传统的"教师中心"教学模式转变为"学生中心"教学模式。

6.1.1.3 深度融合的方法

慕课理念与大学英语翻转课堂深度融合的方法就是用后现代课程观审视翻转课堂。具体说来,就是用后现代课程观基于开放的视角,从过程角度而非内容角度界定课程,认为课程是生成的,而非预设的,通过参与者之间的交互而创生。课程内容不但包含知识和经验,而且包含活动,是三者的融合。知识不是预设的,而是通过双向互动建构而成的。课程实施方式是教师与学生彼此之间相互交往和对话的过程。师生关系是一种新型的平等合作和民主对话的关系,而不是传统课程观中教师是知识和课堂的绝对主宰。教师的角色不是原因性的,而是转变性的。评价体系是多元化、差异化的,并且评价标准也随着课程活动的开展而动态变化或转化。

6.1.2　基于慕课理念的大学英语翻转课堂与学生能力素养

图 6-2 是翻转课堂学生能力发展图(Ng,2015),学生的能力是在个人的学习环境和合作的学习环境无缝对接中得到发展的。在个人环境中,学生自主观看视频和参与论坛讨论,采取游戏化学习的方式;而在合作学习环境中,学生与教师和同伴开展基于项目和问题的学习,厘清概念,参与评估。

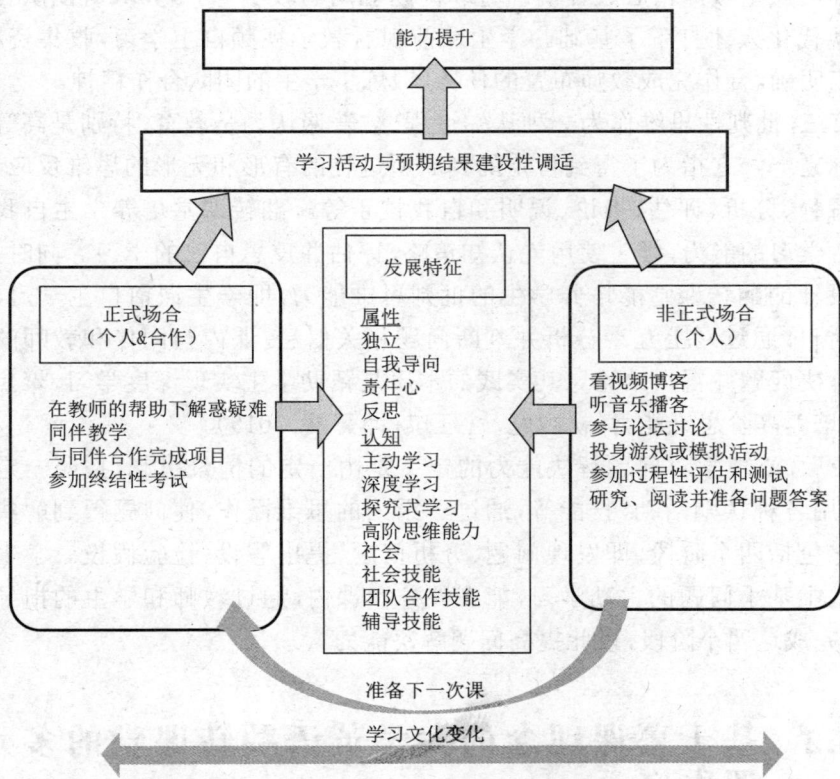

图 6-2　翻转课堂学生能力发展图

如前节所述,基于多元智能理论的 21 世纪学生能力素养中,4Cs 能力,即批判性思维、交流表达能力、合作能力及创新能力占了重要位置。翻转课堂不仅是学科知识的传递与掌握,更使学生交流与表达能力、团队合作能力、批判思维能力和解决问题能力得到了激发和提高(Hwang, Lai & Wang, 2015;田爱丽,2014)。

首先,交流和表达能力是指用语言表达思想并与他人交流的能力,是语言运用能力的一部分,也是现代人才必备的素质之一。翻转课堂的重要特点就是增强交互性,学生有大量的时间和机会通过课内的知识内化活动或课外通过社交媒体与师生交流。在与同伴和教师为完成某一任务的有效交流中,学生的交流和表达能力得以了加强。

其次,当今社会,团队合作能力越来越重要,因为极少有工作能够独立完成。翻转课堂教师精心设计的任务和问题驱动的教学,为培养具有团队合作精神的现代化人才打下了基础。学生课前观看教学视频自主学习,收集资料,组内分工明确,合作完成教师布置的任务,锻炼了学生的团队合作精神。

第三,批判性思维作为一种认知过程,被普遍认为是教育,特别是高等教育的目标之一。它指为了得到肯定的判断所进行的有形和无形的思维反应过程,包括解释、分析、评估、推论、说明和自我校正等。翻转课堂培养学生自我管理和自主学习的能力,学生使用元认知策略,评估并反思自己的学习。同时,教师精心设计的翻转课堂能培养学生的批判思维能力,即学生课前自主学习,搜集补充材料,通过网上互动分析并判断问题相关信息,课内与同伴和教师的讨论交流解决问题并得出结论。其实践的本质是帮助学生实现深度学习,聚焦问题解决,培养高阶思维能力(祝智庭,管珏琪,邱慧娴,2015)。

最后,心理学对问题解决能力的定义是由一定的情景引起,按照一定的目标,应用各种认知活动、技能等,通过一系列的思维操作,使问题得到解决的过程。它包括四个阶段,即发现问题、分析问题、提出假设、检验假设。学生在翻转课堂中基于问题的主动学习,能在课外和课内,通过教师和学生的指导和帮助下,完成这四个阶段,以此提高问题解决能力。

6.2 基于慕课理念的大学英语翻转课堂的多元化课程启示

本书 3.3.4 中论述了后现代课程观,后现代课程观认为课程是为了满足社会多种需求的,因此,课程是动态和变化的,而不是静止和统一的,倡导多元化课程。本研究从课程论的角度,借鉴后现代课程论的主要观点,从课堂规划、实施和评价三方面着手,论述多元化的基于慕课理念的大学英语翻转课堂。

6.2.1　多元的目标定位

2007 年的教育部《大学英语课程教学要求》中明确提出:"鉴于全国高等学校的教学资源、学生入学水平以及所面临的社会需求等不尽相同,各高等学校应参照《大学英语课程教学要求》,根据本校的实际情况,制定科学的、系统的、个性化的大学英语教学大纲,指导本校的大学英语教学"。2010 年,《国家中长期教育改革与发展规划纲要》也明确提出:"促进高校办出特色,建立高校分类体系,实行分类管理。发挥政策指导和资源配置的作用,引导高校合理定位,克服同质化倾向,形成各自的办学理念和风格,在不同层次、不同领域办出特色,争创一流。" 2017 年,教育部颁布的《大学英语教学指南》中明确提出大学英语课程应合理定位,"服务于学校的办学目标、院系人才培养的目标和学生个性化发展的需求",将大学英语教学目标分为基础、提高和发展三个等级,同时明确大学英语兼有工具性和人文性双重性质,"大学英语教学的主要内容分为通用英语、专门用途英语和跨文化交际三个部分"。

从上述国家层面文件要求中,我们可以清醒地发现,大学英语课程的校本化开发是提高大学英语教学质量的重要方法之一。校本课程是"在学校本土生成的,既能体现各校的办学宗旨、学生的特别需要和本校的资源优势,又与国家课程、地方课程紧密结合的一种具有多样性和可选择性的课程"(廖哲勋,2004)。

从宏观建设层面上看,我国高校可分为重点高校和一般高校,前者包括"985"高校、"211"高校以及示范性高职高校(陈厚丰,2008),笔者暂且修正这个标准,按照重点高校(包括"985"高校和"211"高校)、一般高校和示范型高职高专类院校为例来说明课程规划设计。

从高校的分类来看,对于重点高校来说,学生的生源相对较好,入学时英语水平总体较好,学习动机较强,如清华大学学生是全国千分之一的优秀生;一般高校的学生生源属于中等水平,入学时不排除英语总体水平较好的学生,但总体水平一般;而高职高专类院校的学生则总体生源不及重点大学和一般高校,入学英语水平也处于中等偏下的程度。尽管部分高校会出现特例,但总体上来讲,参考《大学英语教学指南》,高校通用英语课程目标大致可分为以下三大类,第一类通用英语课程目标是,注重培养学生较高层次语言应用能力的拓展训练,培养学生的创新潜质,并适当加大 EAP 和 ESP 的比重,这类高校如重点高校;第二类通用英语课程目标是,为已具备通用英语基本技能的学生进一步提高和扩充学生的语言知识,也可根据学生需求,适当开设 EAP 和 ESP 课程,这类高校如一般高校;第三类通用英语课程目标是,为英语基本功稍差一些的学生重点突出英语基本技能的培养和语言基本知识的学习,这类学校如高职高专类院校。

依据以上目标分类,基于慕课理念的大学英语翻转课堂可充分考虑高校间的差异,多元化课程设计。对于第一类以培养创新人才和较高语言应用能力为目标的高校,可依托本校优秀的师资和雄厚的技术力量,开展"完全版"基于慕课理念的大学英语翻转课堂实践。第二类以进一步提高和扩充语言知识为目标的高校,可依据本校实际情况,开展"普适版"基于慕课理念的大学英语翻转课堂实践。第三类以突出英语基本技能的培养和语言基本知识的学习为目的的高校,可根据实际情况,开展"过渡版"基于慕课理念的大学英语翻转课堂实践。需要指出的是,以上三类是动态变化,不是一成不变的,也会出现中间版本。

6.2.2　多元的慕课与校本学习资源

对于实施"完全版"的高校,由于学生有较好的英语功底,因此,一方面可以将国际慕课课程"打包"进大学英语翻转课堂中,以同步或异步的形式开设大学英语 ESP 或 EAP 翻转课堂,即将国际慕课作为资源引入翻转课堂中,或者学生加入国际慕课,追踪课程的学习,让学生近距离接触国际优质课程。但这类翻转课堂中需注意的是,正如本研究前面所讨论的(详见 2.7),无论采用同步或异步的形式,均会出现慕课和翻转课堂耦合和聚合的问题,给翻转课堂的实施带来一定的难度。另一方面,此类学校也可利用慕课平台,精细化课程设计,自行开发本校优质的大学英语或 ESP 及 EAP 教学微视频,并上传至慕课平台,再根据教学要求和学生情况,随时做出调整,实施大学英语课程校本化,并依托慕课平台和学校自身优势,辐射全国。

对于实施"普适版"的高校,由于学生英语功底一般,因此,不建议普遍采用将国际慕课课程"打包"进大学英语翻转课堂的做法,而可由各校视情况分层管理,对英语水平较好的学生开放。此类学校以本校大学英语课程校本化为主,精细化课程设计,碎片化知识点,制作相关教学微视频,但一般高质量的微视频开发要求高,周期也长,可能无法满足本校教学需要。因此,也可采用国内大学英语慕课校本化的办法,加入相关中文慕课平台,借鉴其他高校优质的微视频等资源。

对于实施"过渡版"的高校,由于学生英语功底稍差,因此,建议适度开展翻转课堂教学实践,学习资源仍可采用本校大学英语课程校本化的方式,但主要是借鉴其他高校优质的微视频等资源,可适当提高文本等其他资源形式,如文本,所占的比例。

6.2.3　多元的活动设计

在活动理论的视角下,教与学可以被看作是一种具有特定目的的人类活动。教师与学生之间、学生与学生之间有组织的共同活动的序列集合组成了一个特殊的教学系统。活动既是学习的外部形式,也是学习者认知和心理发展的基础。活动从功能角度出发可分为获取体验、知识技能和方法的活动,获取学习动力的活动,评价与反思的活动,总结与归因的活动(杨开城,2005);也可从活动组织的受众数量角度出发,分为班级活动、小组活动和个人活动(曹晓明,2006;张生,2008);或者从环境的角度,分为在线活动与非在线活动;从话语权角度出发的教师主导活动、学生主体活动以及师生互动活动(张生,2008)。而学习活动则可被分为以基于问题学习的探索性活动、阐明性活动和反思性活动(乔纳森,2002)。

对于翻转课堂的活动设计,首先,要注意交互活动的重要性。交互活动包括在线论坛交互、通过交互工具(如 Wiki、BBS)的交互、课堂中师生的深度互动交流及协作式学习等。这些活动有助于慕课个性化理念的实现以及学生知识的内化。

其次,要注意活动设计的适切性。不同教学目标定位的翻转课堂对活动设计的要求不尽相同。以"完全版"大学英语翻转课堂为例,其目标定位是培养学生的创新能力和较高语言应用能力。因此,在活动设计中,尤其课堂内化活动设计中,应主要关注深度学习的活动内容,如基于问题的学习或基于项目的学习。而对于"普适版"大学英语翻转课堂,因其目标定位是进一步提高和扩充学生的语言知识,因此,活动设计可适当增加语言应用类活动以及高阶思维活动。而对于"过渡版"大学英语翻转课堂,由于其目标定位是基本技能的培养和语言基本知识的学习,故建议适度开展翻转课堂教学活动,或者学生课下可自主学习,但课上并不翻转。

最后,还要关注活动设计的多样性,比如游戏化学习活动以及基于多媒介的多用户虚拟环境"第二人生"。游戏化学习活动可创设拟真的任务情境,给学生以"流体验学习"(张金磊,张宝辉,2013)而使学生沉浸于学习中,提高学生的学习动机。

6.2.4 多元的平台融合

慕课理念与大学英语翻转课堂深度融合有赖于慕课平台的有效使用。国外的慕课平台尽管开发得较早且较为成熟,但由于语言和受众等原因,并不适用于国内大学英语翻转课堂。而据调查,目前国内六大中文慕课平台,若从网络环境、教学平台、网络课程及教学支持等方面考察,总体满意度水平较低,尤其是教师支持、内容设计和技术支持三个维度问题最突出(见表 6-1)(刘和海、李起斌,2014)。由于慕课大规模的属性,教师给予支持体验较少,内容呈现仍停留在视频录制层面。从表中还可以看出,中文慕课平台教学支持较为欠缺,主要以论坛和邮件为主。

而慕课平台与传统的网络教学平台,如 Moodle、Sakai,就学习管理、系统支持工具及系统技术特性比较后发现,网络教学平台因研发较早,技术成熟,故功能和性能上"都远远优于刚起步的慕课平台"(韩锡斌,葛文双,周潜,2014)。

因此,笔者认为,大学英语翻转课堂中到底是融合慕课平台还是融合传统的网络教学平台,还得根据学生需求和实际教学情况而定。慕课平台注重学生的学习体验,但对教学支持,尤其是交互支持还是比较薄弱,翻转课堂中交互理念的体现可以辅以微信或 QQ 等社交软件,也可换用 Moodle 等开源平台或 Blackboard 等商用平台。

表 6-1　中文慕课平台现状表

属性＼平台	网络环境	教学平台	网络课程			教学支持
			数量	模式	提供者	
学堂在线	77 分	自有	22	免费	清华大学	邮件、论坛
超星慕课	82 分	自有	7 248	免费	个体学者	资源下载
智慧树	77 分	自有	72	免费/收费	社会团体	分享空间、短信支持
果壳网	91 分	他有	948	免费/收费	平台自制	论坛
C20 慕课联盟	81 分	自有	323	免费	加盟学校	无
过来人公开课	81 分	自有	216	免费	企业机构	邮件

6.2.5　多元的评价体系

多元的评价其一就是同伴互评的合理使用。为了应对大规模所带来的学习测评的难题,慕课引入了同伴互评机制,这是一创举也招致了不同的观点。Stephen Bostock 认为同伴互评能提高学习者的学习动机,鼓励学生对自己的学习负责,促进学习者的自主学习能力,评价的过程促进学习者自我评价、激发学习者的深层学习等(Schmid, Miao & Bazzaz, 2000)。但也有不同的观点,主要涉及评价者的资质和信度,因为有的学习者既没有评价的能力,也没有评价者所应有的态度,即评价的准确性、公正性以及反馈受到了质疑(Grieves, 2006)。国内慕课的测试多为客观题,且采用评价系统直接评分的办法,因此,"同伴互评功能的运用基本上处于空白"(孙力,钟斯陶,2014)。从目前的情况看,翻转课堂的同伴互评主要发生在课堂,以传统的口头或书面方式进行,因为传统方式容易操作,但是只有线上才能体现同伴互评的主要功能,即独立性、便捷反馈和匿名评价。

根据本研究,互动与评价因子得分较低,翻转课堂学生缺乏社区意识,不愿参加论坛互动有关,这限制了同伴互评的实施。据研究,影响同伴互评的主要因素是学生的知识水平、背景及对评价的态度等(马志强,王雪娇,龙琴琴,2014)。因此,笔者以为,有效实施同伴互评需遵循动态和多元的原则,一方面了解学生的个人特质,如知识水平、学习动机,以便系统能动态分组,匹配合适的评价者;另一方面,学生互评中的角色也可以是多元的,既可是一般评价者,也可以是小组长或者隐性的教师角色,甚至可以是实习生,使学生的互评逐步达到完善。

其次,对于本研究中出现的学生试前集中复习现象,可利用大数据教育行为分析和数据挖掘能力,多元评价学生学习行为,以期使学生周期性分散每次翻转课堂所学习的内容,常记常新,巩固知识。大数据摒弃随机分析法,采用全数据模式,关注相关关系,可以发现被数据淹没的有价值信息。学生的网上行为数据,如微视频学习情况、网上社区参与情况以及学生的成绩数据均可被慕课大数据平台用来分析学习行为,并有效预测学生的能力。如通过对学生练习得分曲线的分析,可知学生对所学知识点的掌握程度,如分析图 6-3 和图 6-4(于歆杰,2015)。从中可以看出,A 学生对所学知识点的掌握程度要明显好于 B 学生,这种个性化的评价为教师的后期及时干预提供了依据。

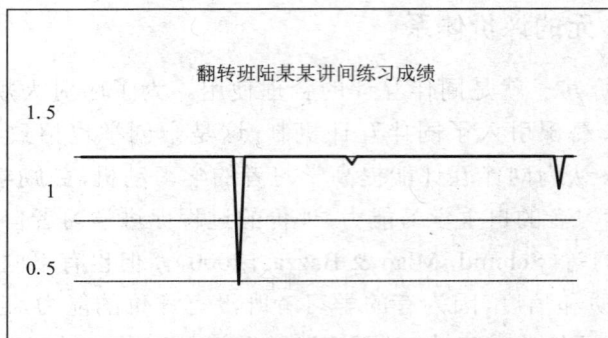

図 6-3　某课程 A 学生练习得分曲线图

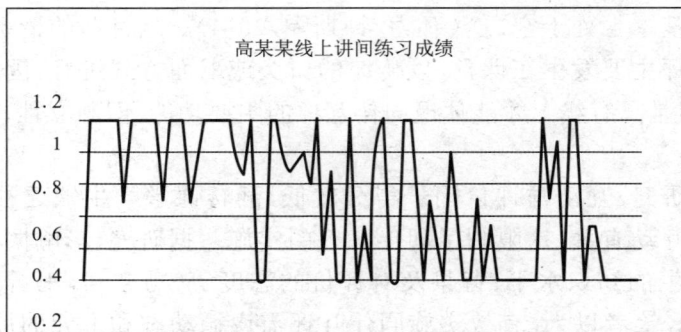

図 6-4　某课程 B 学生练习得分曲线图

　　教师也可利用大数据了解课程的总体情况,并做适当的调整。比如从课程健康度中,教师可直观获得学习者规模和学习社区运营两方面的 5 个指标,分别是学习者 7 日活跃度、学习者总规模、讨论区发帖回复率、讨论区人均互动与次数以及讨论区参与规模。笔者调研之时,D 大学的课程注册人数已突破 3 万,学员来自世界各地,课程有很高的健康度实属不易。

　　而从学习进度中可得知有关本课程更多的信息,课程热度可知当前具体选课人数、累计报课人数和累计退课人数,并用可视化图形直观展示随着时间变化而变化的课程选课情况。学习进度图更可直观了解每周学生学习情况概况,统计的学习行为包括观看视频、习题答题情况及讨论发言等,并且还给出了不同频率段的学生数。

　　总而言之,慕课大数据为大学英语翻转课堂提供了更为直观和详细的评价方式,有利于教师更为清楚地了解学生的学习情况并开展个性化的教学。

6.3　本章小结

本章通过对基于慕课理念的大学英语翻转课堂内涵的探讨,提出了基于慕课理念的大学英语翻转课堂多元课程体系。

首先,慕课与翻转课堂深度融合的内涵包括目标、内容和方法三方面内容,融合的目标是大学英语翻转课堂生态系统的重构、多元化大学英语翻转课堂课程设计以及学生能力素养的培养;深度融合的内容涉及教学内容、教学环境、教学评价、教学方式以及学生和教师多个方面;深度融合的方法就是用后现代课程观开放、动态的视角审视大学英语翻转课堂各要素,包括课程、课程内容、知识建构、师生关系以及评价体系等。

其次,基于慕课理念的大学英语翻转课堂有助于培养学生批判性思维、交流表达能力、合作能力及创新能力。

最后,借鉴后现代课程论的主要观点,笔者从目标定位、学习资源的融合、活动设计、平台融合及评价体系的多元化着手,探讨了基于慕课理念的大学英语翻转课堂多元课程体系。

第7章

结　论

本章是本书的最后一章,主要由四部分构成,包括本研究的结论、本研究的创新点、本研究的局限性以及对未来研究的展望。

7.1　研究结论

本研究是对基于慕课理念的大学英语翻转课堂的实证研究。首先,通过文献梳理,从学习理论和课程论的视角归纳出本研究的概念框架。其次,通过对开放式访谈的先导研究进行资料编码,绘制出教师和学生访谈编码模型图,并进一步归纳出本研究中教师和学生两方面的维度因素。通过对维度的细化和分类,借鉴文献和前人的问卷,笔者编制了基于慕课理念的大学英语翻转课堂教师和学生问卷,并设计了访谈提纲和课堂观察体系。问卷、访谈和课堂观察在4所学校开展,参与调查的大学英语教师为10名,学生为576名;参与访谈的学生数为18名,参与访谈的教师数为9名;课堂观察了7名教师的16节课,实际本研究详细分析了10节课。本研究采用定量分析和定性分析相结合的办法,详细论述了本研究所采用的问卷调查、访谈和课堂观察三种研究方法的实施原则,实施过程以及数据收集方法,包括问卷发放、数据收集、问卷有效性检验、访谈过程以及课堂观察过程。笔者围绕基于慕课理念的大学英语翻转课堂现状和影响因素两大主要问题,对收集的问卷、访谈及课堂观察数据进行讨论和分析。根据研究问题,对翻转课堂现状的讨论和分析主要采用问卷、访谈和课堂观察三种方式,其中以访谈和课堂观察数据为主;对影响基于慕课理念的大学英语翻转课堂因素的讨论主要采用调查问卷和访谈,以调查问卷数据为主。通过对问卷、访谈、课堂观察等数据的三角验证,凝练本研究的结论。

本研究包括两个研究问题,以下将对研究问题一一进行剖析。

(1)基于慕课理念的大学英语翻转课堂现状如何?

基于慕课理念的大学英语翻转课堂的现状主要包括学习资源的开发和利用、课前学习情况分析、课堂教学实施、评价情况和课后学习情况等,以及对翻转课堂教学流程与教学环节的分析;而在影响基于慕课理念的大学英语翻转课堂的因子中,学生方面包括了 8 个因子,教师方面的影响因素是教学动机。

对现状分析可知,翻转课堂体现了知识观、学习观和课程观的变化,课程设计的精细化,学习的个性化,交互的即时性以及共同的学习体。然而,研究中也发现,慕课理念与大学英语翻转课堂深度融合还不够彻底,突出表现为以下几个问题:① 学习资源匮乏,个性化未及充分发挥,把国际慕课资源校本化仍是美好的愿望。② 网络平台尚未充分利用,影响慕课功能的发挥。③ 师生在线论坛活跃度低。④ 教师教学活动设计能力与教学理念仍待提高和改进。⑤ 多元评价实施不到位。⑥ 学生课后试前集中复习不利于知识的巩固和提高。⑦ 慕课的大数据学习分析功能尚未发挥其作用。

(2)导致基于慕课理念的大学英语翻转课堂现状的影响因素有哪些?这些因素之间存在什么样的关系?

从学生方面来看,影响基于慕课理念的大学英语翻转课堂的因素包括 8 个因子,按照影响的大小排序分别是学习动机、教师作用、学习资源与环境、合作学习、学习态度、自主学习、适应性、互动与评价,各校在因子影响程度上存在着差异。通过结构方程建模,因子模型达到了良好的拟合度。在学习动机所直接影响的 5 个因子中,学习资源与环境的权重最大,其次是自主学习及教师作用,再次是合作学习,而互动与评价所占权重最小。可见,学习动机对自主学习因子、学习资源与学习环境因子及教师作用因子具有正面促进效应,但对合作学习和互动与评价因子影响最弱。自主学习是关键中介变量,学习动机通过自主学习对互动与评价的影响大于直接影响。学生在翻转课堂中学习态度的变化将对学生主动获取英语学习资源、适应翻转课堂学习环境以及教师翻转课堂各项教学活动顺利开展等起到积极的正面效应。但由于学生内驱力动机不足,削弱了学习态度对学生翻转课堂适应性和自主学习的积极影响。由因子模型多群组分析可知：① 学校因素对于学习动机和学习态度的因子间联结均具有显著调节作用。② 对因子效应的显著差异多由学习态度所产生。③ 学校因素对于互动与评价不产生任何显著调节作用。④ D 大学中，学习动机对于教师作用和合作学习具有显著的调节作用。⑤ 学习态度在这三个因素上效应差异显著，不同的学校对这三个因素所起到的调节作用也不尽相同，而学习态度对自主学习和合作学习的差异仅个别学校显著。

从教师的影响因素看，教师有较强的内在动机，受其他外部因素的影响较小，尤其受内在成就驱动，这对教师在大学英语翻转课堂中采取更有效的教学方法，激发学生学习动机更为有利。但目前大学英语教学成绩导向因素显著，易对教师的教学动机及学生的自主学习产生不利影响，应该逐步予以改变。而教师在大学英语翻转课堂中同事间协作程度与各校学校支持也不尽相同。

基于以上对现状及影响因素的分析，本书构建了基于慕课理念的大学英语翻转课堂多元课程体系。首先，从慕课与翻转课堂深度融合的内涵入手，包括目标、内容和方法三方面内容。融合的目标是大学英语翻转课堂生态系统的重构、多元化大学英语翻转课堂课程设计以及学生能力素养的培养；深度融合的内容涉及教学内容、学习环境、教学评价、教学方式以及学生和教师多个方面；深度融合的方法就是用后现代课程观开放、动态的视角审视大学英语翻转课堂各要素，包括课程、课程内容、知识建构、师生关系以及评价体系等。其次，基于慕课理念的大学英语翻转课堂有助于培养学生批判性思维、交流表达能力、合作能力及创新能力。最后，借鉴后现代课程论的主要观点，笔者从目标定位、学习资源的融合、活动设计、平台融合及评价体系的多元化着手，探讨了基于慕课理念的大学英语翻转课堂多元课程体系。

7.2　研究创新点

本研究的创新主要有以下几个方面：

（1）研究选题创新。

正如本书第 1 章所述，我国大学英语教学面临着来自多方面的机遇和挑战，突出表现在国家政策层面的要求、大学英语教学目的语环境的缺乏、大学英语教学改革实践的诉求以及国际教育背景下慕课和翻转课堂的出现对大学英语教学的挑战。慕课在实践中也面临许多问题。翻转课堂与慕课的融合是当前教育界的共识,学习理论和课程论的发展则为本研究提供了理论支持。本研究对慕课理念与大学英语翻转课堂的深度融合进行了系统论述,从信息技术与课程深度融合的视角出发,探索基于慕课理念的大学英语翻转课堂的现状及影响因素,选题新颖,顺应当今时代对大学英语教学改革的迫切需求。

（2）研究角度创新。

本研究不同于以往将慕课作为资源融入翻转课堂教学中,研究慕课对翻转课堂的影响等传统做法,从透析慕课理念的角度,通过文献梳理,揭示慕课理念的精髓,并研究其与翻转课堂深度融合的程度及出现的问题,以期为今后的翻转课堂提供借鉴,因此,研究的视角具有创新性。

（3）研究方法创新。

本研究综合采用了问卷调查法、访谈法和课堂观察法对国内 4 所高校进行了调查和分析,体现了质化研究和量化研究相结合、三角互证的原则。在本研究中,质化与量化研究的结合贯穿论文始终。对先导开放性访谈研究时,采用了扎根理论的办法,由下至上,层层归纳,梳理出教师和学生影响因素模型。而对于教师和学生影响因素分析,除了采用传统的因子分析外,还用了结构方程建模的办法,使因子之间的关系更为清晰明了。在分析微视频表现手法以及课堂活动类型时,多次用到了质性编码的办法。因此,本研究方法具有一定的创新性。

7.3　研究局限性

本研究的局限性主要集中在两个方面。首先,在研究工具上,尽管笔者尽自己所能,将问卷的设计、访谈提纲设计以及课堂观察系统反复琢磨,并请同行和同门多次切磋,力求做到尽善尽美,但由于笔者才疏学浅,调研范围涉及面大,涉及的问卷维度较多,难免出现疏漏,对研究结果会造成一定的影响。其次,由于国内基于慕课理念的大学英语翻转课堂在各校并未全面推广,许多学校一方面尚处于观望期,并未实施本研究中所涉及的教学改革,另一方面,部分院校和教师对大学英语翻转课堂持怀疑及否定的态度。现实的情况导致可供采集的样本数量有限,质量也不均衡,这些均会对本研究造成一定的影响,导致结论出现偏差。最后,本研究梳理了慕课理念,并比较分析了 4 所学校在慕课理念与翻转课堂深度融合中的问题,但任何概念都是动态变化和发展的,尤其是在线教育领域。随着慕课及翻转课堂改革的深入,相关理论和概念不断推陈出新。因此,本研究的发现和结论也需要历时地看待。而且,本研究虽发现了慕课理念与大学英语翻转课堂深度整合中出现的问题,并提出了一些建议和设想,但这些建议和设想仅是初步的,并未做更为深入的研究,有待于今后在教学实践中弥补和完善。

7.4　研究展望

根据本研究的局限性,未来研究的方向可分为如下几个方面,首先,扩大样本量和范围。本次研究主要涉及广西、四川、江西、北京等省份,其他省份,如东部沿海发达地区涉及得较少,而这些各省份是教育发达地区,可供研究的潜力巨大。而且,本研究仅涵盖了四类高校,并未包括高职高专类院校。随着大学英语翻转课堂教学实践的逐步深入,未来的研究将涵盖多个省份,以及更多类型的高校。其次,继续深入调研本研究所发现的问题,尤其是学生课前自主学习及师生在线互动及评价的有效实施机制,提升学习动机,并进一步实施四至五轮行动研究,根据本研究发现的问题和行动研究的结果,修改并完善本研究所提出的建议,促进基于慕课理念的大学英语翻转课堂的有效实施。

参考文献

[1] de Oliveira Fassbinder, A. G., Botelho, T. G., Martins, R. J. et al. Applying flipped classroom and problem-based learning in a CS1 course[C]//Editorial Committee (eds.). *2015 IEEE Frontiers in Education Conference (FIE)*, *El Paso, TX, OCT 21-24, 2015*. New York: IEEE, 2015: 1215-1221.

[2] Alm, A. CALL for autonomy, competence and relatedness: Motivating language learning environments in Web 2.0[J]. *The JALT CALL Journal*, 2006, *2*(3): 29-38.

[3] Alpay, E. & Gulati, S. Student-led podcasting for engineering education[J]. *European Journal of Engineering Education*, 2010, *35*(4): 415-427.

[4] Amabile, T. M., Hill, K. G., Hennessey, B. A. et al. The work preference inventory: assessing intrinsic and extrinsic motivational orientations[J]. *Journal of Personality and Social Psychology*, 1994, *66*(5): 950-967.

[5] Amiri, A., Ahrari, H., Al Saffar, Z. et al. The effects of classroom flip on the student learning experience: An investigative study in UAE classrooms[C]// Editorial Committee (eds.). *Proceedings of 2013 International Conference on Current Trends in Information Technology (CTIT)*, *Dubai Womens Coll, Higher Coll Technol, Dubai, Uarab emirates, DEC 11-12, 2013*. New York: IEEE,

2013: 71-76.

[6]   Baker, W. The Classroom Flip: Using web course management tools to become the guide by the side[C]// J. A. Chambers (ed.). *The 11th International Conference on College Teaching and Learning*. Jacksonville: Florida Community Coll , 2000: 9-17.

[7]   Baker, P. M. A., Bujak, K. R. & DeMillo, R. The evolving university: Disruptive change and institutional innovation[J]. *Procedia Computer Science*, 2012(14): 330-335.

[8]   Balaji, B. S. & Sekhar, A. C. The various facets of MOOC[C]// Editorial Committee (eds.). *Proceedings of 2013 IEEE International Conference in MOOC, Innovation and Technology in Education (MITE) , Jaipur, India, DEC 20-22, 2013*. New York: IEEE, 2013: 139-142.

[9]   Baturay, M. H. An overview of the world of MOOCs[J]. *Procedia-Social and Behavioral Sciences*, 2015(174): 427-433.

[10]   Bergmann, J. & Sams, A. Remixing chemistry class: Two Colorado teachers make vodcasts of their lectures to free up class time for hands-on activities[J]. *Learning & Leading with Technology*, 2009, *36*(4): 22-27.

[11]   Bergmann, J.& Sams, A. How the flipped classroom was born [EB/OL]. (2011-11-12) [2014-05-06] http://www.thedailyriff.com/articles/how-the-flipped-classroom-is-radically-transforming-learning-536.php.

[12]   Bergmann, J. & Sams, A. *Flip Your Classroom: Reach Every Student in Every Class Every Day*[M]. Oregan: International Society for Technology in Education, 2012.

[13]   Biggs, J. & Moore, P. *The Process of Learning*[M]. New York: Prentice Hall, 1993.

[14]   Bishop, J. & Verleger, M. Testing the flipped classroom with model-eliciting activities and video lectures in a mid-level undergraduate engineering course[C]// Editorial Committee (eds.). *2013 IEEE Frontiers in Education Conference (FIE), Univ Oklahoma, Coll Engn, Oklahoma City, OK, OCT 23-26, 2013*. New York: IEEE, 2013: 161-163.

[15]   Bland, L. Applying flip/inverted classroom model in electrical engineering to

establish life-long learning [EB/OL]. (2006-01-08) [2015-07-02] https://
pdfs.semanticscholar.org/43cb/c650a8ee882328344d78a2af8898dfcc7cc3.pdf.

[16] Bloom, S. The search for methods of group instruction as effective as one-to-
one[J]. *Educational Leadership*, 1980, *4*(8): 4-17.

[17] Boyatt, R., Joy, M., Rocks, C. et al. What (Use) is a MOOC? [C]//
Lorna Uden, Yu-Hui Tao, Hsin-Chang Yang, I-Hsien Ting (eds). *The 2nd
International Workshop on Learning Technology for Education in Cloud*.
Dordrecht: Springer, 2014: 133-145.

[18] Bruff, D. O., Fisher, D. H., McEwen, K. E. et al. Wrapping a MOOC: Student
perceptions of an experiment in blended learning[J]. *Journal of Online
Learning and Teaching*, 2013, *9*(2): 187-200.

[19] Cartledge, G. & Milburn, J. A. F. Teaching Social Skills to Children: *Innovative
Approaches*[M]. New York: Pergamon Press, 1980.

[20] Chester, A., Buntine, A., Hammond, K. et al. Podcasting in education: Student
attitudes, behaviour and self-efficacy[J]. *Journal of Educational Technology &
Society*, 2011, *14*(2): 236-247.

[21] Cooper, G. Research into cognitive load theory and instructional design at
UNSW[EB/OL]. (1998-11-10) [2014-10-26]. http://webmedia.unmc.
edu/leis/birk/CooperCogLoad.pdf.

[22] Cormier, D. The open course: through the open door—open courses as research,
learning, and engagement[J]. *EDUCAUSE Review*, 2010, *45*(4): 30-32.

[23] Creswell, J. W. *Educational Research: Planning, Conducting, and Evaluating
Quantitative*[M]. Upper Saddle River: Prentice Hall, 2002.

[24] Creswell, J. W. & Creswell J. D. *Research Design: Qualitative, Quantitative,
and Mixed Methods Approaches*[M]. London: Sage Publications, 2017.

[25] Daniel, J. Making sense of moocs: musings in a maze of myth[J]. *Paradox and
Possibility*, 2012(25): 321-323.

[26] Davies, R. S., Dean, D. L. & Ball, N. Flipping the classroom and instructional
technology integration in a college-level information systems spreadsheet
course[J]. *Educational Technology Research and Development*, 2013, *61*(4):
563-580.

[27] Davis, D. & Sorrell, J. Mastery learning in public schools[EB/OL]. (1995-10-02) [2015-11-12] http://www.edpsycinteractive.org/files/mastlear.html.

[28] Demetry, C. Work in progress—An innovation merging "classroom flip" and team-based learning[C]// Editorial Committee (eds.). *2010 IEEE Frontiers in Education Conference (FIE), Arlington, VA, OCT 27-30, 2010.* New York: IEEE, 2010: T1E-1-T1E-2.

[29] Domer, D. E., Carswell, J. W. & Spreckelmeyer, K. F. *Understanding Educational Satisfaction*[D]. Lawrence: The University of Kansas School of Architecture and Urban Design, 1983.

[30] Du Fore, J. Distance education from nearby: leveraging mobile devices, on-demand video and digital assessment to flip content back into the classroom[C]// Chova, LG., Martinez, AL. & Torres, IC. (eds). *ICERI 2012 Proceedings, Madrid, Spain, NOV 19-21, 2012. Burjassot: ATED-INT Association of Technology Education & Development,* 2012: 4119-4139.

[31] Duarte, J. & Beaufils, A. F. Flip or toss: the importance of assessment in B-learning courses[C] // L. G. Chova, A. L. Martinez & I. C. Torres (eds.). *5th International Conference of Education, Research and Innovation.* Valenica: Iated-Int Assoc Technology Education & Development, 2012: 4509-4514.

[32] Durbrow, E. H., Schaefer, B. A. & Jimerson, S. R. Learning behaviours, attention and anxiety in Caribbean children: Beyond the "usual suspects" in explaining academic performance[J]. *School Psychology International*, 2000, 21(3): 242-251.

[33] Enfield, J. Looking at the impact of the flipped classroom model of instruction on undergraduate multimedia students at CSUN[J]. *TechTrends*, 2013, 57(6): 14-27.

[34] Evans, W. K. Student flow modeling: An enrollment projection tool for administrators[J]. *Planning for Higher Education*, 1975, 4(6): 4-8.

[35] Fernandez, V., Simo, P. & Sallan, J. M. Podcasting: A new technological tool to facilitate good practice in higher education[J]. *Computers & Education*, 2009, 53(2): 385-392.

[36] Ferreira, J. M. M. Flipped classrooms: From concept to reality using Google

Apps[C]// Editorial Committee（eds.）. *2014 11th International Conference on Remote Engineering and Virtual Instrumentation（REV）, Porto, Portugal, FEB 26-28, 2014*. New York：IEEE, 2014：204-208.

[37] Ferreri, S. P. & O'Connor, S. K. Redesign of a large lecture course into a small-group learning course[J]. *American Journal of Pharmaceutical Education*, 2013, *77*（1）：1-9.

[38] Foertsch, J., Moses, G., Strikwerda, J. et al. Reversing the lecture/homework paradigm using eTEACH web-based streaming video software[J]. *Journal of Engineering Education*, 2002, *91*（3）：267-274.

[39] Forsey, M., Low, M. & Glance, D. Flipping the sociology classroom：Towards a practice of online pedagogy[J]. *Journal of Sociology*, 2013, *49*（4）：471-485.

[40] Fowler, M. L. Flipping signals and systems—Course structure & results[C]// Editorial Committee（eds.）. *2014 IEEE International Conference on Acoustics, Speech and Signal Processing（ICASSP）, Florence, Italy, May 04-09, 2014*. New York：IEEE, 2014：2219-2223.

[41] Freemannn, S. Flipped learning and higher education [EB/OL]. （2013-02-06）[2015-03-19] http：//www.flippedlearning.org/cms/lib07/VA01923112/Centricity/Domain/41/HigherEdWhitePaper FINAL.pdf.

[42] Gaebel, M. MOOCs Massive Open Online Courses[EB/OL]. （2013-01-01）[2014-03-26] http：//eua.be/Libraries/publication/EUA_Occasional_papers_MOOCs.pdf?sfvrsn=2.

[43] Galway, L. P., Corbett, K. K., Takaro, T. K. et al. A novel integration of online and flipped classroom instructional models in public health higher education[J]. *BMC Medical Education*, 2014, *14*（1）：181-182.

[44] Gannod, G., Burge, J. & Helmick, M. Using the inverted classroom to teach software engineering[C]//Editorial Committee（eds.）. *ICSE'08 Proceedings of 30th International Conference on Software Engineering, Leipzig, Germany, May 10-18, 2008*. New York：ACM, 2008：777-786.

[45] Gardner, R. C. *Social Psychology and Second Language Learning：The Role of Attitudes and Motivation*[M]. London：Edward Arnold, 1985.

[46] Gardner, R. C. *Attitudes and Motivation in Second Language Learning[M]//*

Reynolds, A. G. (ed.). *Bilingualism, Multiculturalism, and Second Language Learning*. New York: Psychology Press, 2014: 63-84.

[47] Gilboy, M. B., Heinerichs, S. & Pazzaglia, G. Enhancing student engagement using the flipped classroom[J]. *Journal of Nutrition Education and Behavior*, 2015, *47*(1): 109-114.

[48] Good, T. L. & Brophy, J. E. *Educational Psychology: A Realistic Approach*[M]. New York: Longman/Addison Wesley Longman, 1990.

[49] Gorard, S. & Taylor, C. *Combining Methods in Educational and Social Research*[M]. Berkshire: McGraw-Hill Education, 2004.

[50] Grainger, B. *Massive Open Online Course (MOOC) Report 2013*[M]. London: University of London, 2013.

[51] Grieves, J., McMillan, J. & Wilding, P. Barriers to learning: Conflicts that occur between and within organisational systems[J]. *International Journal of Learning and Intellectual Capital*, 2006, *3*(1): 86-103.

[52] Hamdan, N., McKnight, P., McKnight, K. et al. A review of flipped learning [EB/OL]. (2013-06-12) [2013-09-01] https://flippedlearning.org/wp-content/uploads/2016/07/Extension-of-FLipped-Learning-LIt-Review-June-2014.pdf.

[53] Hanley, G. L. MOOCs, MERLOT, and open educational services[M]//Curtis J. B., Mimi M. L., Thomas C. R., & Thomas H. R. (eds.). *MOOCs and Open Education Around the World*. New York & London: Routledge, 2015: 73-80.

[54] Harmer, J. *The Practice of English Language Teaching*[M]. Harlow: Pearson Longman, 2007.

[55] Herold, M., Bolinger, J., Ramnath, R. et al. Providing end-to-end perspectives in software engineering[C]//Editorial Committee (eds.). *2011 Frontiers in Education Conference (FIE), Rapid City, SD, OCT 12-15, 2011*. New York: IEEE, 2011: S4B-1-S4B-7.

[56] Herreid, C. F. & Schiller, N. A. Case studies and the flipped classroom[J]. *Journal of College Science Teaching*, 2013, *42* (5): 62-66.

[57] Hewett, F.M. & Taylor, F.M. *The Emotionally Disturbed Child in the Gass room: The Orchestration of Success*[M]. 2nd Ed. Boston: Allyn & Bacon, Inc.,

1979.

[58] Hill, J. L. & Nelson, A. New technology, new pedagogy? Employing video podcasts in learning and teaching about exotic ecosystems[J]. *Environmental Education Research*, 2011, *17*（3）: 393-408.

[59] Hill, P. Four barriers that MOOCs must overcome to build a sustainable model [EB/OL].（2012-01-21）[2014-02-10] http://www.deltainitiative.com/bloggers/four-barriers-that-moocs-must-overcome-to-build-a-sustainable-model.

[60] Holbrook, J. & Dupont, C. Making the decision to provide enhanced podcasts to post-secondary science students[J]. *Journal of Science Education and Technology*, 2011, *20*(3): 233-245.

[61] Holotescu, C., Grosseck, G., Crețu, V. et al. Integrating Moocs in Blended Courses[C]// Roceanu, I.（ed.）*Let's Build the Future Through Learning Innovation（Volume 1）*. Bucharest: Carol I National Defense University Publishing House, 2014: 243-250.

[62] Hung, H. T. Flipping the classroom for English language learners to foster active learning[J]. *Computer Assisted Language Learning*, 2015, *28*(1): 81-96.

[63] Hwang, G. J., Lai, C. L. & Wang, S. Y. Seamless flipped learning: A mobile technology-enhanced flipped classroom with effective learning strategies[J]. *Journal of Computers in Education*, 2015, *2*(4): 449-473.

[64] Jenkins, H. *Confronting the Challenges of Participatory Culture: Media Education for the 21st Century*[M]. Cambridge: MIT Press, 2009.

[65] Johnson, R. B. & Onwuegbuzie, A. J. Mixed methods research: A research paradigm whose time has come[J]. *Educational Researcher*, 2004, *33*（7）: 14-26.

[66] Jordan, K. Massive open online course completion rates revisited: Assessment, length and attrition[J]. *The International Review of Research in Open and Distributed Learning*, 2015, *16*(3): 341 - 358.

[67] Kadry, S. & El Hami, A. Flipped classroom model in calculus II[J]. *Education*, 2014, *4*(4): 103-107.

[68] Kellogg, S. Developing modules for an inverted classroom project in cost

estimating[C]//Editorial Committee（eds.）. *2013 IEEE Frontiers in Education Conference（FIE）, Univ Oklahoma, Coll Engn, Oklahoma City, OK, OCT 23-26, 2013*. New York: IEEE, 2013: 755-760.

[69] Snowden, K. E. *Teacher Perceptions of the Flipped Classroom: Using Video Lectures Online to Replace Traditional In-Class Lectures*[M]. Denton: University of North Texas, 2012.

[70] Kiat, P. N. & Kwong, Y. T. The flipped classroom experience[C]//Editorial Committee（eds.）. *2014 IEEE 27th Conference on Software Engineering Education and Training（CSEE&T）, Alpen-Adria Universität Klagenfurt, Austria, Apr. 23-25, 2014*. Klagenfurt: IEEE Xplore Digital Library, 2014: 39-43.

[71] Kim, G. J., Patrick, E. E., Srivastava, R. et al. Perspective on flipping circuits I[J]. *IEEE Transactions on Education*, 2014, *57*（3）: 188-192.

[72] Knowles, M. S. *The Modern Practice of Adult Education: Andragogy Versus Pedagogy*[M]. New York: Association Press, 1970.

[73] Kong, S. C. Developing information literacy and critical thinking skills through domain knowledge learning in digital classrooms: An experience of practicing flipped classroom strategy[J]. *Computers & Education*, 2014（78）: 160-173.

[74] Lage, M. J. & Platt, G. J. The internet and the inverted classroom[J]. *Journal of Economic Education*, 2000, *31*（1）: 11.

[75] Lage, M. J., Platt, G. J. & Treglia, M. Inverting the classroom: A gateway to creating an inclusive learning environment[J]. *The Journal of Economic Education*, 2000, *31*（1）: 30-43.

[76] Lemmer, C. A. A view from the flip side: using the inverted classroom to enhance the legal information literacy of the international LL. M. student[J]. *Law Library Journal*, 2013（105）: 461-491.

[77] Limniou, M., Lyons, M. & Schermbrucker, I. Comparison of the traditional with a flipped classroom approach in a psychology module[C]// Jefferies, A. & Cubric, M.（eds.）. *Proceedings of the European Conference on e-Learning*. Reading: Acad Conferences Ltd., 2015: 313-321.

[78] Lane, L. Three kinds of MOOCs [EB/OL]. （2012-08-15）[2014-06-28]

http：//lisahistory.net/wordpress/2012/08/three-kinds-of-moocs/.

[79] Littlewood, W. *Foreign and Second Language Learning：Language Acquisition Research and Its Implications for the Classroom*[M]. Cambridge：Cambridge University Press, 1984.

[80] Littlewood, W. The task-based approach：Some questions and suggestions[J]. *ELT Journal*, 2004, *58*（4）：319-326.

[81] Liyanagunawardena, T. R., Adams, A. A. & Williams, S. A. MOOCs：A systematic study of the published literature 2008-2012[J]. *The International Review of Research in Open and Distributed Learning*, 2013, *14*（3）：202-227.

[82] Long, H. B. Contradictory expectations？Achievement and satisfaction in adult learning[J]. *The Journal of Continuing Higher Education*, 1985, *33*（3）：10-12.

[83] López-sieben, M., Peris-ortiz, M. & Gómez, J. A. Innovation and Teaching Technologies[J]. *Revista Brasileira De Educa*, 2014, *52*（18）, 25 - 47.

[84] Bishop, J. L. & Verleger, M. A. The flipped classroom：A survey of the research[C]// Editorial Committee（eds.）. *ASEE National Conference Proceedings, Atlanta, GA, June 23-26, 2013*. Washington：ASEE Publications, 2013：1-18.

[85] Lucke, T., Keyssner, U. & Dunn, P. The use of a classroom response system to more effectively flip the classroom[C]//Editorial Committee（eds.）. *2013 IEEE Frontiers in Education Conference（FIE）, Univ Oklahoma, Coll Engn, Oklahoma City, OK, OCT 23-26, 2013*. New York：IEEE, 2013：491-495.

[86] Mason, G. S., Shuman, T. R. & Cook, K. E. Comparing the effectiveness of an inverted classroom to a traditional classroom in an upper-division engineering course[J]. *IEEE Transactions on Education*, 2013, *56*（4）：430-435.

[87] Masters, K. A brief guide to understanding MOOCs[J]. *The Internet Journal of Medical Education*, 2011, *1*（2）：1-6.

[88] Maxwell, J. A. *Qualitative Research Design：An Interactive Approach*[M]. London：Sage Publications, 2012.

[89] McAuley, A., Stewart, B., Siemens, G., Cormier, D. & Commons, C. The MOOC model for digital practice [EB/OL]. （2010-10-28）[2014-05-06]

http://www.elearnspace.org/Articles/MOOC_Final.pdf.

[90] McCombs, S. & Liu, Y. The efficacy of podcasting technology in instructional delivery[J]. *International Journal of Technology in Teaching and Learning*, 2007, *3*(2): 123-134.

[91] McLaughlin, J. E., Griffin, L. T. M., Esserman, D. A. et al. Pharmacy student engagement, performance, and perception in a flipped satellite classroom[J]. *American Journal of Pharmaceutical Education*, 2013, *77*(9): Article 196: 1-8.

[92] McNamara, S. & Moreton, G. *Changing Behaviour: Teaching Children with Emotional Behavioural Difficulties in Primary and Secondary Classrooms*[M]. New York: Routledge, 2012.

[93] Merriam, S. B. *Qualitative Research and Case Study Applications in Education. Revised and Expanded From "Case Study Research in Education"*[M]. San Francisco: Jossey-Bass Publishers, 1998: 436-439.

[94] Milbrandt, M. K., Felts, J., Richards, B. et al. Teaching-to-learn: A constructivist approach to shared responsibility[J]. *Art Education*, 2004, *57*(5): 19-33.

[95] Missildine, K., Fountain, R., Summers, L. et al. Flipping the classroom to improve student performance and satisfaction[J]. *Journal of Nursing Education*, 2013, *52*(10): 597-599.

[96] Morrison, G. S. *Early Childhood Education Today*[M]. 10th ed. Ohio: Merrill, 2006.

[97] Nawrot, I. & Doucet, A. Building engagement for MOOC students: introducing support for time management on online learning platforms[C]//Editorial Committee (eds.). *Proceedings of the 23rd International Conference on World Wide Web, Seoul, South Korea, APR 07-11, 2014*. New York: ACM, 2014: 1077-1082.

[98] Ng, W. *New Digital Technology in Education*[M]. Cham: Springer International Publishing, 2015.

[99] Papadopoulos, C. & Roman, A. S. Implementing an inverted classroom model in engineering statics: Initial results[C]//Editorial Committee (eds.). *Proceedings of the ASEE Annual Conference and Exposition, Louisville, KY*,

June 20-23, 2010. Washington: ASEE Publications, 2010: 1–27.

[100] Papadopoulos, C., Santiago-Román, A. & Portela, G. Work in progress—developing and implementing an inverted classroom for engineering statics[C]//Editorial Committee (eds.). *2010 IEEE Frontiers in Education Conference (FIE), Washington, DC, Oct. 27-30, 2010*. New York: IEEE, 2010: F3F-1-F3F-4.

[101] Perifanou, M. How to design and evaluate a Massive Open Online Course (MOOC) for Language Learning[M]// Roceanu, I. (ed.). *Let's Build the Future Through Learning Innovation (Vol. 1)*. Bucharest: Carol I Natl Defense University Publishing House, 2014: 283–290.

[102] Pierce, R. & Fox, J. Vodcasts and active-learning exercises in a "flipped classroom" model of a renal pharmacotherapy module[J]. *American Journal of Pharmaceutical Education*, 2012, 76(10): 196–198.

[103] Pintrich, P. R. & Schunk, D. H. *Motivation in Education: Theory, Research and Applications*[M]. Upper Saddle River: Prentice Hall, 2002.

[104] Raymond, E. *Cognitive Characteristics: Learners with Mild Disabilities*[M]. Needham Heights: Allyn & Bacon, 2000.

[105] Richards, J. C. & Rodgers, T. S. *Approaches and Methods in Language Teaching*[M]. Beijing: Foreign Language Teaching and Research Press, 2000.

[106] Roberson, Jr D. N. *Self-directed Learning: Past and Present*[D]. Athens: University of Georgia, 2005.

[107] Rosenberg, M. J. & Hovland, C. I. Cognitive, affective and behavior components of attitude[C]//M.J.Rosenberge (ed.). *Attitude Organization and Change*. New Haven: Yale University Press, 1960.

[108] Sandeen, C. Integrating MOOCs into traditional higher education: The emerging "MOOC 3.0" era[J]. *Change: The Magazine of Higher Learning*, 2013, 45(6): 34–39.

[109] Scarino, A. & Liddicoat, A. *Teaching and Learning Languages: A Guide*[M]. Melbourne: Curriculum Corporation, 2009.

[110] Schmid, B., Miao, S. L. & Bazzaz, F. A. Student peer assessment[J]. *Journal of Community & Applied Social Psychology*, 2000, 114 (5): 9–15.

［111］Schultz, D., Duffield, S., Rasmussen, S. C. et al. Effects of the flipped classroom model on student performance for advanced placement high school chemistry students［J］. *Journal of Chemical Education*, 2014, *91*（9）: 1334-1339.

［112］Shell, A. E. The Thayer method of instruction at the United States Military Academy: A modest history and a modern personal account［J］. *Problems, Resources, and Issues in Mathematics Undergraduate Studies*, 2002, *12*(1): 27-38.

［113］Siemens, G. Connectivism: A learning theory for the Digital Age［J］. *International Journal of Instructional Technology and Distance Learning*, 2005, *2*(1): 1-8.

［114］Sivamuni, K. & Bhattacharya, S. Assembling pieces of the MOOCs jigsaw puzzle［C］//Editorial Committee (eds.). *2013 IEEE International Conference in MOOC, Innovation and Technology in Education (MITE), Jaipur, India, DEC 20-22, 2013*. New York: IEEE, 2013: 393-398.

［115］Smith, J. D. Student attitudes toward flipping the general chemistry classroom［J］. *Chemistry Education Research and Practice*, 2013, *14*(4): 607-614.

［116］Steinhouse, L. *An Introduction to Curriculum Research and Development*［M］. London: Heinemann, 1975.

［117］Stelzer, T., Brookes, D. T., Gladding, G. et al. Impact of multimedia learning modules on an introductory course on electricity and magnetism［J］. *American Journal of Physics*, 2010, *78*(7): 755-759.

［118］Steven, D. K. & Lowe, C. *Invasion of the MOOCs: The Promise and Perils of Massive Open Online Courses*［M］. Anderson: Parlor Press, 2014.

［119］Stevens, V. What's with the MOOCs［J］. *TESL-EJ*, 2013, *16*(4): 1-14.

［120］Strayer, J. *The Effects of the Classroom Flip on the Learning Environment: A Comparison of Learning Activity in a Traditional Classroom and a Flip Classroom that Used an Intelligent Tutoring System*［D］. Columbus: The Ohio State University, 2007.

［121］Strayer, J. F. How learning in an inverted classroom influences cooperation, innovation and task orientation［J］. *Learning Environments Research*, 2012, *15*

（2）：171-193.

[122] Sweller, J., Van Merrienboer, J. J. & Paas, F. G. Cognitive architecture and instructional design[J]. *Educational Psychology Review*, 1998, *10*（3）：251-296.

[123] Talbert, R. Inverted classroom[J]. *Colleagues*, 2012, *9*（1）：1-3.

[124] Tan, C. T. Towards a MOOC game[C]//Editorial Committee（eds.）. *Proceedings of the 9th Australasian Conference on Interactive Entertainment: Matters of Life and Death, RMIT Univ, Sch Media & Commun, Melbourne, Australia, SEP 30-OCT 01, 2013*. New York：ACM, 2013：30-34.

[125] Tan, E. & Pearce, N. Open education videos in the classroom：exploring the opportunities and barriers to the use of YouTube in teaching introductory sociology[J]. *Research in Learning Technology*, 2011（19）：174-190.

[126] Terrell, T. D. & Brown, H. D. Principles of language learning and teaching[J]. *Applied Linguistics*, 2007, *39*（1）：117-118.

[127] Thomas, J. S. & Philpot, T. A. An inverted classroom model for a mechanics of materials course[C]//Editorial Committee（eds.）. *The Annual Conference of American Society for Engineering Education, San Antonio, Texas, June 10-13, 2012*. Washington：ASEE Publications, 2012：500-515.

[128] Thompson, K. Seven things you should know about Moocs II [EB/OL]. （2013-06-11）[2013-12-11] http：//net.educause.edu/ir/library/pdf/ELI7097.pdf.

[129] Tindall-Ford, S., Chandler, P. & Sweller, J. When two sensory modes are better than one[J]. *Journal of Experimental Psychology：Applied*, 1997, *3*（4）：257-287.

[130] Toto, R. & Nguyen, H. Flipping the work design in an industrial engineering course[C]//Editorial Committee（eds.）. *39th IEEE Frontiers in Education Conference, San Antonio, Texas, Oct. 18-21, 2009*. New York：IEEE, 2009：1-4.

[131] Traphagan, T., Kucsera, J. V. & Kishi, K. Impact of class lecture webcasting on attendance and learning[J]. *Educational Technology Research and Development*, 2010, *58*（1）：19-37.

[132] Tune, J. D., Sturek, M. & Basile, D. P. Flipped classroom model improves

graduate student performance in cardiovascular, respiratory, and renal physiology[J]. *Advances in Physiology Education*, 2013, *37*（4）：316-320.

[133] Tyler, R. W. *Basic Principles of Curriculum and Instruction*[M]. New York：Routledge, 2013.

[134] Vajoczki, S., Watt, S., Marquis, N., et al. Podcasts：Are they an effective tool to enhance student learning? A case study[J]. *Journal of Educational Multimedia and Hypermedia*, 2010, *19*（3）：349-362.

[135] Ventura, P., Bárcena, E. & Martín-Monje, E. Analysis of the impact of social feedback on written production and student engagement in Language MOOCs[J]. *Procedia-Social and Behavioral Sciences*, 2014（141）：512-517.

[136] Wang, M. C., Haertel, G. D. & Walberg, H. J. What influences learning? A content analysis of review literature[J]. *The Journal of Educational Research*, 1990, *84*（1）：30-43.

[137] Yarbro, J., Arfstrom, K.M., McKnight, K. & McKnight, P. Flipped learning review 2014[EB/OL]. （2014-02-10）[2015-06-02] http：//flippedlearning. org/domain/41.

[138] Yousef, A. M. F., Chatti, M. A., Schroeder, U. et al. A usability evaluation of a blended MOOC environment：An experimental case study[J]. *The International Review of Research in Open and Distributed Learning*, 2015, *16*（2）：69-93.

[139] Yuan, L. & Powell, S. *MOOCs and open education: Implications for Higher Education：A white paper* [EB/OL]. （2013-03-15）[2015-06-08] http：//publications. cetis. org. uk/wp-content/uploads/2013/03/MOOCs-and-Open-Education. pdf.

[140] Zais, R. S. *Curriculum Principles and Foundations* [M]. New York：Harpercollins Publishers, 1976.

[141] Zappe, S., Leicht, R., Messner, J. et al. "Flipping" the classroom to explore active learning in a large undergraduate course[C]//Editorial committee（eds.）. *ASEE Annual Conference and Exposition, Austin, Texas, 2009*. Washington：ASEE publications, 2009：92.

[142] ［美］H.H. 斯特恩. 语言教学的问题与可选策略 [M]. 上海：上海外语教育出版社, 1999.

[143] [德] 爱德华·策勒尔. 古希腊哲学史纲 [M]. 翁绍军, 译. 上海: 上海人民出版社, 2007.

[144] 安翠荣. 论理念意义的衍生 [D]. 厦门: 厦门大学, 2007.

[145] 蔡基刚. 关于我国大学英语教学重新定位的思考 [J]. 外语教学与研究, 2010 (4): 306-308.

[146] 蔡基刚. 大学英语生存危机及其学科地位研究 [J]. 中国大学教学, 2013 (2): 10-14.

[147] 蔡文璇, 汪琼. MOOC 2012 大事记 [J]. 中国教育网络, 2013 (4): 31-34.

[148] 曹晓明. 中小学教师教育技术能力培训支撑环境设计的理论与实践研究 [D]. 北京: 北京师范大学, 2006.

[149] 曾丹. 高中英语学习动机及其影响因素研究 [D]. 重庆: 西南大学, 2009.

[150] 曾明星, 周清平, 蔡国民, 等. 软件开发类课程翻转课堂教学模式研究 [J]. 实验室研究与探索, 2014 (2): 207-213.

[151] 柴阳丽. 基于微信的非英语专业大学生英语听说学习诉求的调查研究 [J]. 外语电化教学, 2014 (5): 34-39.

[152] 陈冰冰. MOOCs 课程模式: 贡献和困境 [J]. 外语电化教学, 2014 (3): 38-43.

[153] 陈凤燕. "翻转课堂": 信息技术与教育的深度融合 [J]. 教育评论, 2014 (6): 127-129.

[154] 陈厚丰. 中国高校分类标准及指标体系设计 [J]. 高等教育研究, 2008 (6): 8-14.

[155] 陈加敏, 朱承慧. 翻转课堂教学模式的变式实践与反思 [J]. 课程·教材·教法, 2014 (11): 86-91.

[156] 陈坚林. 现代外语教学研究: 理论与方法 [M]. 上海: 上海外语教育出版社, 2004.

[157] 陈坚林. 计算机网络与外语课程的整合 [M]. 上海: 上海外语教育出版社, 2010.

[158] 陈坚林, 谷志忠. 要求更完善, 方向更明晰——对 07 版《大学英语课程教学要求》的新解读 [J]. 外语电化教学, 2008 (1): 3-8.

[159] 陈向明. 质的研究方法与社会科学研究 [M]. 北京: 教育科学出版社, 2000.

[160] 陈晓燕. 基于教学点数字教育资源的翻转课堂教学模式的构建与实践 [J]. 现代中小学教育, 2014 (10): 18-22.

[161] 陈永丽, 吴俊. 大学英语网络教学现状及建议 [J]. 教育探索, 2010 (8): 72-73.

[162] 陈珍国, 邓志文, 于广瀛, 等. 基于 FIAS 分析模型的翻转课堂师生互动行为研究——以中学物理课堂为例 [J]. 全球教育展望, 2014 (9): 21-33.

[163] 程建钢. MOOCs 的辩证分析与 U-MOOCs 研究 [J]. 中国远程教育, 2013 (22): 64-65.

[164] 程幼强, 张岚. 大学生英语学习态度问卷的编制及其信效度分析 [J]. 天津外国语大学学报, 2011 (3): 41-48.

[165] 程云艳. 直面挑战"翻转"自我——新教育范式下大学外语教师的机遇与挑战 [J]. 外语电化教学, 2014, 3 (23): 44-47.

[166] 崔允漷. 论课堂观察 LICC 范式: 一种专业的听评课 [J]. 教育研究, 2012 (5): 79-83.

[167] 戴朝晖. MOOC 热点研究问题探析——全国首届 MOOC 时代高等外语教学学术研讨会启示 [J]. 外语电化教学, 2015 (1): 73-78.

[168] 单珊. "微" 时代下开放大学微视频学习资源的开发路径 [J]. 成人教育, 2015, 35 (10): 51-54.

[169] 丁舒. 教师教学行为有效性研究 [D]. 南京: 南京师范大学, 2007.

[170] 董奇. "翻转课堂" 是解放学生学习力的革命 [J]. 中国教育学刊, 2014 (10): 106.

[171] 窦菊花, 文珊. 基于 APP 的大学英语翻转课堂教学改革探索 [J]. 黑龙江高教研究, 2015 (5): 162-167.

[172] 范明生. 柏拉图哲学述评 [M]. 上海: 上海人民出版社, 1984.

[173] 范秀丽. 试论大学英语 "翻转课堂" 模式 [J]. 赤峰学院学报: 汉文哲学社会科学版, 2013 (11): 271-272.

[174] 方雪晴. 大学英语教师课堂动机策略研究 [D]. 上海: 上海外国语大学, 2012.

[175] 冯菲, 于青青, 蔡文璇, 汪琼. 2013 年全球慕课运动回顾 [J]. 工业和信息化教育, 2014 (9): 5-12.

[176] 冯燕. 去外语化: 重点大学公共外语教师发展的必然选择 [J]. 大学教育

科学,2010,3(3):67-72.

[177] 高地."慕课":核心理念、实践反思与文化安全 [J].东北师大学报:哲学社会科学版,2014(5):178-186.

[178] 高一虹,赵媛,程英,等.中国大学本科生英语学习动机类型 [J].现代外语,2005,26(1):28-38.

[179] 龚德英.多媒体学习中增加相关认知负荷影响学生学习的实验研究 [D].重庆:西南师范大学,2005.

[180] 谷辉."翻转课堂"下的生物学概念教学——以"染色体变异"为例 [J].教学与管理,2014(19):72-73.

[181] 顾明远.教育大词典增订合编本 [M].上海:上海教育出版社,1997.

[182] 郭春才,金义富.基于未来教育空间站的 O2O 应用模式研究 [J].中国电化教育,2015(6):24-30.

[183] 郭晓艳.基于实践的高校翻转课堂教学及其改善研究 [J].当代教育科学,2016(3):23-28.

[184] 韩进之.教育心理学纲要 [M].北京:人民教育出版社,1989.

[185] 韩锡斌,葛文双,周潜,等.MOOC 平台与典型网络教学平台的比较研究 [J].中国电化教育,2014(1):61-68.

[186] 何克抗.信息技术与课程深层次整合理论 [M].北京:北京师范大学出版社,2008.

[187] 何克抗.TPACK——美国"信息技术与课程整合"途径与方法研究的新发展(上)[J].电化教育研究,2012a(5):5-10.

[188] 何克抗.TPACK——美国"信息技术与课程整合"途径与方法研究的新发展(下)[J].电化教育研究,2012b(6):47-56.

[189] 何克抗.学习"教育信息化十年发展规划"——对"信息技术与教育深度融合"的解读 [J].中国电化教育,2012c(12):19-23.

[190] 何克抗.从"翻转课堂"的本质看"翻转课堂"在我国的未来发展 [J].电化教育研究,2014a(7):5-16.

[191] 何克抗.如何实现信息技术与教育的"深度融合"[J].课程•教材•教法,2014b(2):58-62.

[192] 何文涛.翻转课堂及其教学实践研究 [D].新乡:河南师范大学,2014.

[193] 何雪梅,石坚.对大学英语教学改革走向的思考 [J].东北师大学报:哲学

社会科学版,2012(1):92-94.

[194] 贺斌.洞察 MOOC 之"道"[J].电化教育研究,2014(12):41-49.

[195] 胡加圣,靳琰.教育技术与外语课程融合的理论与实践研究[J].中国电化教育,2015(4):114-120.

[196] 胡杰辉,伍忠杰.基于 MOOC 的大学英语翻转课堂教学模式研究[J].外语电化教学,2014(6):40-45.

[197] 胡艺龄,顾小清.从联通主义到 MOOCs:联结知识,共享资源——访国际知名教育学者斯蒂芬·唐斯[J].开放教育研究,2013,19(6):4-10.

[198] 胡壮麟.大学英语教学的个性化、协作化、模块化和超文本化——谈《教学要求》的基本理念[J].外语教学与研究,2004,36(5):345-350.

[199] 黄金煜,郑友训."翻转课堂"与教师角色转型[J].上海教育科研,2014(6):49-51.

[200] 黄书生.试论布卢姆掌握学习教学理论[J].当代教育论坛,2005(7S):157-159.

[201] 黄琰.基于 DBR 的翻转课堂实验教学设计与应用研究[D].武汉:华中师范大学,2014.

[202] 黄琰,蒋玲,黄磊.翻转课堂在"现代教育技术"实验教学中的应用研究[J].中国电化教育,2014(4):110-115.

[203] 黄政杰.教育理念革新[M].台北:心理出版社,1991.

[204] 冀芳.不同课程形态的课堂教学中学生学习行为现状的个案研究[D].长春:东北师范大学,2007.

[205] 金陵.Khan 在 TED 的演讲和与比尔·盖茨的对话[EB/OL].(2012-08-05)[2013-03-26] http://blog.sina.com.cn/s/blog_6b87f20601011vo4.html.

[206] 姜文闵,韩宗礼.简明教育辞典[M].西安:陕西人民教育出版社,1988.

[207] 姜艳玲,国荣,付婷婷.翻转课堂与慕课融合促进教学资源均衡研究[J].中国电化教育,2015(339):109-113.

[208] 蒋鸣和.第三种学习方式来临?[J].人民教育,2014(23):15-18.

[209] 蒋艳,马武林.新世纪大学英语后续课程设置研究(二)——学生需求分析[J].外语电化教学,2013(4):64-69,75.

[210] 焦建利.微课及其应用与影响[J].中小学信息技术教育,2014(4):13-14.

[211]焦建利,王萍.慕课:互联网＋教育时代的学习革命[M].北京:机械工业出版社,2015.

[212]教育部.教育部关于国家精品开放课程建设的实施意见[EB/OL].(2011-11-12)[2013-09-23] http://www.moe.edu.cn/publicfiles/business/htmlfiles/moe/s3843/201111/126346.html.

[213]教育部高等教育司.大学英语课程教学要求(试行)[M].上海:上海外语教学出版社,2004.

[214]教育部高等教育司.大学英语课程教学要求[M].上海:上海外语教育出版社,2007.

[215]金丽琴.基于形成性评估体系的高职大学英语"翻转课堂"研究[D].杭州:浙江工商大学,2014.

[216]金陵."翻转课堂"翻转了什么？[J].中国信息技术教育,2012,20(12):9.

[217]金陵.中美"翻转课堂"比较及其思考[C].//徐福荫,黄慕雄.教育技术协同创新与多元发展.北京:北京邮电大学出版社,2013:58-63.

[218]李超.翻转课堂教学模式在初中英语教学中的应用[J].考试周刊,2014(52):90.

[219]李臣之.后现代主义课程理论试探[J].教育科学,1999(1):58-62.

[220]李洪.美国在抛弃MOOC,中国却趋之若鹜[EB/OL].(2013-11-13)[2014-02-12] http://www.duozhi.com/industry/20131113/660.shtml.

[221]李介.略论课堂管理中的惩罚问题[J].当代教育论坛:宏观教育研究,2005(2):26-27.

[222]李娟.合作掌握学习在高中英语课堂中的应用研究[D].苏州:苏州大学,2009.

[223]李克东.多媒体组合教学设计[M].北京:科学出版社,1992.

[224]李青,王涛.MOOC:一种基于连通主义的巨型开放课程模式[J].中国远程教育:综合版,2012(5):30-36.

[225]李如密,刘玉静.个性化教学的内涵及其特征[J].教育理论与实践,2001(9):37-40.

[226]李爽.远程教育资源建设:从教学资源到学习资源[J].中国远程教育:综合版,2011(19):70-72.

[227]李晓明.是"小慕课",还是"大慕课"？[J].中国大学教学,2014(10):

17-19.

[228] 李艳平.基于翻转课堂的大学英语分级教学模式建构 [J].全球教育展望，2015（6）：113-119.

[229] 李燕，陈文.多维度立体式文检课教学模式的构建与实践 [J].图书情报工作，2014（10）：103-106,127.

[230] 李志伟."翻转课堂"反思一：减轻还是加重了师生负担 [EB/OL].（2015-03-13）[2015-09-02] http://blog.sina.com.cn/s/blog_66f24d650102vfl1.html.

[231] 廖哲勋.关于校本课程开发的理论思考 [J].课程·教材·教法，2004（8）：11-18.

[232] 林崇德，申继亮，辛涛.教师素质的构成及其培养途径 [J].中国教育学刊，1996（6）：16-22.

[233] 林江梅.翻转课堂在高校思想政治理论课课堂中的应用研究 [J].学校党建与思想教育，2014（22）：36-37.

[234] 林青松.基于翻转课堂的"现代教育技术"实验课程设计 [J].实验室研究与探索，2014（1）：194-198.

[235] 林正范.试论教师观察行为 [J].教育研究，2007（9）：66-70.

[236] 林志旭.高校体育教师教学动机与教育方式 [J].体育科学研究，2008，12（3）：95-97.

[237] 刘淳.小学生学习行为综合评定量表的编制 [D].长沙：湖南师范大学，2014.

[238] 刘桂花，陈智敏.翻转课堂在高校计算机文化基础课中的应用研究 [J].中国成人教育，2013（20）：174-176.

[239] 刘和海，李起斌."中国式 MOOC"概念探讨及平台优化策略研究——基于中文 MOOC 平台的调查分析 [J].现代教育技术，2014，24（5）：81-87.

[240] 刘小晶，钟琦，张剑平.翻转课堂模式在"数据结构"课程教学中的应用研究 [J].中国电化教育，2014（8）：105-110.

[241] 刘雅晨.学习行为在第二语言习得中的调查研究 [D].重庆：重庆师范大学，2014.

[242] 刘艳.翻转课堂词汇教学模型构建及其有效性研究——基于三所高校的教学实践 [J].外语电化教学，2016（1）：43-49.

[243] 刘艳妮. 基于后现代课程观的研究性学习探论 [J]. 教学与管理, 2015（36）：7-9.

[244] 隆茜. "翻转课堂"应用于信息素养教育课程的实证研究 [J]. 大学图书馆学报, 2014（6）：97-102, 196.

[245] 楼荷英, 寮菲. 大学英语教师的教学信念与教学行为的关系——定性与定量分析研究 [J]. 外语教学与研究, 2005, 37（4）：271-275.

[246] 卢海燕. 基于微课的"翻转课堂"模式在大学英语教学中应用的可行性分析 [J]. 外语电化教学, 2014（4）：33-36.

[247] 卢强. 翻转课堂的冷思考：实证与反思 [J]. 电化教育研究, 2013（8）：91-97.

[248] 卢睿蓉. 直面大学英语教师教学动机 [J]. 教育与职业, 2004（30）：60-61.

[249] 罗嘉文, 简晓明, 王月芳. 学习动机、外语学习策略与学习成绩之间的关系研究 [J]. 兰州石化职业技术学院学报, 2004（2）：146-151.

[250] 罗雅萍. 成功的课堂教学来自教师的有效教学行为 [J]. 湖州师范学院学报, 2002（4）：81-83.

[251] 雒真. 翻转课堂优化"现代教育技术"实验教学的探究 [J]. 教育教学论坛, 2013（44）：76-78.

[252] ［英］马丁·登斯库姆. 怎样做好一项研究 [M]. 陶保平, 译. 上海：上海教育出版社, 2011.

[253] 马俊臣. 基于"翻转课堂"的现代教育技术教学研究 [J]. 中国成人教育, 2014（6）：125-128.

[254] 马若龙, 袁松鹤. MOOCs：教育开放的模式创新与本土启示 [J]. 中国高教研究, 2013（12）：20-26, 62.

[255] 马武林, 胡加圣. 国际 MOOCs 对我国大学英语课程的冲击与重构 [J]. 外语电化教学, 2014（3）：48-54.

[256] 马秀麟, 赵国庆, 邬彤. 大学信息技术公共课翻转课堂教学的实证研究 [J]. 远程教育杂志, 2013（1）：79-85.

[257] 马志强, 王雪娇, 龙琴琴. 网络同伴互评活动设计与应用研究 [J]. 现代教育技术, 2014, 24（10）：81-87.

[258] ［美］马修·迈尔斯, 迈克尔·休伯曼. 质性资料的分析：方法与实践 [M]. 张芬芬, 译. 重庆：重庆大学出版社, 2008.

[259] 梅德明.大数据时代语言生态研究 [J].外语电化教学,2014(1):3-10.

[260] 南国农.教育信息化建设的几个理论和实际问题(上)[J].电化教育研究, 2002(11):3-6.

[261] 潘炳超."翻转课堂"对大学教学效果影响的准实验研究 [J].现代教育 技术,2014(12):84-91.

[262] 齐励,康乐."翻转课堂"下"基础会计"课程的教学改革 [J].教育与职 业,2014(21):126-127.

[263] 乔华林,闫江涛.农村初中学生英语学习行为调查 [J].新乡师范高等专 科学校学报,2001(4):100-103.

[264] [美]乔纳森·伯格曼,亚伦·萨姆斯.翻转学习:如何更好地实践翻转课 堂与慕课教学 [M].王允丽,译.北京:中国青年出版社,2015.

[265] 秦晓晴.外语教学问卷调查法 [M].北京:外语教学与研究出版社,2009.

[266] 荣泰生.AMOS 与研究方法 [M].重庆:重庆大学出版社,2010.

[267] 桑国元.国外 21 世纪学生发展核心素养的讨论及启示 [J].教育科学研 究,2016(12):60-64.

[268] 邵华,喻惠群.基于泛在学习资源共享平台的大学英语"翻转课堂"教学 模式设计研究 [J].山东外语教学,2015(3):37-46.

[269] 申灵灵,韩锡斌,程建钢."后 MOOC 时代"终极回归开放在线教育—— 2008—2014 年国际文献研究特点分析与趋势思考 [J].现代远程教育研 究,2014(3):17-26.

[270] 宋军,程炼.MOOC 平台下的大学英语 PBL 翻转教学模式研究 [J].学习 与实践,2015(5):136-140.

[271] 宋瑞.新课程背景下高中英语教师教学行为现状及影响因素研究 [D]. 重庆:西南大学,2013.

[272] 隋晓冰.网络环境下大学英语课堂教学优化研究 [D].上海:上海外国语 大学,2013.

[273] 孙华.大学生思政课翻转课堂教学改革探索研究 [J].教育学术月刊, 2014(6):96-100.

[274] 孙力,钟斯陶.MOOC 系统中同伴互评过程的优化和应用 [J].现代远距 离教育,2014(6):3-8.

[275] 孙丽梅.翻转课堂教学模式在初中数学教学中的应用研究 [D].大连:辽

宁师范大学,2014.

[276] 孙炜,陈锦昌.工程制图网络课程图形平台的开发研究 [J].图学学报, 2002,23(2):162-167.

[277] 孙众,王敏娟,马小强,等.美国高等教育的发展趋势和面临的挑战:在线 学习,移动学习和 MOOCs——访美国圣地亚哥州立大学副校长依山·辛 格(Ethan Signer)博士 [J].中国电化教育,2014(6):1-5.

[278] 陶芳标,孙莹,凤尔翠,等.青少年学校生活满意度评定问卷的设计与信 度、效度评价 [J].中国学校卫生,2005,26(12):987-989.

[279] 汤闻励.大学英语教师教学动机调查与分析 [J].当代外语研究,2011(4): 29-33.

[280] 田爱丽.翻转课堂中"翻转掌握教学模式"的应用研究 [J].课程·教材·教 法,2014(10):24-28.

[281] 万晶晶,郑晓边.初中生理科课程学习动机与学习策略的调查研究 [J]. 学科教育,2001(10):41-44.

[282] 万力勇.数字化学习资源质量评价研究 [J].现代教育技术,2013,23(1): 45-49.

[283] 王爱平,车宏生.学习焦虑、学习态度和投入动机与学业成绩关系的研 究——关于《心理统计学》学习经验的调查 [J].心理发展与教育,2005, 21(1):55-59.

[284] 王宝权.论大学生网络自主批判能力的培养:以博客平台为例 [J].教育 探索,2011(5):95-98.

[285] 王彩霞,刘光然.翻转课堂优化中职课堂教学探析 [J].职教论坛,2013 (6):41-44.

[286] 王海杰,张黎.翻转课堂在英语教学中的应用 [J].教学与管理,2014(21): 141-144.

[287] 王海啸.大学英语教师与教学情况调查分析 [J].外语界,2009(4):6-13.

[288] 王姣姣.实践与反思:课堂教学行为研究 [D].长沙:湖南师范大学,2009.

[289] 王姣姣.关于翻转课堂应用于初中思想品德课的思考 [J].现代中小学教 育,2014(12):25-27.

[290] 王静,李炳军.大学英语多媒体网络教学环境对教师教学动机的影响 [J]. 吉林师范大学学报:人文社会科学版,2010(2):94-96.

[291] 王俊.卡内基梅隆大学研究:交互式慕课更能提高学生学习效果 [J].世界教育信息,2015(21):78-78.

[292] 王陆,张敏霞.基于慕课资源的弹性U型转弯教学策略模型 [J].课程·教材·教法,2014(7):23-29.

[293] 王梅.新课程改革对教师教学效能感、教学动机和职业紧张应对的影响研究 [D].重庆:西南师范大学,2004.

[294] 王觅,贺斌,祝智庭.微视频课程:演变、定位与应用领域 [J].中国电化教育,2013(4):88-94.

[295] 王琪.大连市幼儿教师主观幸福感与教学动机的相关研究 [D].大连:辽宁师范大学,2007.

[296] 王秋月."慕课""微课"与"翻转课堂"的实质及其应用 [J].上海教育科研,2014(8):15-18.

[297] 王庭槐.MOOC:席卷全球教育的大规模开放在线课程 [M].北京:人民卫生出版社,2014.

[298] 汪瑞林.MOOCs辨析与在线教育发展——访清华大学教育研究院教授委员会副主任程建钢 [J].中国教育报,2014,1(4):20-25.

[299] 王珅,高慎阳,于金玲,等.翻转课堂教学模式在畜牧微生物学实验教学中的建立与应用 [J].黑龙江畜牧兽医,2014(16):137-138.

[300] 王守宏,刘金玲,付文平."慕课"背景下以内容为依托的大学英语ESP教学模式研究 [J].中国电化教育,2015(4):97-101,120.

[301] 王守仁.在构建大学英语课程体系过程中建设教师队伍 [J].外语界,2012(4):2-5.

[302] 王守仁,王海啸.我国高校大学英语教学现状调查及大学英语教学改革与发展方向 [J].中国外语:中英文版,2011(5):4-11.

[303] 王素敏,张立新.大学英语学习者对翻转课堂接受度的调查研究 [J].现代教育技术,2014(3):71-78.

[304] 王万智,史万兵.论大学外语自主学习与语境 [J].宁夏社会科学,2015(2):190-192.

[305] 王伟杰.课堂教学中的教师角色行为分析 [J].外国中小学教育,2003(9):35-38.

[306] 王相宜,李远蓉,吴晗清.翻转课堂:化学教学变革性视野 [J].现代中小

学教育,2015(2):64-67.

[307]王小彦.基于翻转课堂的个性化教学模式探究[J].中国教育信息化,2014(6):12-15.

[308]王奕标.试论翻转课堂与学生课业负担的关系[EB/OL].(2014-12-23)[2015-03-25] http://blog.sina.com.cn/s/blog_90b8be2a0102val5.html.

[309]王迎,董锐,崔松,等.从历史的脉络看远程开放教育——访国际著名远程教育专家约翰·丹尼尔爵士[J].中国电化教育,2011(6):1-7.

[310]王颖,张金磊,张宝辉.大规模网络开放课程(MOOC)典型项目特征分析及启示[J].远程教育杂志,2013(4):67-75.

[311]王忠惠,朱德全."翻转课堂"的多重解读与理性审视[J].当代教育科学,2014(16):30-33.

[312][英]维克托·迈尔·舍恩伯格.大数据时代——生活,工作与思维的大变革[M].周涛,译.杭州:浙江人民出版社,2013.

[313]卫芳菊.近30年来大学英语教学改革发展历程及面临的挑战[J].国家教育行政学院学报,2009(9):38-41.

[314]魏东新.大学英语教师应对翻转课堂的策略[J].教育探索,2014(12):37-39.

[315]魏宏聚.教师教学行为研究的几个维度与评析[J].河南大学学报:社会科学版,2009,49(5):126-130.

[316]吾文泉,周文娟.基于"慕课"现象的ESP教学思考[J].现代教育技术,2014,24(12):57-63.

[317]吴杰.外国现代主要教育流派[M].长春:吉林教育出版社,1989.

[318]吴玲玲.基于翻转课堂的初中历史教学微视频的设计研究[D].天津:天津师范大学,2015.

[319]吴鹏泽.基于视频公开课的翻转课堂教师培训模式[J].中国电化教育,2015(1):118-123.

[320]吴珊,刘文斌.基于"翻转课堂"的民办高校数学教学设计初探[J].中国教育学刊,2014(S4):15-17.

[321]吴炎.国家级精品课程建设的问题研究——以A大学国家级精品课程为例[D].芜湖:安徽师范大学,2013.

[322]吴中华.会计专业ERP教学翻转课堂模式及其应用[J].财会通讯,

2014（19）：48-50.

[323] 夏南强，胥伟岚.嵌入性视角下信息采集学课程"翻转课堂"教学模式研究 [J].现代情报，2015（1）：26-31.

[324] 夏征农.辞海（中册）[M].上海：上海辞书出版社，1989.

[325] 肖佳.大学英语四、六级考试对大学英语教师教学动机的影响 [J].教育学术月刊，2011（12）：102-103.

[326] ［美］小威廉姆•E.多尔.后现代课程观 [M].王红宇，译.北京：教育科学出版社，2000.

[327] 谢莉莉.成就动机理论对教师教育的启示 [J].中国校外教育：理论，2010（10）：49-49.

[328] 徐苏燕.高师院校英语教学法课程"翻转课堂"实证研究 [J].广东第二师范学院学报，2014（4）：92-98.

[329] 徐艳梅，李晓东.基于电子学档的项目式翻转课堂教学方法研究——以《新大学英语》课堂教学为例 [J].中国外语，2014（5）：81-87.

[330] 薛焕玉.对学习共同体理论与实践的初探 [J].中国地质大学学报：社会科学版，2007（1）：1-10.

[331] 杨怀恩.开放教育导学 [M].太原：山西人民出版社，2006.

[332] 杨九民，邵明杰，黄磊.基于微视频资源的翻转课堂在实验教学中的应用研究——以"现代教育技术"实验课程为例 [J].现代教育技术，2013（10）：36-40.

[333] 杨开城.以学习活动为中心的教学设计理论 [M].北京：电子工业出版社，2005.

[334] 杨鲁新.应用语言学中的质性研究与分析 [M].北京：外语教学与研究出版社，2013.

[335] 杨玉东."课堂观察"的回顾、反思与建构 [J].上海教育科研，2011（11）：17-20.

[336] 杨在宝，许海成，杨波."大学计算机基础"课程教学实践探索 [J].教育与职业，2014（11）：149-151.

[337] 叶红英.基于翻转课堂的成人教学模式研究 [J].中国成人教育，2014（20）：147-149.

[338] 于慧慧，刘要悟.对多尔后现代课程观的些许质疑 [J].教育科学论坛，

2005（10）：14-17.

[339] 于天贞. 从"主演"到"导演"：基础教育翻转课堂中教师角色转换及其路径 [J]. 上海教育科研,2014（5）：49-52,67.

[340] 于歆杰. 以学生为中心的教与学 [M]. 北京：高等教育出版社,2015.

[341] 于秀娟. 外语课堂观察观测点的设定 [J]. 疯狂英语：教师版,2007（7）：15-18.

[342] 于泽元. 后现代主义课程理论研究 [D]. 重庆：西南师范大学,2002.

[343] 袁磊,陈晓慧,张艳丽. 微信支持下的混合式学习研究——以"摄影基本技术"课程为例 [J]. 中国电化教育,2012,7（28）：128-132.

[344] [美] 戴维·H.乔纳森. 学习环境的理论基础 [M]. 郑太年,任友群,译. 上海：华东师范大学出版社,2002.

[345] 翟雪松,林莉兰. 翻转课堂的学习者满意度影响因子分析——基于大学英语教学的实证研究 [J]. 中国电化教育,2014（4）：104-109,136.

[346] 张传思. 大规模在线开放课程交互设计研究 [D]. 重庆：西南大学,2015.

[347] 张国荣. 艺术院校翻转课堂教学模式研究与实践 [J]. 高教探索,2015（1）：75-80.

[348] 张红艳,龙荣培. 试析翻转课堂在国内本土化实践过程中的挑战 [J]. 文教资料,2013（14）：158-159.

[349] 张华. 课程与教学论 [M]. 上海：上海教育出版社,2000.

[350] 张辉,马俊.MOOC 背景下翻转课堂的构建与实践——以"现代教育技术"公共课为例 [J]. 现代教育技术,2015,25（2）：53-60.

[351] 张继禄,陈珍国. 翻转课堂对教学品质影响的实证研究——以物理教学为例 [J]. 上海教育科研,2014（10）：48-50.

[352] 张杰,李科,杜晓. 翻转大学英语课堂：基于现状调查的冷思考 [J]. 现代教育技术,2015（7）：68-74.

[353] 张洁,王英,杨新涯. 翻转课堂在信息素养教育中的实践研究 [J]. 图书情报工作,2014（11）：68-72.

[354] 张金磊. "翻转课堂"教学模式的关键因素探析 [J]. 中国远程教育,2013（10）：59-64.

[355] 张金磊,张宝辉. 游戏化学习理念在翻转课堂教学中的应用研究 [J]. 远程教育杂志,2013,31（1）：73-78.

[356] 张静.基于微信的微课程设计开发研究:以《经济学基础》中的"机会成本"微课程为例 [D].昆明:云南大学,2015.

[357] 张莉靖,曹殿波."翻转课堂"教学模式研究 [J].陕西教育:高教版,2014(Z1):91-92.

[358] 张敏,雷开春,王振勇.4～6年级小学生学习动机的结构分析 [J].心理科学,2005,28(1):183-185.

[359] 张其亮,陈永生.翻转课堂在操作系统实验教学中的应用研究 [J].实验技术与管理,2014(12):173-176.

[360] 张生.混合式学习环境下基于学习活动的形成性评价的理论与实践 [D].长春:东北师范大学,2008.

[361] 张世贤.大学生学习行为分析 [J].建材高教理论与实践,1998(4):39-40.

[362] 张铁道,殷丙山,蒋明蓉.高等教育信息化的趋势,挑战及展望 [J].北京教育:高教版,2014(7):9-12.

[363] 张伟远.国外高校网上教学成功和失败的原因剖析 [J].中国远程教育,2005(11):32-35.

[364] 张妍,李云文.小学信息技术翻转课堂教学模式的设计 [J].教学与管理,2014(11):45-47.

[365] 张渝江.翻转课堂变革 [J].中国信息技术教育,2012(10):118-121.

[366] 张征.多模态 PPT 演示教学与学生学习态度的相关性研究 [J].外语电化教学,2013(3):59-64.

[367] 章木林,孙小军.基于慕课的翻转课堂教学模式研究——以大学英语后续课程为例 [J].现代教育技术,2015(8):81-87.

[368] 赵国庆,郑兰琴.重复提取胜过细化学习——卡皮克记忆研究进展及其对教学的启示 [J].中国电化教育,2012(3):16-21.

[369] 赵为民.大学生学习动机的调查分析 [J].许昌师专学报,1994,2(7):38-40.

[370] 赵雯,王海啸,余渭深.大学英语"语言能力"框架的建构 [J].外语与外语教学,2014(1):15-21.

[371] 赵兴龙.翻转课堂中知识内化过程及教学模式设计 [J].现代远程教育研究,2014(2):55-61.

[372] 郑燕祥.教育的功能与效能［M］.香港:广角镜出版社,1986.

[373] 郑葳.学习共同体——文化生态学习环境的理想架构［M］.北京:教育科学出版社,2007.

[374] 钟晓流,宋述强,焦丽珍.信息化环境中基于翻转课堂理念的教学设计研究［J］.开放教育研究,2013(1):58-64.

[375] 衷克定,申断亮,辛涛.小学教师教学动机的结构特征研究［J］.心理发展与教育,1999,15(2):27-31.

[376] 周国韬.教育心理学专论［M］.北京:中国审计出版社,1997.

[377] 朱凯歌.基于电子双板的翻转课堂教学模式应用研究［D］.武汉:华中师范大学,2014.

[378] 朱伟丽.基于翻转课堂的文检课教学设计［J］.图书馆杂志,2013(4):87-90,112.

[379] 祝智庭,管珏琪,邱慧娴.翻转课堂国内应用实践与反思［J］.电化教育研究,2015(6):66-72.

[380] 祝智庭,贺斌,沈德梅.信息化教育中的逆序创新［J］.电化教育研究,2014(3):5-12,50.

[381] 祝智庭,沈德梅.基于大数据的教育技术研究新范式［J］.电化教育研究,2013(10):5-13.

[382] 祝智庭,闫寒冰,魏非.观照MOOCs的开放教育正能量［J］.开放教育研究,2013(6):18-27.

[383] 宗云.国家精品课程网站建设的思考——基于英语语言类课程的调查分析［J］.中国远程教育:综合版,2009(19):45-49.

[384] ［日］佐藤学.建设学习共同体［J］.基础教育论坛,2014(5):33-35.

附　录

附录1　学生调查问卷

《基于慕课理念的大学英语翻转课堂》学生调查问卷

编者按:"翻转课堂"是指利用信息技术将知识传授移至课外,优化认知负荷,课堂上开展以学生中心的知识内化活动的新型混合教学模式。慕课则是大规模开放在线课程的简称。基于慕课理念的大学英语翻转课堂是将慕课理念深度融合于大学英语翻转课堂教学中,彻底变革传统的知识观、教学观及课程观的新型教学改革实践。

亲爱的同学:

　　你好!

　　翻转课堂对大学英语课程教学带来了机遇和挑战。当前,大学英语翻转课程教学已经在高校中逐步开展,但在实践过程中仍然存在一些问题。本问卷旨在了解你在基于慕课理念的大学英语翻转课堂(以下简称"翻转课堂")的学习情况,答案无对错之分,数据仅用于调查研究,并将进行保密处理,请根据实际情况认真作答。非常感谢大家的理解与支持!

一、基本信息。

1. 就读学校：_____

2. 你就读的专业：□文科　□理科　具体专业_____

3. 你所在的年级：□大学一年级　□大学二年级　□大学三年级　□大学四年级

4. 你的性别：□男　□女

5. 你的年龄：_____

二、请根据你的实际情况在相应的数字上打"√"。每题只选择一个答案，请不要多选或者漏选。

题目	完全 不符合	基本 不符合	有些 符合	基本 符合	完全 符合
1. 翻转课堂能助我为今后出国深造打下良好英语基础	1	2	3	4	5
2. 相比传统英语课堂，翻转课堂教学质量更高	1	2	3	4	5
3. 翻转课堂是学校要求，我本人并不是很感兴趣	1	2	3	4	5
4. 翻转课堂能使我在英语考试中取得更好的成绩	1	2	3	4	5
5. 对信息技术的爱好使我对翻转课堂教学产生兴趣	1	2	3	4	5
6. 翻转课堂使英语学习比传统课堂更为生动有趣	1	2	3	4	5
7. 翻转课堂有多种媒介的教学资源，能促进英语学习	1	2	3	4	5
8. 翻转课堂营造了学习共同体，课内及课外与教师和同伴的共同学习让我有归属感	1	2	3	4	5
9. 在翻转课堂中我能获得较传统课堂更多的成就感和满足感	1	2	3	4	5
10. 利用信息技术学习英语是我所要掌握的重要学习技能	1	2	3	4	5
11. 翻转课堂的教师信息素养好，教学水平高，为我所喜爱	1	2	3	4	5
12. 翻转课堂能使外语教学更好地顺应教育国际化的发展趋势	1	2	3	4	5

三、根据你在大学英语翻转课堂中的体验和感受，请在相应的数字上打"√"。每题只选择一个答案，请不要多选或者漏选。

题目	完全 不符合	基本 不符合	有些 符合	基本 符合	完全 符合
13. 翻转课堂中，教师会及时评价学生的汇报展示	1	2	3	4	5
14. 我个人硬件环境（电脑和手机等）的不完备影响了翻转课堂的学习	1	2	3	4	5
15. 翻转课堂要求高，磨蚀了我对英语学习的兴趣和热情	1	2	3	4	5
16. 翻转课堂能让我对英语学习更有自信	1	2	3	4	5
17. 翻转课堂中教师讲解生动有趣，激发我英语学习的热情	1	2	3	4	5
18. 翻转课堂能激发我课下学习的激情和求知欲	1	2	3	4	5
19. 我通常找不到与大学英语学习相适应的翻转课堂学习资源	1	2	3	4	5
20. 翻转课堂内容贴近实际生活，使英语学习更有意义	1	2	3	4	5
21. 翻转课堂让我对英语学习有了新的认识	1	2	3	4	5
22. 学校网络环境不理想影响了我对翻转课堂的学习	1	2	3	4	5
23. 翻转课堂对学生要求更高，使英语学习更为困难	1	2	3	4	5
24. 我还不能适应"以学生为中心"的翻转课堂教学模式	1	2	3	4	5
25. 翻转课堂个性化的课程设计，有助于我按照自己的时间和方式学习	1	2	3	4	5
26. 翻转课堂教学视频简短精练，有助于我提高英语学习效率	1	2	3	4	5
27. 翻转课堂提出的问题针对性强，能启发我的思考	1	2	3	4	5
28. 翻转课堂上，教师讲解我课下学习中遇到的问题时，我的注意力会更专注	1	2	3	4	5
29. 翻转课堂的及时反馈能使我更清晰地了解自己英语学习的薄弱环节	1	2	3	4	5
30. 与翻转课堂相比，我更喜欢传统英语课堂教学模式	1	2	3	4	5

四、请根据你在大学英语翻转课堂中的学习情况，在相应的数字上打"√"。每题只选择一个答案，请不要多选或者漏选。

题目	完全不符合	基本不符合	有些符合	基本符合	完全符合
31. 我会按教师要求，主动完成课前自主学习任务	1	2	3	4	5
32. 我会根据自己英语薄弱环节，有选择地重复学习翻转课堂课前教学内容	1	2	3	4	5
33. 我喜欢与同学面对面讨论学习过程中遇到的问题	1	2	3	4	5
34. 我会根据学习计划，自主选择其他学习资源，补充翻转课堂已有学习资源	1	2	3	4	5
35. 我会利用系统了解自己学习情况，并根据学习要求做出相应的调整	1	2	3	4	5
36. 我会根据自己英语学习情况，制订翻转课堂学习计划	1	2	3	4	5
37. 在翻转课堂学习过程中，我会通过社交软件，主动与老师和同学开展同步或异步互动交流	1	2	3	4	5
38. 为了获得更高的成绩，我会重复刷新课前练习成绩	1	2	3	4	5
39. 翻转课堂资源已极为丰富，我不会再寻找其他外语学习补充资源	1	2	3	4	5
40. 我基本不在讨论区发帖提问，也不回答其他同学贴出的问题，长期处于潜水状态	1	2	3	4	5
41. 翻转课堂上的活动主要是和同学的合作、探究、问题解决，借此我的英语能力得到锻炼	1	2	3	4	5
42. 我会选择适合自己的英语学习方法，配合翻转课堂学习	1	2	3	4	5
43. 我经常在讨论区发帖提问，并积极回答其他同学贴出的问题	1	2	3	4	5
44. 翻转课堂上，我会对同伴的任务汇报进行评价	1	2	3	4	5
45. 翻转课堂营造了师生间互帮互助的良好和谐环境，对我的英语学习大有裨益	1	2	3	4	5
46. 我主要通过课本获取英语语言知识，配合翻转课堂视频的学习	1	2	3	4	5
47. 与传统课堂相比，在翻转课堂上，老师和同学之间的关系更融洽，课堂氛围更和谐	1	2	3	4	5
48. 在翻转课堂上，我一般不积极主动发言	1	2	3	4	5

题目	完全 不符合	基本 不符合	有些 符合	基本 符合	完全 符合
49. 我积极参与了翻转课堂活动,完成老师布置的任务和小组中的角色分工。	1	2	3	4	5
50. 翻转课堂上,我与老师和同学合作、讨论解决自主学习过程中遇到的困难和问题	1	2	3	4	5
51. 翻转课堂上,我和老师、同学合作,共同完成英语学习任务	1	2	3	4	5
52. 翻转课堂气氛活跃,我主动参与讨论和互动	1	2	3	4	5
53. 翻转课堂为我的外语学习提供了视、听、说多维的语言学习环境	1	2	3	4	5
54. 我信息技术能力不强,翻转课堂学习让我很有压力	1	2	3	4	5
55. 我经常会对翻转课堂学习的效果进行自我评价	1	2	3	4	5
56. 课后我会及时复习课堂所学的内容,并重复学习课前内容,以加强学习效果	1	2	3	4	5
57. 翻转课堂中出现的技术问题影响我的学习,让我感到很无奈	1	2	3	4	5
58. 课后我基本不复习课堂所学内容,除非在考试前	1	2	3	4	5
59. 我对翻转课堂教学总体感到满意	1	2	3	4	5

五、你在翻转课堂学习中遇到了哪些问题？你认为该如何解决这些问题？

_____

_____

若你愿意接受访谈,请留下你的联系方式:

_____

问卷到此结束,再次感谢你的理解与支持！

附录 2 教师调查问卷

《基于慕课理念的大学英语翻转课堂》教师调查问卷

编者按:"翻转课堂"是指利用信息技术将知识传授移至课外,优化认知负荷,课堂上开展以学生中心的知识内化活动的新型混合教学模式。而慕课则是大规模开放在线课程的简称。基于慕课理念的大学英语翻转课堂是将慕课理念深度融合于大学英语翻转课堂教学中,彻底变革传统的知识观,教学观及课程观的新型教学改革实践。

尊敬的老师:

您好!

本研究是一项关于基于慕课理念的大学英语翻转课堂(以下简称"翻转课堂")的调查,现以问卷的形式提一些问题,这些问题不针对任何学校或个人,旨在了解您的真实情况,数据仅用于论文调查研究,并将进行保密处理,请根据实际情况认真、客观作答。非常感谢您的理解和支持!

一、基本信息。

1. 您的性别:□男　□女
2. 您的年龄:□ 30 岁以下　□ 31～40 岁　□ 41～50 岁　□ 51 岁以上
3. 您的教龄:□ 1～5 年　□ 6～10 年　□ 11～15 年　□ 16～20 年 □ 21～25 年　□ 26～30 年　□ 30 年以上
4. 您任职的学校:□"985"高校　□"211"高校　□普通本科院校　□高职高专
5. 您的职称:□教授　□副教授　□讲师　□助教
6. 您的学位:□博士　□硕士　□学士　□其他
5. 您的任教课型(可多选):□大学英语(精读)　□大学英语(听说) □大学英语(阅读)　□大学英语(写作)　□其他

二、基于慕课理念的大学英语翻转课堂实施调查。

(一)请根据您的实际情况在相应的数字上打"√"。

题目	完全不符合	基本不符合	有些符合	基本符合	完全符合
1. 承担翻转课堂教学工作能使我得到领导和同事的重视	1	2	3	4	5
2. 翻转课堂使我能有机会经常和学生沟通,我很乐于了解他们的想法	1	2	3	4	5
3. 我喜欢阅读与翻转课堂有关的书籍与资料	1	2	3	4	5
4. 翻转课堂能够使我发挥自己的教学潜能	1	2	3	4	5
5. 我很乐于看到翻转课堂的学生在考试中取得好成绩	1	2	3	4	5
6. 我很乐于看到翻转课堂的每一个学生取得哪怕极其微小的进步	1	2	3	4	5
7. 如果不承担翻转课堂教学工作,就会面临被同事取代的危险	1	2	3	4	5
8. 翻转课堂目前是大势所趋,大学英语教师要顺应潮流	1	2	3	4	5
9. 在翻转课堂上,学生们积极思考,参与互动,这让我感到兴奋	1	2	3	4	5
10. 翻转课堂学校支持力度不大,因此实施有困难	1	2	3	4	5
11. 翻转课堂是学校要求,我本人是不太愿意参与的	1	2	3	4	5
12. 有的学生不太喜欢我的翻转课堂,我为此感到很苦恼	1	2	3	4	5
13. 从事翻转课堂教学能使我获得学生的认可	1	2	3	4	5
14. 在工作中我都很要强,在此次大学英语教学改革我希望能比其他同事做得更好	1	2	3	4	5
15. 在教学过程中,我经常与同事交流翻转课堂教学经验与心得	1	2	3	4	5
16. 我常改进大学英语教学方法,以便让学生喜欢听我的课	1	2	3	4	5

(二)请根据您的实际情况在相应的数字上打"√"。

题目	完全不符合	基本不符合	有些符合	基本符合	完全符合
17. 我能熟练使用社交软件(如微信、QQ)与学生交流	1	2	3	4	5
18. 我会根据教学目标和学习进度,布置课前小组学习任务	1	2	3	4	5
19. 我会根据教学目标和学习进度,给英语水平不同的学生提供不同的翻转课堂自主学习资源	1	2	3	4	5

题目	完全 不符合	基本 不符合	有些 符合	基本 符合	完全 符合
20. 我会根据教学目标和学习进度,给学生提供课前自主 学习任务单	1	2	3	4	5
21. 我不提供指定的翻转课堂自主学习资源,要求学生自 行搜索解决	1	2	3	4	5
22. 翻转课堂课内的主要教学活动是小组讨论、辩论、汇报 展示等	1	2	3	4	5
23. 我会根据教学目标和学习进度,提供给学生翻转课堂 自主学习资源	1	2	3	4	5
24. 我会利用系统对学生课前学习中的问题提供针对性的 指导	1	2	3	4	5
25. 我会根据教学目标和学习进度,对英语水平不同的学 生提供不同的课前学习任务单	1	2	3	4	5
26. 我会利用系统及时参与学生在线学习共同体的讨论	1	2	3	4	5
27. 我会使用移动设备(如智能手机)及相关软件进行翻转 课堂教学	1	2	3	4	5
28. 我及时回答学生所遇到的任何问题,努力营造和谐的 课堂氛围	1	2	3	4	5
29. 我会使用系统中的数据发现学生课前自主学习中的困 难	1	2	3	4	5
30. 我会通过系统及时跟踪学生课前自主学习情况	1	2	3	4	5
31. 对于学生课前学习中遇到的问题,我在课内主要以讲 授的方式进行解答	1	2	3	4	5
32. 我会课前搜集学生自主学习问题,以此作为课内教学 内容	1	2	3	4	5
33. 我在课堂内反复提取学生课前的学习内容以便强化记 忆	1	2	3	4	5
34. 我在课内以协调者的身份参与学生的互动和讨论	1	2	3	4	5
35. 对于学生课前学习中遇到的问题,我在课内主要通过 组织学生讨论使其自行找到答案	1	2	3	4	5
36. 翻转课堂课内的主要教学活动是教师的知识传授	1	2	3	4	5
37. 我会根据学生的水平和兴趣设计多样化的课堂活动	1	2	3	4	5

题目	完全 不符合	基本 不符合	有些 符合	基本 符合	完全 符合
38. 除平台提供的视频资源外,我还使用相关软件自制教学微视频	1	2	3	4	5
39. 除平台提供的视频资源外,我还要求学生自制教学微视频	1	2	3	4	5
40. 我在翻转课堂中对英语水平不同的学生实行不同的评价标准	1	2	3	4	5
41. 学生在课前已观看教学视频,课内就不必再使用多媒体教学资源了	1	2	3	4	5
42. 在课内我总是设法利用多媒体资源营造语言学习环境	1	2	3	4	5
43. 课内活动时,我会在学生之间巡回,随时提供帮助	1	2	3	4	5
44. 我利用系统在翻转课堂中开展学生自评	1	2	3	4	5
45. 我利用系统在翻转课堂中开展小组互评	1	2	3	4	5
46. 我按照学生课前自主学习情况适当调整课内教学进度	1	2	3	4	5
47. 我在课后及时综合评价学生翻转课堂学习情况	1	2	3	4	5
48. 课后我邀请学生共同评价翻转课堂教学效果	1	2	3	4	5
49. 我会根据学生评价调整翻转课堂教学内容与方式	1	2	3	4	5
50. 无论学生课前学得怎么样,我都按照既定的教学进度进行课堂教学	1	2	3	4	5
51. 我指导学生利用信息技术开展翻转课堂自主探究合作的学习活动	1	2	3	4	5
52. 小组活动前,我会明确任务和分配学生角色	1	2	3	4	5
53. 我在课后自我反思翻转课堂教学效果,并在下次课上改进	1	2	3	4	5
54. 我利用平台在翻转课堂中开展同伴互评	1	2	3	4	5
55. 我对翻转课堂平台中提供的资源根据教学要求进行删减或添加	1	2	3	4	5
56. 除平台提供的视频资源外,我还下载并借用网上公开的视频资源	1	2	3	4	5
57. 我编辑搜索到的声音、图像及文字等信息素材并应用于翻转课堂教学中	1	2	3	4	5

题目	完全 不符合	基本 不符合	有些 符合	基本 符合	完全 符合
58. 课后我基本不反思翻转课堂教学过程和效果	1	2	3	4	5
59. 我评价所得到的文本和影像,并根据语言课程内容和 性质有选择地使用合适的资源	1	2	3	4	5
60. 翻转课堂平台所提供的学习资源是学生学习的全部内 容,因此我不会对学习资源再做增减	1	2	3	4	5
61. 我乐于尝试新技术,并将其应用于翻转课堂教学中,营 造信息化的教学环境	1	2	3	4	5
62. 对于英语学习而言,课外学习资源就是微视频,文字等 其他信息素材并不重要	1	2	3	4	5

三、您认为基于慕课理念的大学英语翻转课堂在教学中存在哪些问题？该如何解决这些问题？

_____

_____

_____

若您愿意授受访谈,请留下您的联系方式：

_____

问卷到此结束,再次感谢您的理解与支持！

附录 3 学生访谈提纲

访谈提纲(学生版)

一、请问您对目前基于慕课理念的大学英语翻转课堂教学的满意度。

访谈对象:学生。

访谈目标:了解学生对基于慕课理念的大学英语翻转课堂教学的满意度。

访谈要点:

(1)请谈谈您对翻转课堂本身是否满意。满意和不满意的具体表现是哪些方面?原因是什么?

(2)请谈谈您对教师关于翻转课堂的学习指导是否满意。满意和不满意的具体表现是哪些方面?原因是什么?

(3)请谈谈您对基于慕课理念的大学英语翻转课堂教学是否满意。满意和不满意的具体表现是哪些方面?原因是什么?

二、请您介绍一下您在基于慕课理念的大学英语翻转课堂学习的具体情况。

访谈对象:学生。

访谈目标:了解学生对翻转课堂的学习过程。

访谈要点:

(1)与传统资源相比,您对基于慕课理念的大学英语翻转课堂所持的态度是什么?

(2)翻转课堂的学习与传统课堂的学习有什么不同?

(3)您能否适应基于慕课理念的大学英语翻转课堂的学习?

(4)您如何调整学习策略来适应基于慕课理念的大学英语翻转课堂的学习?

(5)您如何利用慕课理念的优势(如精细化的课程设计、即时的学习跟踪、多模态的语言输入环境)来进行英语学习的?

三、请您就学生和教师在基于慕课理念的大学英语翻转课堂教学过程中存在的问题分别进行阐述。

访谈对象：学生。

访谈目标：从学生的视角发现师生在基于慕课理念的大学英语翻转课堂教学过程中存在的问题。

访谈要点：

（1）请谈谈学生在基于慕课理念的大学英语翻转课堂教学中存在的问题是什么，比如学习观念的转变、学习资源的选择和整合、学习方式的调整、学习环境与教学模式的适应。

（2）请谈谈教师在基于慕课理念的大学英语翻转课堂教学中存在的问题是什么，如教学设计（慕课资源与课程的整合、教学任务的安排、教学评估的调整等）、学习过程跟踪（对学生自主学习情况的跟踪、反馈等）、能力的培养（语言技能的训练、个性化学习能力的培养等）。

四、请阐释一下基于慕课理念的大学英语翻转课堂与学生外语能力培养的关系。

访谈对象：学生。

访谈目标：探讨基于慕课理念的大学英语翻转课堂能否促进学生外语能力的发展以及具体如何实现。

访谈要点：

（1）请谈谈您是否在基于慕课理念的大学英语翻转课堂外语能力得到了提升。具体表现在哪些方面？

（2）教师如何在翻转课堂中培养学生外语能力？

（3）您认为当前的大学英语翻转课堂应该如何改进，才能更好地使您的外语能力得到更大的提高？

附录 4　教师访谈提纲

访谈提纲(教师版)

一、请您介绍一下基于慕课理念的大学英语翻转课堂教学的现状。

访谈对象：教师。

访谈目标：总结基于慕课理念的大学英语翻转课程教学的现状,查找存在的问题。

访谈要点：

(1)请谈谈基于慕课理念的大学英语翻转课堂教学与教学大纲的要求以及英语课程目标的实现。

(2)请谈谈基于慕课理念的大学英语翻转课堂教学的实践情况。(学生自主学习、翻转课堂、课时安排、考核方式、学分情况)

(3)请谈谈基于慕课理念的大学英语翻转课堂教学与学生英语语言能力以及英语可持续学习能力的培养。

(4)请谈谈基于慕课理念的大学英语翻转课堂教学与信息技术的运用。

二、请谈谈您对基于慕课理念的大学英语翻转课堂的理解。

访谈对象：教师。

访谈目标：理清翻转课堂的特点、优势与不足以及如何开展教学。

访谈要点：

(1)请谈谈大学英语翻转课堂资源的特点。(资源内容、资源形式、学习支持)

(2)请谈谈大学英语翻转课堂资源与传统资源的区别。

(3)请谈谈大学英语翻转课堂资源的优势与不足。

(4)请谈谈基于理念的大学英语翻转课堂的特点。(教师教学、学生学习、课堂文化)

(5)请谈谈基于慕课理念的大学英语翻转课堂与传统课堂的区别。

(6)请谈谈基于慕课理念的大学英语翻转课堂的优势与不足。

三、请您就学生和教师在基于慕课理念的大学英语翻转课堂教学过程中存在的问题分别进行阐述。

访谈对象：教师。

访谈目标：从教师的视角发现师生在基于慕课理念的大学英语翻转课堂教学过程中存在的问题。

访谈要点：

（1）教师方面存在的问题：对学生自主学习过程的跟踪和反馈；对翻转课堂的组织与教学。（课程与资源的整合、教学内容的选择与呈现、教学方式与方法的运用、教学环境与氛围的营造、技术与教学的优化等）

（2）学生方面存在的问题：自主学习情况和翻转课堂学习情况。（学习态度的转变、学习方式的调整、学习资源的选择、学习环境的感知、教学模式的适应等）

四、请谈谈教师对信息技术与大学英语课程教学"深度融合"的情况。

访谈对象：教师。

访谈目标：总结教师对信息技术与大学英语课程教学"深度融合"情况。

访谈要点：

（1）教师大学英语教学实践中是否具有信息技术与大学英语课程教学"深度融合"的意识？ 如没有，则原因何在？

（2）教师为什么要对信息技术与大学英语课程教学"深度融合"？

（3）教师常用的"深度融合"策略包括哪些？

（4）信息技术与大学英语课程教学"深度融合"对教学效果产生哪些方面的影响？

五、请阐释一下基于慕课理念的大学英语翻转课堂与学生外语能力培养的关系。

访谈对象：教师。

访谈目标：探讨基于慕课理念的大学英语翻转课堂能否促进学生外语能力的发展以及具体如何实现。

访谈要点：

（1）请谈谈您对当前形势下学生外语能力的理解。具体包括哪些方面？

（2）请谈谈基于慕课理念的大学英语翻转课堂能否促进学生外语能力的发

展。如果能,则具体表现在哪些方面?

（3）请谈谈基于慕课理念的大学英语翻转课堂如何促进学生外语能力的发展。

（4）请谈谈当前大学英语翻转课堂如何优化才能更好地配合以促进学生外语能力的培养。

附录 5　先导研究节点结构（教师）

节点结构

先导研究访谈教师

2016/4/28 19：37

分层名称

节点

节点 \\CMOOC

节点 \\ 参与积极性

节点 \\ 操作模式

节点 \\ 操作模式 \ 班级操作模式

节点 \\ 操作模式 \ 学科操作模式

节点 \\ 操作模式 \ 学校操作模式

节点 \\ 传统观念

节点 \\ 大数据跟踪

节点 \\ 动态环境

节点 \\ 动态课堂

节点 \\ 反刍率

节点 \\ 分级教学

节点 \\ 工具角色

节点 \\ 工作障碍

节点 \\ 过程性评价

节点 \\ 婚姻状况

节点 \\ 家庭因素

节点 \\ 教法传统

节点 \\ 教师角色

节点 \\ 教师现状

节点 \\ 教学法创新

节点 \\ 教学法创新 \ 翻转学习

节点 \\ 教学法创新 \ 个性化教学

节点 \\ 教学目标

节点 \\ 教学效果
节点 \\ 经济因素
节点 \\ 课内任务
节点 \\ 课前备课
节点 \\ 课前监控问题
节点 \\ 课前任务
节点 \\ 课前学习安排
节点 \\ 课时问题
节点 \\ 课时问题 \ 课时问题
节点 \\ 课时问题 \ 压缩学分
节点 \\ 课堂互动
节点 \\ 课堂掌控
节点 \\ 课型操作模式
节点 \\ 课型特征
节点 \\ 课型特征 \ 视频使用
节点 \\ 课型特征 \ 文科特性
节点 \\ 课型特征 \ 文理差异
节点 \\ 理念促进
节点 \\ 利益驱动
节点 \\ 练习完成情况
节点 \\ 慕课
节点 \\ 慕课大数据
节点 \\ 内容设计
节点 \\ 排课问题
节点 \\ 缺乏支持
节点 \\ 缺乏资金
节点 \\ 热情与投入
节点 \\ 任务设计
节点 \\ 上网时长

节点 \\ 上网时间
节点 \\ 时间问题
节点 \\ 视频内容
节点 \\ 视频学习
节点 \\ 视频制作
节点 \\ 适应性
节点 \\ 网络环境
节点 \\ 微课
节点 \\ 问题解决
节点 \\ 问题提交情况
节点 \\ 小组评价
节点 \\ 信息技术整合
节点 \\ 性别因素
节点 \\ 选课制
节点 \\ 学生角色
节点 \\ 学生需求
节点 \\ 学生中心
节点 \\ 学生自主
节点 \\ 学习策略
节点 \\ 学习动机
节点 \\ 学习动机 \ 成就感
节点 \\ 学习动机 \ 目标意愿 \
节点 \\ 学习动机 \ 主观意愿
节点 \\ 学习方法
节点 \\ 学习干预
节点 \\ 学习能力
节点 \\ 学习问题发现
节点 \\ 学习习惯
节点 \\ 学习压力

节点 \\ 学习指导
节点 \\ 学习终端
节点 \\ 学习主动性
节点 \\ 学习自制力
节点 \\ 学校要求
节点 \\ 学校支持
节点 \\ 移动平台
节点 \\ 政策倾斜
节点 \\ 职业目标
节点 \\ 职业心态
节点 \\ 资源角色
节点 \\ 资源来源
节点 \\ 综合评价学习

附录6 先导研究节点结构(学生)

节点结构

先导研究访谈学生

2016/4/28 19:46

分层名称

节点

节点 \\QQ 社区平台

节点 \\ 背景知识准备

节点 \\ 被动接受讲授

节点 \\ 参与交流积极

节点 \\ 成绩评估

节点 \\ 等待任务布置

节点 \\ 多项技能锻炼

节点 \\ 翻译技能提高

节点 \\ 个人努力目标

节点 \\ 个性化教学

节点 \\ 较好语言应用

节点 \\ 教师补充

节点 \\ 教师纠错

节点 \\ 教师指导

节点 \\ 课后交流平台

节点 \\ 课后练习

节点 \\ 课后总结

节点 \\ 课内活动多

节点 \\ 课内紧张

节点 \\ 课内压力

节点 \\ 课前焦虑

节点 \\ 课前教师指导

节点 \\ 课前任务分配

节点 \\ 课前学习缺乏细致

续表

节点 \\ 课前学习效率高
节点 \\ 课前学习仔细
节点 \\ 课前阅读训练
节点 \\ 课前准备充分
节点 \\ 课堂教学呆板
节点 \\ 课堂竞争
节点 \\ 课堂气氛活跃
节点 \\ 课外短信平台
节点 \\ 课外相互交流
节点 \\ 课外组员交流
节点 \\ 课文自主学习
节点 \\ 口语展示
节点 \\ 满意翻转课堂
节点 \\ 其他内容准备
节点 \\ 任务成果
节点 \\ 任务落实
节点 \\ 上台演讲
节点 \\ 师生互动
节点 \\ 随机展示
节点 \\ 同侪互助
节点 \\ 网上交流平台
节点 \\ 喜欢翻转
节点 \\ 小组任务
节点 \\ 辛苦有回报
节点 \\ 学会常查资料
节点 \\ 学生参与程度
节点 \\ 学生发言积极性
节点 \\ 学习任务繁重
节点 \\ 学习有系统性
节点 \\ 学有所获

节点 \\ 演讲紧张
节点 \\ 演讲前准备
节点 \\ 引起他人兴趣
节点 \\ 英语运用较少
节点 \\ 语音提高
节点 \\ 掌握语言使用
节点 \\ 知识传授
节点 \\ 主动关注学习
节点 \\ 自主学习主动

附录 7　问卷缺失值替换表

问卷缺失值替换表

	结果变量	已取代的遗漏值个数	非遗漏值的观察值号码		有效观察值个数	建立函数
			第一个	最后一个		
1	Q1_1	2	1	524	524	SMEAN（Q1）
2	Q2_1	3	1	524	524	SMEAN（Q2）
3	Q3_1	7	1	524	524	SMEAN（Q3）
4	Q4_1	16	1	524	524	SMEAN（Q4）
5	Q5_1	9	1	524	524	SMEAN（Q5）
6	Q6_1	11	1	524	524	SMEAN（Q6）
7	Q7_1	4	1	524	524	SMEAN（Q7）
8	Q8_1	0	1	524	524	SMEAN（Q8）
9	Q9_1	0	1	524	524	SMEAN（Q9）
10	Q10_1	0	1	524	524	SMEAN（Q10）
11	Q11_1	1	1	524	524	SMEAN（Q11）
12	Q12_1	1	1	524	524	SMEAN（Q12）
13	Q13_1	2	1	524	524	SMEAN（Q13）
14	Q14_1	4	1	524	524	SMEAN（Q14）
15	Q15_1	1	1	524	524	SMEAN（Q15）
16	Q16_1	13	1	524	524	SMEAN（Q16）
17	Q17_1	2	1	524	524	SMEAN（Q17）
18	Q18_1	5	1	524	524	SMEAN（Q18）
19	Q19_1	6	1	524	524	SMEAN（Q19）
20	Q20_1	4	1	524	524	SMEAN（Q20）
21	Q21_1	7	1	524	524	SMEAN（Q21）
22	Q22_1	9	1	524	524	SMEAN（Q22）
23	Q23_1	3	1	524	524	SMEAN（Q23）
24	Q24_1	3	1	524	524	SMEAN（Q24）
25	Q25_1	5	1	524	524	SMEAN（Q25）

续表

	结果变量	已取代的遗漏值个数	非遗漏值的观察值号码		有效观察值个数	建立函数
			第一个	最后一个		
26	Q26_1	4	1	524	524	SMEAN（Q26）
27	Q27_1	3	1	524	524	SMEAN（Q27）
28	Q28_1	1	1	524	524	SMEAN（Q28）
29	Q29_1	4	1	524	524	SMEAN（Q29）
30	Q30_1	6	1	524	524	SMEAN（Q30）
31	Q31_1	2	1	524	524	SMEAN（Q31）
32	Q32_1	10	1	524	524	SMEAN（Q32）
33	Q33_1	4	1	524	524	SMEAN（Q33）
34	Q34_1	4	1	524	524	SMEAN（Q34）
35	Q35_1	6	1	524	524	SMEAN（Q35）
36	Q36_1	6	1	524	524	SMEAN（Q36）
37	Q37_1	3	1	524	524	SMEAN（Q37）
38	Q38_1	6	1	524	524	SMEAN（Q38）
39	Q39_1	3	1	524	524	SMEAN（Q39）
40	Q40_1	4	1	524	524	SMEAN（Q40）
41	Q41_1	2	1	524	524	SMEAN（Q41）
42	Q42_1	7	1	524	524	SMEAN（Q42）
43	Q43_1	4	1	524	524	SMEAN（Q43）
44	Q44_1	7	1	524	524	SMEAN（Q44）
45	Q45_1	7	1	524	524	SMEAN（Q45）
46	Q46_1	1	1	524	524	SMEAN（Q46）
47	Q47_1	3	1	524	524	SMEAN（Q47）
48	Q48_1	2	1	524	524	SMEAN（Q48）
49	Q49_1	5	1	524	524	SMEAN（Q49）
50	Q50_1	1	1	524	524	SMEAN（Q50）
51	Q51_1	5	1	524	524	SMEAN（Q51）
52	Q52_1	9	1	524	524	SMEAN（Q52）

续表

	结果变量	已取代的遗漏值个数	非遗漏值的观察值号码		有效观察值个数	建立函数
			第一个	最后一个		
53	Q53_1	3	1	524	524	SMEAN（Q53）
54	Q54_1	6	1	524	524	SMEAN（Q54）
55	Q55_1	7	1	524	524	SMEAN（Q55）
56	Q56_1	14	1	524	524	SMEAN（Q56）
57	Q57_1	5	1	524	524	SMEAN（Q57）
58	Q58_1	4	1	524	524	SMEAN（Q58）
59	Q59_1	1	1	524	524	SMEAN（Q59）

附录 8　学生问卷 T 检验结果表

学生问卷各题项独立样本 T 检验结果表

		Levene 测试		针对平均值是否相等的 T 测试					
		F	显著性	df	显著性（双尾）	平均差异	标准误差	95%信赖区间	
								下限	上限
Q1	采用相等变异数	4.277	.040	292	.000	−1.349	.103	−1.551	−1.146
	不采用相等变异数			291.397	.000	−1.349	.103	−1.551	−1.146
Q2	采用相等变异数	4.819	.029	292	.000	−1.453	.088	−1.626	−1.280
	不采用相等变异数			280.788	.000	−1.453	.088	−1.626	−1.280
Q3	采用相等变异数	.029	.865	292	.000	−.827	.117	−1.058	−.596
	不采用相等变异数			291.918	.000	−.827	.117	−1.058	−.597
Q4	采用相等变异数	.475	.491	292	.000	−1.333	.087	−1.504	−1.163
	不采用相等变异数			291.846	.000	−1.333	.086	−1.504	−1.163
Q5	采用相等变异数	5.044	.025	292	.000	−1.334	.111	−1.552	−1.116
	不采用相等变异数			284.182	.000	−1.334	.111	−1.551	−1.116
Q6	采用相等变异数	5.778	.017	292	.000	−1.658	.084	−1.824	−1.492
	不采用相等变异数			261.702	.000	−1.658	.085	−1.825	−1.491
Q7	采用相等变异数	.032	.858	292	.000	−1.384	.085	−1.552	−1.217
	不采用相等变异数			269.662	.000	−1.384	.085	−1.552	−1.217

		Levene 测试		针对平均值是否相等的 T 测试					
		F	显著性	df	显著性（双尾）	平均差异	标准误差	95%信赖区间	
								下限	上限
Q8	采用相等变异数	2.815	.094	292	.000	−1.655	.090	−1.832	−1.478
	不采用相等变异数			287.190	.000	−1.655	.090	−1.832	−1.478
Q9	采用相等变异数	7.796	.006	292	.000	−1.644	.087	−1.814	−1.473
	不采用相等变异数			290.733	.000	−1.644	.087	−1.814	−1.473
Q10	采用相等变异数	4.083	.044	292	.000	−.964	.099	−1.159	−.769
	不采用相等变异数			279.005	.000	−.964	.099	−1.159	−.768
Q11	采用相等变异数	2.425	.120	292	.000	−1.488	.088	−1.661	−1.315
	不采用相等变异数			262.714	.000	−1.488	.088	−1.662	−1.314
Q12	采用相等变异数	.004	.951	292	.000	−1.409	.089	−1.583	−1.235
	不采用相等变异数			278.616	.000	−1.409	.089	−1.584	−1.235
Q13	采用相等变异数	3.950	.048	292	.000	−.879	.099	−1.075	−.684
	不采用相等变异数			283.760	.000	−.879	.099	−1.075	−.684
Q14	采用相等变异数	6.850	.009	292	.592	.071	.131	−.188	.329
	不采用相等变异数			284.450	.591	.071	.131	−.188	.329

续表

		Levene 测试		针对平均值是否相等的 T 测试					
		F	显著性	df	显著性（双尾）	平均差异	标准误差	95%信赖区间	
								下限	上限
Q15	采用相等变异数	68.285	.000	292	.000	.777	.129	.522	1.031
	不采用相等变异数			233.350	.000	.777	.129	.523	1.031
Q16	采用相等变异数	3.544	.061	292	.000	−1.530	.085	−1.699	−1.362
	不采用相等变异数			291.980	.000	−1.530	.085	−1.699	−1.362
Q17	采用相等变异数	.873	.351	292	.000	−1.590	.079	−1.746	−1.434
	不采用相等变异数			291.741	.000	−1.590	.079	−1.746	−1.434
Q18	采用相等变异数	.292	.590	292	.000	−1.583	.089	−1.758	−1.407
	不采用相等变异数			285.769	.000	−1.583	.089	−1.758	−1.407
Q19	采用相等变异数	5.311	.022	292	.351	−.114	.122	−.355	.126
	不采用相等变异数			289.280	.351	−.114	.122	−.355	.126
Q20	采用相等变异数	6.287	.013	292	.000	−1.434	.085	−1.602	−1.266
	不采用相等变异数			290.025	.000	−1.434	.085	−1.602	−1.266
Q21	采用相等变异数	1.386	.240	292	.000	−1.408	.085	−1.576	−1.241
	不采用相等变异数			286.372	.000	−1.408	.085	−1.576	−1.241

		Levene 测试		针对平均值是否相等的 T 测试					
		F	显著性	df	显著性（双尾）	平均差异	标准误差	95%信赖区间	
								下限	上限
Q22	采用相等变异数	24.552	.000	292	.793	−.034	.128	−.285	.218
	不采用相等变异数			274.017	.793	−.034	.128	−.285	.218
Q23	采用相等变异数	13.394	.000	292	.024	−.284	.125	−.529	−.038
	不采用相等变异数			285.258	.024	−.284	.125	−.529	−.038
Q24	采用相等变异数	10.258	.002	292	.000	−.521	.120	−.757	−.285
	不采用相等变异数			286.381	.000	−.521	.120	−.757	−.286
Q25	采用相等变异数	10.010	.002	292	.000	−1.311	.088	−1.483	−1.138
	不采用相等变异数			286.090	.000	−1.311	.088	−1.484	−1.138
Q26	采用相等变异数	8.374	.004	292	.000	−1.463	.087	−1.635	−1.292
	不采用相等变异数			289.495	.000	−1.463	.087	−1.635	−1.292
Q27	采用相等变异数	13.807	.000	292	.000	−1.482	.085	−1.650	−1.313
	不采用相等变异数			281.275	.000	−1.482	.086	−1.650	−1.313
Q28	采用相等变异数	8.269	.004	292	.000	−1.239	.095	−1.427	−1.052
	不采用相等变异数			284.609	.000	−1.239	.095	−1.427	−1.051

		Levene 测试		针对平均值是否相等的 T 测试					
		F	显著性	df	显著性（双尾）	平均差异	标准误差	95%信赖区间 下限	上限
Q29	采用相等变异数	2.965	.086	292	.000	−1.364	.086	−1.533	−1.195
	不采用相等变异数			291.999	.000	−1.364	.086	−1.533	−1.195
Q30	采用相等变异数	.723	.396	292	.000	−.889	.123	−1.131	−.648
	不采用相等变异数			291.585	.000	−.889	.123	−1.131	−.648
Q31	采用相等变异数	3.064	.081	292	.000	−1.039	.098	−1.231	−.846
	不采用相等变异数			287.356	.000	−1.039	.098	−1.232	−.846
Q32	采用相等变异数	.048	.827	292	.000	−1.059	.090	−1.237	−.882
	不采用相等变异数			291.440	.000	−1.059	.090	−1.237	−.882
Q33	采用相等变异数	.938	.334	292	.000	−1.261	.099	−1.456	−1.065
	不采用相等变异数			291.720	.000	−1.261	.099	−1.456	−1.065
Q34	采用相等变异数	4.687	.031	292	.000	−1.269	.095	−1.455	−1.082
	不采用相等变异数			290.543	.000	−1.269	.095	−1.455	−1.082
Q35	采用相等变异数	12.412	.000	292	.000	−1.193	.087	−1.363	−1.022
	不采用相等变异数			279.186	.000	−1.193	.087	−1.364	−1.022

续表

		Levene 测试		针对平均值是否相等的 T 测试					
		F	显著性	df	显著性（双尾）	平均差异	标准误差	95%信赖区间	
								下限	上限
Q36	采用相等变异数	2.454	.118	292	.000	−1.265	.101	−1.465	−1.066
	不采用相等变异数			284.376	.000	−1.265	.101	−1.464	−1.067
Q37	采用相等变异数	6.003	.015	292	.000	−1.245	.101	−1.443	−1.047
	不采用相等变异数			285.347	.000	−1.245	.100	−1.443	−1.047
Q38	采用相等变异数	1.147	.285	292	.000	−.932	.117	−1.163	−.702
	不采用相等变异数			291.186	.000	−.932	.117	−1.162	−.702
Q39	采用相等变异数	7.193	.008	292	.042	.258	.126	.009	.506
	不采用相等变异数			284.485	.042	.258	.126	.010	.506
Q40	采用相等变异数	.321	.572	292	.000	−.465	.124	−.708	−.221
	不采用相等变异数			291.861	.000	−.465	.124	−.708	−.221
Q41	采用相等变异数	14.761	.000	292	.000	−1.340	.090	−1.517	−1.164
	不采用相等变异数			283.428	.000	−1.340	.090	−1.517	−1.164
Q42	采用相等变异数	9.030	.003	292	.000	−1.253	.086	−1.423	−1.083
	不采用相等变异数			273.037	.000	−1.253	.087	−1.424	−1.083

续表

		Levene 测试		针对平均值是否相等的 T 测试					
		F	显著性	*df*	显著性（双尾）	平均差异	标准误差	95%信赖区间	
								下限	上限
Q43	采用相等变异数	20.317	.000	292	.000	−1.107	.117	−1.338	−.876
	不采用相等变异数			276.194	.000	−1.107	.117	−1.337	−.877
Q44	采用相等变异数	8.669	.003	292	.000	−1.110	.106	−1.319	−.900
	不采用相等变异数			279.921	.000	−1.110	.106	−1.318	−.901
Q45	采用相等变异数	6.218	.013	292	.000	−1.546	.082	−1.708	−1.385
	不采用相等变异数			274.070	.000	−1.546	.082	−1.708	−1.384
Q46	采用相等变异数	7.078	.008	292	.000	−1.234	.091	−1.412	−1.056
	不采用相等变异数			289.300	.000	−1.234	.091	−1.412	−1.055
Q47	采用相等变异数	3.797	.052	292	.000	−1.506	.085	−1.673	−1.340
	不采用相等变异数			252.287	.000	−1.506	.085	−1.674	−1.339
Q48	采用相等变异数	1.042	.308	292	.001	−.402	.116	−.629	−.174
	不采用相等变异数			289.824	.001	−.402	.116	−.629	−.174
Q49	采用相等变异数	12.461	.000	292	.000	−1.234	.093	−1.416	−1.052
	不采用相等变异数			259.412	.000	−1.234	.093	−1.417	−1.051

| | | Levene 测试 | | 针对平均值是否相等的 T 测试 | | | | | |
		F	显著性	df	显著性（双尾）	平均差异	标准误差	95%信赖区间 下限	上限
Q50	采用相等变异数	8.865	.003	292	.000	−1.250	.091	−1.429	−1.070
	不采用相等变异数			277.238	.000	−1.250	.091	−1.429	−1.070
Q51	采用相等变异数	.484	.487	292	.000	−1.294	.081	−1.453	−1.136
	不采用相等变异数			276.383	.000	−1.294	.081	−1.453	−1.135
Q52	采用相等变异数	2.906	.089	292	.000	−1.489	.094	−1.673	−1.304
	不采用相等变异数			291.983	.000	−1.489	.094	−1.673	−1.304
Q53	采用相等变异数	1.358	.245	292	.000	−1.367	.089	−1.542	−1.191
	不采用相等变异数			288.157	.000	−1.367	.089	−1.542	−1.191
Q54	采用相等变异数	8.375	.004	292	.086	−.215	.125	−.461	.030
	不采用相等变异数			286.847	.085	−.215	.125	−.461	.030
Q55	采用相等变异数	2.046	.154	292	.000	−1.020	.101	−1.219	−.822
	不采用相等变异数			290.347	.000	−1.020	.101	−1.218	−.823
Q56	采用相等变异数	5.982	.015	292	.000	−1.049	.105	−1.255	−.842
	不采用相等变异数			283.596	.000	−1.049	.105	−1.255	−.842

续表

		Levene 测试		针对平均值是否相等的 T 测试					
		F	显著性	df	显著性（双尾）	平均差异	标准误差	95%信赖区间	
								下限	上限
Q57	采用相等变异数	8.815	.003	292	.067	−.220	.120	−.455	.015
	不采用相等变异数			279.633	.067	−.220	.119	−.455	.015
Q58	采用相等变异数	2.074	.151	292	.000	−.458	.123	−.700	−.215
	不采用相等变异数			285.734	.000	−.458	.123	−.700	−.215
Q59	采用相等变异数	1.789	.182	292	.000	−1.586	.087	−1.757	−1.415
	不采用相等变异数			271.314	.000	−1.586	.087	−1.757	−1.414

附录 9　Mahalanobis 距离表

Mahalanobis 距离表

Observation number	Mahalanobis d–squared	p1	p2
192	22.717	0.001	0.340
9	22.623	0.001	0.070
103	19.989	0.003	0.140
349	19.620	0.003	0.065
7	18.159	0.006	0.138
319	17.047	0.009	0.249
302	16.915	0.010	0.161
258	16.252	0.012	0.224
463	15.540	0.016	0.353
346	15.401	0.017	0.287
36	15.362	0.018	0.199
415	15.335	0.018	0.128
453	15.313	0.018	0.078
412	14.890	0.021	0.118
462	14.573	0.024	0.146
171	14.450	0.025	0.124
4	14.411	0.025	0.085
439	14.262	0.027	0.078
332	14.033	0.029	0.091
454	13.613	0.034	0.175
443	13.491	0.036	0.164
18	13.111	0.041	0.281
238	13.028	0.043	0.254
422	12.973	0.043	0.216
403	12.921	0.044	0.182
208	12.697	0.048	0.236

Observation number	Mahalanobis d-squared	p1	p2
211	12.644	0.049	0.204
280	12.627	0.049	0.159
8	12.624	0.049	0.116
345	12.592	0.050	0.091
383	12.413	0.053	0.117
438	12.338	0.055	0.109
94	12.254	0.057	0.104
461	12.244	0.057	0.077
132	12.192	0.058	0.066
433	11.907	0.064	0.135
77	11.900	0.064	0.103
447	11.831	0.066	0.097
347	11.680	0.069	0.125
297	11.590	0.072	0.131
408	11.429	0.076	0.174
456	11.408	0.077	0.145
399	11.365	0.078	0.13
402	11.360	0.078	0.101
406	11.291	0.080	0.100
261	11.256	0.081	0.086
455	11.191	0.083	0.085
3	11.168	0.083	0.070
86	11.130	0.084	0.061
458	11.071	0.086	0.060
245	10.949	0.090	0.079
120	10.816	0.094	0.107
2	10.735	0.097	0.117
27	10.722	0.097	0.096

Observation number	Mahalanobis d-squared	p1	p2
357	10.655	0.100	0.099
279	10.490	0.105	0.156
5	10.486	0.106	0.126
396	10.421	0.108	0.132
434	10.386	0.109	0.121
300	10.386	0.109	0.095
17	10.343	0.111	0.09
22	10.326	0.112	0.076
21	10.181	0.117	0.119
10	10.164	0.118	0.101
157	10.020	0.124	0.156
450	9.996	0.125	0.140
52	9.962	0.126	0.131
452	9.938	0.127	0.117
138	9.922	0.128	0.101
334	9.801	0.133	0.144
451	9.796	0.134	0.119
457	9.786	0.134	0.099
243	9.735	0.136	0.103
286	9.678	0.139	0.110
424	9.647	0.140	0.103
372	9.643	0.141	0.083
123	9.545	0.145	0.112
215	9.461	0.149	0.137
380	9.334	0.156	0.204
337	9.319	0.156	0.182
410	9.307	0.157	0.16
72	9.307	0.157	0.131

续表

Observation number	Mahalanobis d-squared	$p1$	$p2$
325	9.300	0.157	0.111
262	9.248	0.160	0.118
417	9.221	0.161	0.111
82	9.216	0.162	0.092
290	9.186	0.163	0.088
140	8.963	0.176	0.224
218	8.876	0.181	0.276
87	8.876	0.181	0.238
381	8.768	0.187	0.318
134	8.761	0.187	0.285
204	8.711	0.190	0.302
162	8.684	0.192	0.294
148	8.631	0.195	0.316
362	8.602	0.197	0.309
15	8.578	0.199	0.298
256	8.576	0.199	0.262
112	8.424	0.209	0.410
115	8.400	0.210	0.398

附录 10　学生问卷因子模型 AMOS Model Fit 数据总表

Computation of degrees of freedom (Default model)

Number of distinct sample moments：   36

Number of distinct parameters to be estimated：   29

Degrees of freedom（36 - 29）：   7

Result（Default model）

Minimum was achieved

Chi-square = 7.027

Degrees of freedom = 7

Probability level = .426

CMIN

Model	NPAR	CMIN	DF	p	CMIN/DF
Default model	29	7.027	7	0.426	1.004
Saturated model	36	0	0		
Independence model	8	2 757.092	28	0	98.468

RMR，GFI

Model	RMR	GFI	AGFI	PGFI
Default model	0.161	0.997	0.983	0.194
Saturated model	0	1		
Independence model	9.845	0.315	0.119	0.245

Baseline Comparisons

Model	NFI Delta1	RFI rho1	IFI Delta2	TLI rho2	CFI
Default model	0.997	0.99	1	1	1
Saturated model	1		1		1
Independence model	0	0	0	0	0

Parsimony-Adjusted Measures

Model	PRATIO	PNFI	PCFI
Default model	0.25	0.249	0.25
Saturated model	0	0	0
Independence model	1	0	0

NCP

Model	NCP	LO 90	HI 90
Default model	0.027	0	10.619
Saturated model	0	0	0
Independence model	2 729.092	2 560.392	2 905.106

FMIN

Model	FMIN	F0	LO 90	HI 90
Default model	0.013	0	0	0.02
Saturated model	0	0	0	0
Independence model	5.272	5.218	4.896	5.555

RMSEA

Model	RMSEA	LO 90	HI 90	PCLOSE
Default model	0.003	0	0.054	0.927
Independence model	0.432	0.418	0.445	0

AIC

Model	AIC	BCC	BIC	CAIC
Default model	65.027	66.042	188.61	217.61
Saturated model	72	73.261	225.414	261.414
Independence model	2 773.092	2 773.372	2 807.184	2 815.184

ECVI

Model	ECVI	LO 90	HI 90	MECVI
Default model	0.124	0.124	0.145	0.126
Saturated model	0.138	0.138	0.138	0.14
Independence model	5.302	4.98	5.639	5.303

HOELTER

Model	HOELTER	HOELTER
	0.05	0.01
Default model	1 048	1 376
Independence model	8	10

SRMR

Default model

Standardized RMR = .009 4

跋

在本书即将完成之际，回忆起求学及书稿撰写所经历的种种，我感到刻骨铭心，永难释怀。它将是我记忆中一道亮丽的风景线，永远美丽着我今后的人生岁月。

青葱岁月，自高考时选择英语专业始，我就与英语教学结下了不解之缘。大学毕业时，不少同学选择了外企，或者利用自己的语言优势，远赴他国求学，而我却为了自己心中的梦想，毅然进入了上海的一所高校，选择了教书这个行业，而且一干就是几十年。

几十年的沧桑岁月，世间发生了太多的变化，外语专业人才不断涌现，香饽饽早已不再如当初这般受人追捧，而社会对大学英语学生英语水平的要求也在不断提高，大学英语教学面临着现实的改革愿景。21 世纪初，当学校作为全国首批网络改革试点单位，大刀阔斧地进行大学英语教学改革时，我就积极投身其中。作为改革的先头兵，我尝到了个中的喜悦，也饱尝了失败的痛楚，更萌生了提高学历层次，夯实教学理论与实践功底的愿望。

在此期间，承蒙上苍眷顾，我得以有幸遇到了我的导师陈坚林教授。我与导师的邂逅，当始于许多年前的上海市教育技术协会外语专业委员会的年会。当年我写的一篇用 Rasch Model 分析计算机口语考试的论文，荣获了年会的一等奖并获得了上台交流发言的机会。其后陈老师作为会长和论文评审专家中肯和极富见解的点评，给了我很多的启迪，燃起了我奋发前进的勇气和信心。陈老师的研究方向正是我梦寐以求的信息技术与外语课程的融合，经过多年的不懈努力，我终于有幸正式成为陈老师的弟子。

本书的定题与完成，离不开导师的无私关爱与谆谆教诲。陈老师引领我走入了神圣的科研殿堂，启迪了我的心智。陈老师崇尚及营造的良好科研及文化的氛围，使我徜徉其中，获益匪浅。陈老师高瞻远瞩，对事物睿智的分析和精准的判断，无疑是我求学路上一盏明亮的指路灯，而陈老师慈父般的关爱，更是我不断前行的源源动力。当我在写作路上走入歧途时，是陈老师在研讨会上用他睿智的眼光将我拉回正道；当我在写作之中遇到阻隔，徘徊不前时，是陈老师三言两语的点播，让我看到了黑暗中的点点星光，重燃努力奋进的勇气。博士沙龙的历练，使我的论文逐步从混沌走向成熟，而陈老师对我点滴进步的肯定，更让我欣喜若狂、信心倍增。陈老师是智者、导师，更是慈父，我为能有这样的导师而深感荣幸和自豪。

本书的撰写也得到了许多同门的帮助，尤其要感谢桂林医学院覃涛副教授、广东省外语艺术职业学院黄林林副教授以及东南大学李晨博士。他们为本书数据的收集提供了无私的帮助和莫大的支持，使这一艰辛的过程不乏快乐与欢笑。无数个青灯相随的日日夜夜，导师和同门的热情鼓励和支持，使我得以守护寂寞，砥砺前行。本书的完成也离不开国内其他院校的老师和专家给予我的大力支持，他们是清华大学的杨芳副教授、成都电子科技大学的伍忠杰教授、李京南副教授等以及桂林医学院的刘美荣副教授等其他教师，中国海洋大学的邵成军编辑也为本书的出版倾注了大量的心血，在此一并深表谢忱。

最后，本书的完成也离不开家人在我身后的默默付出和倾力支持。对于家人，我深感亏欠太多，每每回想至此，内心哽咽，几欲泪奔。在本书撰写过程中，妻子克服困难，尽己所能地为我提供条件和便利，而年逾古稀的父母，尽管年老体弱，但总是相互扶持，尽力为我创造静心写作的时间。每次见到他们，难以忘怀的是他们眼中所流露出的拳拳之心，殷殷之情。还有懂事的女儿，总是行事乖巧，惹人喜爱。家人对我的支持永生难忘，但求在今后的生活中能给予家人更多的关爱，聊以慰藉愧疚之情。

路漫漫其修远兮，吾将上下而求索。感谢所有关心、帮助、爱护及支持过我的人，这些宝贵的精神财富，将永远激励着我继续努力探索前行。

戴朝晖
2019 年 5 月 20 日
于麦迪逊